农民工
体制改革

以自雇佣的
个体农民工城市社会
融合为视角

宋国恺 / 著

The Reform of
Rural Migrant Workers' System

From the perspective of
self-employed rural migrant workers

社会科学文献出版社
SOCIAL SCIENCES ACADEMIC PRESS (CHINA)

序　言

　　新中国成立 60 多年来，要实现工业化，从来没有什么争论，即使在"文化大革命"期间，也还提出过"工业学大庆"的口号。城镇化则在"三年困难"时期就不提了，用城乡分治的户籍制度严格限制农业人口进城，从此，中国的城镇化就停滞了。1978 年城镇化率只有 17.9%，低于 1958 年的 18% 的水平。改革开放以来，工业化突飞猛进，经济持续快速发展，社会也发生了深刻变化。但因为多种原因，城镇化有很久未被提上议事日程，致使城镇化滞后于工业化的问题越来越严重。直到 1998 年，十五届三中全会提出"小城镇，大战略"，会后"城镇化"开始在报刊采用。2005 年，十六届五中全会通过的"十一五"规划建议中，在"促进区域协调发展"一节中，提出城镇化健康发展，坚持大中小城市和小城镇协调发展，提高综合承载力，按照循序渐进、节约土地、集约发展、合理布局的原则，积极稳妥地推进城镇化。2010 年，十七届五中全会通过的"十二五"规划建议中，重申积极稳妥推进城镇化，明确提出要坚持走中国特色城镇化道路，科学制定城镇化发展规划，促进城镇化健康发展。对城镇化方针道路、布局、原则做了比较完整的阐述，并且指出了要加强城市公用设施建设，预防和治理城市病。十八大后，2012 年 12 月，中央经济工作会议上，提出的 2013 年六项主要任务中，第四项是：积极稳妥推进城镇化，着力提高城镇化质量。城镇化是我国现代化建设的历史任务，也是扩大内需的最大潜力所在，要围绕提高城镇化的质量，因势利导、趋利避害，积极引导城镇化健康发展。

对于中国要不要实现城市化，要什么样的城市化（是大城市，还是小城镇），怎样建设城市等重大问题，社会各界长期存在着争论。但是，农业劳动力要向非农产业转移，农民要变成市民，这是不可阻挡的历史潮流，中国也一定是如此。改革开放以来，特别是 1992 年以后，数以千万计的农民通过各种方式和途径，进入各级各类城市和乡镇。1992 年，中国的城镇人口只有 32175 万，城市化率为 27.5%；2012 年，我国城镇常住人口为 71182 万，纯增加 39007 万，20 年间平均每年增加 1950 万，城镇化率达到 52.6%，增加了 25.1 个百分点，平均每年增加 1.255 个百分点，实现了中国式的城镇化。这样大规模的社会流动，这样亘古未有的社会变迁，应该说，这也是改革开放的巨大成就，做什么样的评价都不为过。以农民工为主体的大量农民进入城市，为中国经济发展注入了活力，创造了巨量的财富，这是中国经济繁荣的根本原因。这么众多的农民在短期内向城镇聚集，城市中各种基础设施等物质条件和相应的组织、制度、政策未能适时调整，临时应对措施多于有计划的系统安排，由此产生住房紧张、环境污染、资源破坏、垃圾围城、交通拥堵、分配不公、城市贫困、社会治安失序、犯罪增加、社会矛盾和社会冲突频发等"城市病"蔓延。近几年，阴霾迷雾笼罩多个大城市群，引起很多市民不安，坊间已经喊出了"是健康第一，还是 GDP 第一"的呼声，这是对我国不当的城镇化建设的直接批评。

纵观世界各现代化国家的建设历程，在城镇化高速发展的过程中，产生各式各样的"城市病"是在所难免的，都是经过治理，再产生，再治理，才逐渐完善、"健康"的。有些痼疾，也是久治不愈的。当然，我们是社会主义国家，是后发的现代化国家，我们应该做得更好一些。特别是目前我国的城镇化正处于加快发展的阶段，如何把现有的 7 亿多城镇人口，和行将进城来的上亿人口安排好、组织好，使他们能够各得其所、安居乐业、和谐相处，形成既有活力又有秩序的社会状态，这是摆在我们面前的一项重大历史任务。中央已经提出要坚持走中国特色城镇化道路，要提高城镇化质量、积极引导城镇化健康发展。现在的问题是如何贯彻好、落实好。

工业化和城镇化是一个国家建设现代化最重要的两翼。工业化和城镇化应该相辅相成、协调推进，城镇化水平要与工业化水平相适应。按分类学规则，工业化属于经济领域，城镇化属于社会领域。工业化属于经济建设范畴，要遵循经济规律办事，自从建立了社会主义市场经济体制，我国的工业化走上了健康发展的道路，取得了一个又一个的胜利，捷报频传。城镇化属于社会建设范畴，应该遵循社会建设的规律办事，要按照社会建设的方针、原则去实现。社会建设的原则，是坚持以人为本，坚持公平正义，保障人的基本权利，促进人的全面发展。城市建设、城镇化发展，就应该按照这个方针、原则去推进，针对中国城镇化的现状，因势利导、趋利避害，引导城镇化健康发展。

若干年来，因为各种原因，我们的城市建设是被纳入经济建设的范畴的，自觉不自觉地按照市场经济规则行事，有一阶段出现的"经营城市""以地生财""土地财政"，以及形成城市二元结构等现象，就是把城市建设、推进城镇化也作为加快 GDP 增长、创造经济效益和业绩的表现。其结果必然是大量滋生社会问题和社会冲突，加重了前述"城市病"的发展。

从理论上说，经济建设和社会建设都分别是社会主义现代化事业五位一体总体布局中的一大建设，都要从中国的实际出发、实事求是，都要遵循人类社会发展规律，要按现代化建设规律办事，这是相同的。但是经济建设、社会建设，既然属于不同领域、不同范畴，就要按照各自本质属性和不同的原则、方针办事。不同质的矛盾和问题，要通过不同质的方法去解决，经济建设要按经济规律办事，社会建设要按社会发展的规律办事，这是理所当然的。城市建设、城市化发展属于社会建设，要按社会建设的原则去办。指导方针、原则不同，执行的结果也是不一样的。例如，我们在某个市中心、"CBD"，有一块空地，做什么用？可以由政府决策。从经济效益出发，盖大楼最好，既有 GDP 增长，以后还有各种收入，但从城市建设长远利益出发，这里大楼已经很拥挤了，把空地做成绿地，建成小的公园最好，既美化了环境，又改善了大气流通，宜业、宜居。这些年因为房价高企，很多城市的中心便盖满了高楼大厦，到了"见缝插针"的程度，这是城市建设按经济效益优先原则推进的结果。又如，农民工问题，近 30 年来，有很多农村青壮年劳力进入城市，从事第二、第三产业劳动，为国家创造了巨大财富，但至今他们的收入依然很低，享受不到应有的公共服务，而且名为工人，还是农民身份，融不进城市，过着候鸟般的生活，由此产生种种社会矛盾，成为一种特殊的"城市病"。他们热切地盼望着成为城市公民，中央也明确提出"要把有序推进农业转移人口市民化作为重要任务抓实抓好"。但要有序实现农民工的市民化，难度比较大。有些地方政府，怕加大财政开支、影响经济增长。这也关系到城市建设的方针和原则问题。如按前述"以人为本、公平正义、保障人的基本权利、促进人的全面发展"的方针原则办事，现在就应该积极响应中央关于有序推进农业转移人口市民化的指示，积极贯彻落实，真正做到城乡一体化，这对破除城市二元结构，调动 1.5 亿农民工的积极性，推进城市和谐社会建设，都是很有利的，对扩大内需，加快转变经济发展方式，也是极为有利的。

为此，我们建议：

第一，要把推进城镇化纳入社会建设总体规划。按社会建设的原则，指导城镇化的规划和发展，改变城市建设单纯为实现经济目标服务的方针。建议中共中央、国务院召开一次城镇化工作会议，专门就城镇化指导方针、若干重大问题进行讨论并做出相应的决定。正确处理好社会建设、城市建设和经济建设的关系。

目前，中国城市化正处于加速发展时期。现阶段积极稳妥推进城镇化，着力提高城镇化质量，首先要从实际出发，先解决好存量，使 2 亿多"半城市化"人口能够分期与分批次融入城市。同时，要加快城市的基础设施和公共服务体系建设，积极扩大城市容量，组织、管理、安置好 5 亿多城镇户籍人口和城市外来人口，再逐步有序地扩大增量。当然，各地城市情况不同，不能一刀切，对于城镇化率较低的省区，则应尽快放开增量。特别应当指出的是，2010 年国家提出"要积极稳妥推进城镇化"的方针后，不少省市将其看作发展经济的好时机，加快了土地城市化的步伐，有的城市甚至搞强制拆迁、平坟、征占农民的耕地和宅基地，加剧了社会矛盾和冲突，这是应当注意的错误倾向。

第二，积极推进农民工市民化，实现城市内部一体化。20 世纪 80 年代，为适应第二、第三产业发展的需要，在城乡分治的户籍制度下，农民工是作为一种权宜之计的就业方式而产生的。随着中国经济持续快速发展，数以亿计的农民工涌进城市，成为"世界工厂"的主体力量，成就了中国的辉煌，也惠及了世界。但这套由权宜之计发展而成的农民工体制，在充分发挥正向功能的同时，弊端也日益显现。特别是在推进以人为本、坚持公平正义、保障人的基本权利、促进社会和谐、促进人的全面发展的新型城市化时期，现行的农民工体制已经弊多利少，必须尽快改革。农民工体制是目前城市二元社会体制的基本元素。改革破解了农民工体制，使农民工成为市民，使城市二元社会成为城市一元社会体制，就为推进新型城市化开辟了道路，也为破解城乡二元结构，实现城乡一体化打开了突破口，是一举数得的重大措施。经过多年的研讨、探索，各方面的认识渐趋一致，几个试点城市有了成功的实践，也总结了改革方式、步骤等方面的经验。大势所趋，当前应该是国家做出改革农民工体制决断的时候了。

本书是宋国恺博士在国家社科基金结题成果的基础上修改而成。作者通过大量的调研资料和数据，对农民工城市融合，特别是针对农民工群体中的个体经营者的城市社会融合，进行了深入分析和研究，探索了遵循社会建设原则、积极稳妥推进农民工体制改革路径，并提出了符合中国实际的改革农民工体制的政策建议，该研究具有重要的理论价值和政策意义。

陆学艺

2013. 4. 13

目　录

第一章
导　论

　　农民工是指在本地乡镇企业或者进入城镇务工却持有农业户口的劳动力。农民工体制是我国特有的城乡二元体制下针对农民工这一特殊群体所形成的特有体制。当作为权宜之计的农民工现象固化为农民工体制，并且成为制约我国经济社会协调发展的一种体制时，改革农民工体制则成为历史的必然。然而，如何改革农民工体制，长期以来争论不休，众说纷纭。本研究着手从农民工，确切地说，从自雇佣的个体农民工入手，深入研究分析其城市社会融合问题，从而进一步探索农民工体制改革的重大问题。

一　"农民工社会融合"问题的提出

　　进入 21 世纪以后，中国经济社会进入新的发展阶段。截至 2011 年，中国城镇人口达到前所未有的 6.9 亿，城市化率达到 51.3%，突破了具有转折性意义的 50% 大关。回首 30 余年中国经济社会的发展，成就举世瞩目但阶段性特征鲜明。中国仅用了短短 30 余年，走过了发达国家百余年的城市化历程，大大压缩了城市化的时间。但是，中国的城市化始终没有摆脱如下几个方面的问题：城市化滞后于工业化；人的城市化滞后于物的城市化；劳动力的城市化滞后于身份的城市化；体制制度改革滞后于城市化。因此，自 20 世纪 80 年代以来形成的"民工潮"

问题始终没有得到有效解决。根据有关统计，2010年全国农民工已经达到2.42亿，其中外出人口达到了1.53亿。数以万计的农民工尽管为中国经济社会发展做出了巨大贡献，但其社会融合问题却成为了普遍性的经济社会难题。

城市化滞后于工业化。城市化与工业化是现代化发展的双翼，凝聚了人类文明进步创造的各种成果。在西方发达国家农业社会向工业社会转型的过程中，城市化与工业化是同步的，有些国家的城市化还超前于工业化。工业化推动了城市化，城市化反过来又进一步促进了工业化。发达国家的城市化发展历程表明，城市化率在工业化中期阶段应该达到60%以上。2011年我国城市化率达到了51.3%，尽管比1978年的17.9%提高了33.4个百分点，但仍然滞留在工业化初期阶段。城市化率滞后于工业化水平。

"人的城市化"滞后于"物的城市化"。城市化就是农村人口向城市集中并带来相应生活方式、文化价值观念变化的过程。由此可见，城市化首先是人的城市化。这些年来，中国的城市化取得了巨大发展，尤其是在"物的城市化"方面，即在城市交通道路、高楼大厦等硬件基础设施建设方面取得了前所未有的发展，这是有目共睹的。一些城市建设可以与发达国家的城市媲美，甚至在某些方面远远超过了发达国家。但在"人的城市化"方面却远滞后于"物的城市化"，尽管我国农村人口向城市大量集中，但城市性的生产、生活方式以及文化价值观念并没有得到广泛传播，他们的思想和行为方式还远未发生质的变化。"人的城市化"与"物的城市化"并不相匹配。

身份的城市化滞后于劳动力的城市化。改革开放30余年来，大量农村劳动力转移到城市从事非农业生产，但政府基本上采取了"经济上接纳，社会上排斥"的管理办法，即在城市发展建设中，城市需要作为劳动力的农民工，但这些农民工不能得到与城市居民一样的身份，即使一些农民工在城市长期生产生活，也无法获得城市居民的身份，更无法获得与城市居民一样的社会保障。最后演变为"只要劳力不要人"的尴尬结局。根据有关统计，如果将农民工不计算在城市化率中，我国的实际城市化率仅为 39.9%，还不到 40%，与目前 51.3% 的统计城市化率相差 10 多个百分点，与达到工业化中期阶段 60% 的城市化率指标相差 20%。可见实现真正的城市化还有大量工作要做。

社会体制制度改革创新滞后于城市化。城市化是城乡结构调整变化的具体反映，正如前文所说，我国的实际城市化水平与统计城市化水平还有 10 多个百分点的差距，这是在市场经济条件下却依然沿袭计划经济社会体制的结果，即市场经济条件下的经济体制与计划经济条件下的社会体制不相协调。尽管工业化、城市化进程在不断推进，但社会体制制度改革创新远滞后于城市化。

以上四个方面体现了我国城市化进程中突出的阶段性特征，这些特征与我国大量农村剩余劳动力转移到城市的时代背景密切相关，它既是当前农民工群体尚未实现城市社会融合的表现，也是农民工群体尚未实现城市社会融合的结果。农民工城市社会融合问题已成为影响我国经济社会持续协调健康发展的重要问题，因此加强研究农民工城市社会融合问题具有非常重要的理论和实践意义。

二 研究意义

研究农民工的社会融合具有非常重要的理论和实践意义，其研究意义基于以下三方面的思考：第一，农民工群体的分化。第二，农民工社会融合的微观选择。第三，社会建设和管理的需要。

（一）农民工分化及农民工问题

1. 农民工现象是中国社会转型期间的一个阶段性现象

农民工现象是中国改革开放的重大成果，是中国社会发展进步的重要标志。农村剩余劳动力向非农产业和城镇转移，是现代化进程中的普遍规律。一方面，工业化、城镇化进程需要大量的劳动力；另一方面，相对于较低的农业比较收益，农民选择了能够增加收入的进城就业。这两种力量的共同作用，推动了农民的流动和农民工群体的发展壮大。

改革开放是农民工群体不断发展壮大的根本动力。发轫于 1978 年的我国农村改革，极大地解放了农村劳动力，大量的农村剩余劳动力被释放出来。乡镇企业、民营经济的发展吸纳了广大农村剩余劳动力。对外开放战略的实施，加速了我国剩余劳动力向东南沿海劳动密集型的"三资"企业转移，直接带动了广大农民工的就业。并且，经过多年的改革发展，广大的农村劳动力由改革开放前被束缚在土地上、吃"大锅饭"的单纯的农业劳动者转变为自由流动、自主择业和创业的农民工。从这个意义上说，农民工阶层的壮大是我国改革开放的重大成果。

中国社会发展进步的重要标志。改革开放前，我国的农民被禁锢在土地上，不许流动和自由迁徙。1978年农村改革后，大量的农村剩余劳动力从土地上被解放出来，进城务工经商，这本身就是社会进步的标志。与此同时，大量农民工进城务工经商，逐步形成了城乡统一的劳动力市场，农民获得了"自由择业权"，大大拓展了农民就业增收的渠道和空间。尤其是进入20世纪90年代后，逐步取消对农民进城务工经商的不合理限制和歧视性规定后，形成了大规模跨区域流动的新浪潮，充分拓展了农民的就业空间，极大地优化了农民的就业结构。截至2010年年底，我国第一产业的从业人员在就业结构中的比重为36.7%，与1978年的70.5%相比，下降了33.8个百分点。第二、第三产业与1978年相比相对增加了33.8个百分点。农民工已经成为工人阶级的重要组成部分，为工业化、城镇化提供了巨大的动力。这是中国社会发展进步的重要标志。当然，这个发展进步只是阶段性的，还存在一些体制性障碍问题，影响农民工的进一步社会融合。

农民工现象是中国社会转型期间的一个阶段性现象。2006年3月27日国务院发布了《关于解决农民工问题的若干意见》，指出农民工是我国改革开放和工业化、城镇化进程中涌现的一支新型劳动大军。他们户籍仍在农村，主要从事非农产业，有的在农闲季节外出务工，亦工亦农，流动性强，有的长期在城市就业，已成为产业工人的重要组成部分。大量农民进城务工或在乡镇企业就业，对我国现代化建设做出了重大贡献。这是我国第一个关于农民工的专门文件。该意见为统筹城乡发展，保障农民工合法权益，改善农民工就业环境，引导农村富余劳动力合理有序转移，推动全面建设小康社会进程，具有重要的现实意义。

农民工是我国经济社会转型时期的特殊概念,正如《意见》所指出的那样,这个群体户籍身份在农村,主要从事非农产业、依靠工资收入生活。农民工虽然进入了城市,但并没有完全融入城市;离开了农村,但仍与农村保持着千丝万缕的联系。这是中国社会转型期间的一个阶段性现象,也是在走向城市化进程中的一个权宜之计。

2. 农民工问题已成为我国现阶段面临的重大社会问题,甚至是经济问题和政治问题

农民工问题事关我国经济和社会发展全局。农民工分布在国民经济各个行业,是推动我国经济社会发展的重要力量。农民外出务工,为改变城乡二元结构、解决"三农"问题闯出了一条新路。农民工返乡创业,带回资金、技术和市场经济观念,直接促进社会主义新农村建设。因此,解决好农民工问题,对于改革发展稳定的全局和顺利推进工业化、城镇化、现代化具有重大现实意义。

党的十七大提出了加快转变经济发展方式的战略任务。"由主要依靠投资、出口拉动向依靠消费、投资、出口协调拉动转变""由主要依靠第二产业带动向依靠第一、第二、第三产业协同带动转变""由主要依靠增加物质资源消耗向主要依靠科技进步、劳动者素质提高、管理创新转变"。其中第一个转变中消费不足的问题是城乡结构、收入分配结构等不合理导致的结果;第二、第三个转变是一个"一体两面"的问题,是户籍制度等社会体制制度不合理造成的。

长期低工资、无限供给的劳动力核心主体是农民工群体。改革开放30多年来,农民工为我国工业化、城镇化做出了重要贡献,并且已经成为我国工人队伍中的一支"主力军"。但他们工作条件苦,居住环境差,尤其是收入水平低。造成农民工长期低工资的主要原因,是在现行的户籍、劳动就业、社会保障等制度下形成的不合理的农民工体制。正是农民工长期低工资水平,加上劳动力的无限供给,各类企业在不提高技术水平、不提高劳动者素质、不进行管理创新的前提下,仍然有利可图,因此企业不愿意转变传统经济增长方式,影响了我国经济健康持续发展。

解决农民工问题是建设中国特色社会主义的战略任务。农业劳动力向非农产业和城镇转移，是世界各国工业化、城镇化的普遍趋势，也是农业现代化的必然要求。我国农村劳动力数量众多，在工业化、城镇化加快发展的阶段，越来越多的富余劳动力将逐渐转移出来，大量农民工在城乡之间流动就业的现象将长期存在。解决好农民工问题，是顺应工业化、城镇化的客观规律的需要，引导农村富余劳动力向非农产业和城镇有序转移，是建设中国特色社会主义事业全局和战略的要求。

总体而言，解决好农民工问题，是解决"三农"问题的需要，是推进城镇化健康发展的需要，是扩大内需和促进国民经济平稳较快发展的需要，是转变经济发展方式的需要。

解决好农民工问题有利于维护社会稳定和谐。有关调查数据表明，2000 年在上海市全部未成年犯总数中上海籍与外省籍未成年犯之比大致为 6:4，这个比例持续到 2002 年，但是从 2003 年开始，这个比例开始倒置，即 4:6，并持续到 2004 年，而 2005 年的比例已经是 3:7，也就是说在 10 个少年犯中有 3 个属于上海籍、7 个是外省籍的。[①]

另一项调查数据显示，福建省晋江市未成年人犯罪近年来呈多发态势，据晋江市法院统计，2005 年至 2010 年 6 月，全市未成年人犯罪 1227 起，涉案人数 1656 人，其中以外来务工人员子女为主的"农民工二代"占九成左右，平均年龄在 16 岁左右。[②] 这表明如果不能有效解决农民工问题，将不利于社会稳定和谐。因此，促进农民工实现社会融合，有利于维护社会公平正义，保持社会和谐稳定。在这个意义上说，解决好农民工的社会融合问题，亦是涉及社会稳定的政治问题。

3. 社会融合已成为农民工问题的新议题

解决农民工问题，就是实现农民工向市民角色的转变，这是顺应工业化、城镇化的规律以及顺应亿万农民工意愿的重大转变。而实现农民

---

① 肖春飞、苑坚：《农民工子女犯罪率上升，难以融入城市致心理偏差》，《瞭望新闻周刊》2006 年 10 月 17 日。

② 郑良：《透视福建晋江"农民工二代"未成年人犯罪现象》，2010 年 9 月 22 日，http://news. youth. cn/qnxw/201009/t20100922_ 1343839. htm。

工的市民化，其基本的问题就是促进农民工实现社会融合。

近年来，学界以及实际工作部门越来越认识到，解决农民工问题需要实现农民工的社会融合。2006 年出台的《关于解决农民工问题的若干意见》要求发挥社区的社会融合功能，促进农民工融入城市生活，与城市居民和谐相处。同时完善社区公共服务和文化设施，城市公共文化设施要向农民工开放，有条件的企业要设立农民工活动场所，开展多种形式的业余文化活动，丰富农民工的精神生活，促进农民工实现社会融合。

农民工的社会融合，是一个立体双向的互动过程：一方面农民工融入当地社会，另一方面当地居民要接纳农民工；一方面政府以及各个部门要为农民工融入当地社会创造条件，另一方面农民工也要通过自身的发展创造融入当地社会的条件。总体而言，农民工的社会融合是一个集多方面共同努力的立体双向互动过程。

4. 农民工二次分化为其实现社会融合提供了重要契机

经过 30 余年的经济社会发展，农民工也发生了剧烈分化。现实社会发展以及关于农民工问题的研究表明，农民工不再是同质性的群体，其内部已经发生了重大分化。关于农民工的分化，如根据代际的划分有农民工和新生代农民工，或者是第一代农民工和第二代农民工；如根据雇佣状态划分，有处于雇佣状态的农民工和处于被雇佣状态的农民工，前者指农民工中的老板和个体工商户，后者指务工人员，等等。由此可见，农民工群体内部已是一个异质性群体，其中一些社会经济地位较高的群体，已初步具备了社会融合条件；一些社会经济地位较低的群体，有待于进一步创造社会融合的条件，提升社会融合的能力。如 2006 年颁布的《关于解决农民工问题的若干意见》第二十六条"深化户籍管理制度改革"中，指出"逐步地、有条件地解决长期在城市就业和居住农民工的户籍问题"。其基本意义在于根据农民工分化的情况，逐步地、有条件地解决那些长期在城市就业和居住，并且已具备了一定条件的农民工的户籍问题，为其实现社会融合消除制度上的障碍。

农民工的分化在一定程度上为农民工社会融合提供了重要契机和条

件。根据农民工分化情况，尤其是一些具有优势地位的农民工情况，制定分群体、分阶段的社会政策，逐步促进农民工实现社会融合。

5. 解决农民工问题的关键在于制定分群体、分阶段的农民工社会融合政策

农民工现象既是我国改革开放的重要产物，也是我国社会转型期间的一个阶段性现象。现行的农民工体制和做法，是计划经济体制向社会主义市场经济体制转变过程中的权宜之计。但这些年来的发展态势表明本来是权宜之计的过渡却演变为一种制度性的安排，并且出现了固化的趋势。同时，这些年来，农民工群体的发展变化既为解决农民工体制问题带来了挑战，也带来了机遇。挑战在于这个群体规模的不断扩大，以及农民工体制的不断固化，使改革的难度、复杂性加大；而机遇在于这个群体已经发生了分化，其优势群体的社会融合为解决农民工体制问题提供了重要思路，即分群体、分阶段地逐步改革农民工体制问题。

经过30余年的发展，农民工已经发生了重要分化，既有优势群体，同时还有处于劣势地位的无业或失业农民工群体。如果整体性地解决农民工的社会融合问题，其复杂性可想而知，同时又缺乏"抓手"。如果从农民工中的优势群体出发，有可能找到改革农民工体制问题的突破口。因此，未来解决农民工问题的关键，在于考虑制定分群体、分阶段的社会融合政策，促进农民工尽快实现社会融合。

6. 中国的工业化、城市化和现代化的关键在于实现农民工社会融合

工业化、城市化和现代化是现代化国家或地区发展的普遍规律，也是必经阶段。在这个阶段，农村劳动力转移到城市从事非农产业，是其重要组成部分。发展中国家在走向工业化、城市化和现代化的过程中，也出现了大量农村劳动力转移到城市的现象。当然发展中国家在这一进程中，与发达国家相比，有其特殊的一面。

发展中国家工业化初期的农业发展水平落后于发达国家工业化初期的农业发展水平；发展中国家在农业劳动力转移过程中面临着不利的人口环境；发展中国家无力通过大规模的国际移民缓解国内人口和就业压力；与发达国家相比发展中国家在工业化之初往往有着不利的历史条

件；发展中国家在工业化过程中一般都面临着不利的国际市场环境，等等。① 我国在改革开放初，在走向工业化、城市化和现代化进程中，具有与发展中国家共同的特点。农民工就是在这个进程中产生的，也是中国特殊历史时期出现的特殊社会群体。

农民工在我国走向工业化、城市化、现代化进程中，做出了功勋卓著的巨大贡献。农民工在城市从事最脏、累、差、苦、险的工作，已经融进了工业化、城市化过程中的各个领域，成了各个行业不可或缺的重要力量。30 余年来，数以万计的农民工创造了难以估量的财富，提供了各类服务，甚至使中国成为"世界工厂"，这是广大农民工的功劳。但是，中国真正要实现工业化、城市化和现代化，其关键在于解决好农民工问题。

2011 年我国城市化率达到了 51.3%。这一统计指标是将 2 亿左右的农民工计算在内的，但实质上这个庞大的群体并没有真正融入城市社会，至少在公民待遇上与本地居民是不一样的。因此，如果将这个群体不计算在城市化率之内，我国目前真正的城市化率仍然徘徊在 40% 左右。可见，我国要实现真正的城市化道路依然漫长，还有大量的工作要做。与发达现代化国家相比，我国的城市化进程任重道远。

工业化是走向城市化的必经过程。如前所述，农民工在我国工业化进程中做出了卓越贡献，使中国成为了"世界工厂"。然而，近年来，我国在实现工业化进程中遇到了一系列问题，这些问题与农民工体制、农民工群体有着千丝万缕的联系。近年来，我国陆续出现了"民工荒"问题，由此引发了"招工难""用工难"问题。2004 年 1 月到 2010 年，先后出现了几次大规模的民工荒问题，这对于劳动力大国的中国来说是不可想象的，尤其是 2008 年金融危机出现后，这种情况显得更加突出。

导致"民工荒"的原因非常复杂，其深层次的原因在于城乡二元

---

① 陈吉元主编《论中国农业剩余劳动力转移——农业现代化的必由之路》，经济管理出版社，1991，第 45~49 页。

结构。"民工荒"使得部分企业对劳动力需求得不到满足，同时对局部地区的经济发展形成不利的影响。"民工荒"暴露出的更为重要的问题是，这些年我们在工业化过程中，并没有培养出一支结构合理、能够满足不同技术岗位需求的产业工人队伍。许多地区，尤其是沿海发达地区只注重劳动密集型企业扩张，而不注重技术革新、培养综合素质特别是劳动技能高的产业工人。这种短视的做法必然影响我国工业化进程。党的十七大提出了转变经济发展方式，对这一短视的做法予以纠正。由此可见，我国的工业化、城市化和现代化的关键在于解决农民工问题，改革农民工体制问题。

7. 社会融合是调整和优化中产阶层的必要途径

改革以来，我国社会结构深刻变动，尤其是社会阶层结构发生了剧烈变化。根据有关研究，我国社会阶层结构由原来的"两个阶级、一个阶层"演变为"十大阶层"①。社会中间阶层的发展状况是衡量社会阶层结构是否合理的重要指标之一。根据我们近年的研究，我国社会中间阶层在 2010 年占人口总数的 23% ~ 25%。② 这一比重与发达现代化国家相比，还有很大的差距。我国中间阶层发育缓慢，有诸多原因，其中一个重要方面是数以亿计的农民工没有及时融入城市社会，其合法权益难以得到全面保障，使得他们难以跻身中间阶层。正因为如此，有学者指出扩大中间阶层规模，"从现实出发，可以考虑通过政策的引导，造就大量的熟练技工，让熟练技工成为我国中等收入者的一部分"③。在这个意义上说，促进实现农民工的社会融合是优化社会阶层结构、发展壮大中间阶层的必要途径。

（二）农民工社会融合微观选择的宏观意义

发达现代化国家的发展历程表明，工业化、城市化必然带动农村劳动力转移到城市，从事非农产业，同时实现生活方式的转变，接受城市文明，逐步融入城市社会。这是发达国家或地区走向工业化、城市化的

---

① 陆学艺：《当代中国社会流动》，社会科学文献出版社，2004，第 9~23 页。
② 陆学艺：《当代中国社会结构》，社会科学文献出版社，2010，第 32 页。
③ 清华大学社会学系社会发展研究课题组：《走向社会重建之路》，2010，第 18 页。

普遍规律。改革开放以来，我国大量的农村剩余劳动力转移到城市，从事非农生产，其生活方式也发生了很大变化。一些农民工已经在城市生产生活长达十多年，甚至20余年，尽管他们的身份、户籍仍然是农民，仍冠以"农民工"的称呼，但他们的生产方式、生活方式已经基本城市化了。新生代的农民工，几乎没有农村的概念，更不用说农村的生活方式了。实质上，部分农民工已经融入了城市，即使还有诸如户籍制度以及与此相关联的社会保障制度等壁垒的限制，也无法阻挡他们融入城市社会的步伐。尤其是一些社会经济地位较高的农民工，如农民工中的老板、个体工商户等，已经初步具备了融入城市社会的条件，实现了城市社会融合。

这些已经融入城市社会的个体行动和微观选择，其深远的意义在于，影响了宏观层面城市化和城乡二元经济社会结构的改变。如前所述，农民工体制确立之初是我国当时不得已而为之的权宜之计，但现实社会发展表明，这些年来农民工体制不仅没有得到有效改革，反而出现了固化的趋势。这种体制成为城乡差距日益扩大的重要原因之一，也是内需多年未能有效扩大起来的重要原因。农民工群体中的部分优势群体的社会融合，以及当前由于社会融合难而产生的一些实际问题，反过来一方面让我们检讨反思当前的城市化和城乡二元结构；另一方面促使我们思考如何从体制上进行改革，彻底改革城乡二元结构，促进农民工实现社会融合，确保我国城市化健康发展。

（三）农民工社会融合是社会建设和管理的需要

包括农民工在内的流动人口管理已成为社会建设和社会管理的重要组成部分。

1. 社会融合是社会管理的重要内容

随着改革的不断深入，我国社会结构发生了深刻变动，一方面给社会发展带来了巨大活力，另一方面也产生了这样那样的社会矛盾和问题，其中一些社会矛盾和问题成为当前突出的社会管理问题，以农民工为主体的庞大的流动人口及与此相关联的就业、居住、就医、子女就学等实际问题，城中村、城乡接合部等社会治安重点地区的社会服务问题等，成为当前突出的社会管理问题。

这些社会问题是农业社会向工业社会、农村社会向城市社会、传统社会向现代社会转变过程中产生的问题。这些突出的社会管理问题是由于在经济上吸纳农民工，而在社会上排斥农民工，没有为他们解决就业、居住、就医、子女入学、社会保障问题，使其在城市沦为"二等公民"造成的恶果。这些实际问题得不到解决，这个群体很难实现融入城市社会，必然引发这样那样的社会管理问题。因此，社会融合是社会管理的重要内容。2006 年颁布的《关于解决农民工问题的若干意见》要求发挥社区的社会融合功能，促进农民工融入城市生活，与城市居民和谐相处。这一方面表明了社区管理服务的重要作用，另一方面表明社区融合是社会管理的重要内容。

2. 社会融合是从社会建设高度出发的必然要求

流动人口的服务和管理是社会管理的重要内容，但"社会管理要搞好，必须加快推进以社会保障和改善民生为重点的社会建设"①。促进农民工实现融合，要从社会建设的高度着手，通过切实改善民生事业、提供均等化的公共服务，如教育、医疗、社会保障等公共产品，为实现农民工的社区融合创造必要条件。而改善民生，提供教育、医疗、社会保障等公共产品是社会建设的重要内容和基础工作。在这个意义上说，促进农民工社区融合是社会建设的重要内容。

三　研究对象的确定：自雇佣的个体农民工

（一）"流动人口"内涵的演变

流动人口是一个很模糊的概念。一般在人们的印象中，往往将流动人口与农民工群体等同起来。事实上，流动人口并不仅仅指从农村转移到城市的农村剩余劳动力，流动人口中还包括从一个城市（城镇）流向另一个城市（城镇），同时拥有城市户口的城市人口。从这个角度

---

① 胡锦涛：《扎扎实实提高社会管理科学化水平　建设中国特色社会主义社会管理体系》，《人民日报》2011 年 2 月 20 日，第 1 版。

看，农民工仅仅为流动人口中的一部分，如果将流动人口视为农民工，显然过于狭窄了。

我们研究的最终目标是，探索改革开放以来新产生的农民工群体转移到城市后逐步融入流入地的机制，以解决长期困扰农民工群体的城市化问题。但问题是，农民工这个群体似乎过于庞大，也过于笼统。如果将这个群体作为研究对象可能最终找不到我们所需要的答案。因此我们将目光锁定于农民工群体中的一部分，即农民工中的自雇佣者。

众所周知，农民工是 1978 年改革开放以来的产物。长期以来，社会各界始终将农民工群体本身视为一个整体，并没有看到内部的异质性问题。事实上，改革开放 30 年来，农民工群体由几百万发展到今天的1.53 亿，① 其内部已经发生了巨大分化，这个分化差异之巨大、变化之深刻，不亚于城市人口与农村人口之间的几乎不可逾越的显著差异。不过迄今似乎还没有看到这方面的专门研究。

综上所述，今天的农民工内部已经发生了巨大的分化，这是经过30 余年发展演变的结果。而本报告所要研究的农民工群体中的自雇佣者这个"普通而特殊"的群体，在农民工群体中一经出现，就已经引起了社会的普遍关注。如果要弄清楚农民工群体中的自雇佣者，还需要回到改革开放以来关于流动人口、农民工等多样化称谓的各类法律法规文件和报告（见表 1-1），这些法律法规文件和报告将给我们呈现一个较为清晰的发展脉络和界限。

1. 外出务工经商农民

农村富余劳动力转移到城市就业，从事非农业生产，与我国农村体制改革和城市化发展密不可分。1983 年 1 月 2 日，中共中央发出的《当前农村经济政策的若干问题》决定改革人民公社体制。1983 年 10月 12 日，中共中央发出《关于实行政社分开建立乡政府的通知》，规定建立乡镇政府作为基层政权组织，突出了镇的城市特质。这一重要变革，带动了户籍管理制度的松动和就业及社会保障制度的灵活变通。

---

① 国家统计局：《2010 年第六次全国人口普查主要数据公报》，2011 年 4 月 28 日。

表1-1 流动人口、农民工及"自雇佣者"等名称演变

名称	文件名称	发布部门及相关规定内容	年份
务工、经商、办服务业的农民	《中共中央关于1984年农村工作的通知》《国务院关于农民进入集镇落户问题的通知》	随着我国农村商品生产和商品交换的迅速勃兴起,越来越多的农民转向集镇务工、经商,他们迫切要求解决进入集镇落户问题。……公安部门应准予农民落户籍常住户口……统计为非农业人口	1984
	《中央社会治安综合治理委员会关于加强流动人口管理工作的意见》	人口流动特别是农村剩余劳动力的流动,离开户口所在地跨地区务工经商人员	1995
	《中共中央组织部关于加强党员流动中组织关系管理的暂行规定》	党员外出务工经商或从事其他正当职业,有固定地点,时间在6个月以上的,党员所在党组织应将党员组织关系转至现去地方的党组织	2007
	《关于健全和完善村务公开和民主管理制度的意见》	要求认真研究和探索村庄撤并,外出务工经商人员多情况下村级民主决策以及进城务工人员随迁子女平等接受义务教育	2009
	《国家中长期教育改革和发展规划纲要(2010~2020年)(公开征求意见稿)》	坚持以流入地政府管理为主,以全日制公办中小学为主,解决进城务工人员随迁子女平等接受义务教育	
流动人口	《中央社会治安综合治理委员会关于加强流动人口管理工作的意见》	人口流动特别是农村剩余劳动力跨地区的流动,离开农村常住户口所在地跨地区务工经商人员	1995
	《国务院关于加强和改进社区服务工作的意见》	推进社区流动人口管理和服务	2006
	《流动人口计划生育工作条例》	国务院颁布。为了加强流动人口计划生育工作,寓管理于服务之中,维护流动人口的合法权益,稳定低生育水平……流动人口是指离开户籍所在地的县、市或者市辖区,以工作、生活为目的的异地居住的成年育龄人员	2009
	《中国流动人口发展报告》(2010年,2011年,2012年)	国家人口和计划生育委员会流动人口服务管理司。流动人口生存发展、社会融合,人口管理和特大城市人口管理规模调控,计划生育等 公共服务 等	2010~2012
农村富余劳动力	《全面建设小康社会,开创中国特色社会主义事业新局面》	农村富余劳动力向非农产业和城镇转移,是工业化和现代化的必然趋势……消除不利于城镇化发展的体制和政策障碍,引导农村劳动力合理有序转移	2002
转移农村劳动力	《国务院关于转移农村劳动力,保障农民工权益工作情况的报告》	农村劳动力转移就业的规模,构成有新的变化:一是外出就业的农民工规模不断扩大,二是外出务工的农民工以新生代为主	2010

续表

名称	文件名称	发布部门及相关规定内容	年份
流动就业人员	《医药卫生体制改革近期重点实施方案（2009～2011年）》	要求制定基本医疗保险关系转移接续办法，解决农民工等流动就业人员基本医疗保障关系跨制度、跨地区转移接续问题	2009
	《国务院关于解决农民工问题的若干意见》	他们户籍仍在农村，主要从事非农产业，有的在农闲季节外出务工，亦务农，流动性强，有的长期在城市就业，已成为产业工人的重要组成部分	2006
	《关于改善农民工居住条件的指导意见》	建设部、发展改革委、财政部、劳动保障部、国土资源部关于印发"为逐步改善农民工居住条件的指导意见"，提出关于改善农民工居住条件的指导意见	2007
	《国务院办公厅关于切实做好当前农民工工作的通知》	农民工是我国改革开放和工业化、城镇化进程中涌现的一支新型劳动大军，已成为我国产业工人的重要组成部分。对我国现代化建设做出了重大贡献……当前，国际金融危机的影响加深，相当数量的农民工开始集中返乡，给城乡经济发展带来了新情况和新问题	2008
农民工	《医药卫生体制改革近期重点实施方案（2009～2011年）》	要求制定基本医疗保险关系转移接续办法，解决农民工等流动就业人员基本医疗保障关系跨制度、跨地区转移接续问题	2009
	《国务院办公厅关于转发人力资源和社会保障部、财政部〈城镇企业职工基本养老保险关系转移接续暂行办法〉的通知》	本办法适用于参加城镇企业职工基本养老保险的所有人员，包括农民工	2009
	《国务院关于转移农村劳动力转移就业工作情况的报告》	农村劳动力转移就业的规模，构成有新的变化：一是外出就业的农民工规模不断扩大，二是外出农民工以新生代为主	2010
	《农民工监测调查报告》（2009年、2010年、2011年）	国家统计局农村司发布。指出外出农民工绝大多数以受雇形式从业，在外出农民工中，以受雇形式从业的农民工占93.6%，自营者占6.4%，自营者比上年下降0.5个百分点	2010～2012
	《关于促进农民工融入城市社区的意见》	民政部。按照住房保障、社区保障、计划生育、社会保障、社区教育、文化体育、社会救助、法律援助、安置帮教及将涉及农民工切身利益的劳动就业、公共卫生、住房保障、社区矫正、社会治安等社区服务项目逐步推向农民工覆盖	2012

1984 年 1 月 1 日颁布的《中共中央关于 1984 年农村工作的通知》提出"允许务工、经商、办服务业的农民自理口粮到集镇落户"。1984 年 10 月 13 日《国务院关于农民进入集镇落户问题的通知》指出，随着我国农村商品生产和商品交换的迅速发展，乡镇工商业蓬勃兴起，越来越多的农民转向集镇务工、经商，他们迫切要求解决迁入集镇落户问题。凡申请到集镇务工、经商、办服务业的农民和家属，在集镇有固定住所，有经营能力，或在乡镇企事业单位长期务工的，公安部门应准予落常住户口，及时办理入户手续，发给"自理口粮户口簿"，统计为非农业人口。实质上这些所谓"转向集镇务工、经商的农民"就是现在所谓的"农民工"。同时我们从这些文件中可以解读出，农民工群体一开始就被划分为两大不同的群体：进城务工群体和进城经商群体。

此后，1995 年 9 月 19 日中共中央办公厅、国务院办公厅转发的《中央社会治安综合治理委员会关于加强流动人口管理工作的意见》不仅对"农民工"群体做了相应明确的概念界定，同时针对服务和管理农民工群体的相关职能部门的具体职能也做了明确规定。《意见》指出，在改革开放和建立社会主义市场经济体制的新形势下，人口流动特别是农村剩余劳动力跨地区的流动大量增加。为了维护社会的稳定，保障改革开放和社会主义现代化建设的顺利进行，必须在全国范围内大力加强对流动人口的管理工作。这里的"人口流动特别是农村剩余劳动力跨地区的流动"实质上就是指农民工。

同时，《意见》第 6 条规定实行统一的流动人口就业证和暂住证制度。凡是离开农村常住户口所在地跨地区务工经商人员，外出前，须按规定在常住户口所在地劳动部门办理"外出人员就业登记卡"；第 11 条要求加强对流动人员尤其是跨地区务工经商人员的服务和宣传教育工作。《意见》的附件《各部门在流动人口管理工作中的主要职责》中，要求公安机关负责对流动人口的户籍管理和治安管理，其中职责之一是与有关部门一起疏导"民工潮"；要求劳动部门负责对流动就业人员的劳动管理与就业服务，职责之一是依法处理用人单位与外来务工经商人员有关的劳动争议，保护双方的合法权益。要求工商行政管理部门负责对外来人员从事个体经营活动的管理。

这个文件是决策部门在认识到人口流动，特别是农村剩余劳动力跨地区流动的"民工潮"已成为不可阻挡的趋势，一方面，对经济发展和社会进步起到了积极的促进作用；另一方面，也对社会治安、劳动、交通、计划生育等各种管理秩序造成了很大的冲击，在此基础上对农民工做出的较为详细和明确规定的文件。在这个文件中，仍然明确了农民工群体分为两大群体：务工、经商人员。其中经商的农民工在"工商行政管理部门负责对外来人员从事个体经营活动的管理"规定中得到了明确体现。

2007 年颁布的《中共中央组织部关于加强党员流动中组织关系管理的暂行规定》、2009 年颁布的《关于健全和完善村务公开和民主管理制度的意见》均有明确的"外出务工经商人员"的相关规定。

2. 流动人口

流动人口在中央、政府及各个政府职能部门的相关规定中也是比较宽泛的概念。

2006 年《国务院关于加强和改进社区服务工作的意见》要求推进社区流动人口管理和服务。2009 年国务院颁布的《流动人口计划生育工作条例》中称"流动人口，是指离开户籍所在地的县、市或者市辖区，以工作、生活为目的异地居住的成年育龄人员"。以上两个概念不仅包括了流入城市的农民工群体，也包括异地城市户口的迁入者。

需要指出的是，尽管在相关规定中"流动人口"的概念似乎比较宽泛，远不止农民工群体，但是在我们的一般理解中，甚至一些规定中，流动人口还是特指"农民工"群体，如 1995 年 9 月 19 日中共中央办公厅、国务院办公厅转发《中央社会治安综合治理委员会关于加强流动人口管理工作的意见》中，既有"流动人口"的说法，也有"跨地区务工经商人员"的说法，但特指"农民工"群体的倾向是显而易见的。

与"流动人口"概念比较相近的概念还有"流动就业人员"。2009年《医药卫生体制改革近期重点实施方案》（2009～2011年），要求制定基本医疗保险关系转移接续办法，解决农民工等流动就业人员基本医疗保障关系跨制度、跨地区转移接续问题。其中指出农民工是"流动就业人员"的重要组成部分。

3. 农村富余劳动力

"农村富余劳动力"是党的文件中常用的一个重要概念。2002 年十六大报告指出:"农村富余劳动力向非农产业和城镇转移,是工业化和现代化的必然趋势……消除不利于城镇化发展的体制和政策障碍,引导农村劳动力合理有序转移。"2007 年党的十七大报告指出,要"加强农村富余劳动力的转移就业培训"。综合两个文件,可以看出"农村富余劳动力"专指"农民工"群体。

尽管改革开放 30 多年以来,"农民工"群体向城镇流动已经成为一种普遍的社会现象,甚至成为我国发展中的一个社会问题,但在十六大之前党的报告中从未提及这个群体,更别说它的产生、变化等方面的情况。2002 年在党的十六大文件中才第一次正式涉及"农村富余劳动力"的问题。

同时,2006 年《国务院关于解决农民工问题的若干意见》颁布后,农民工这个概念才被官方正式确定和使用,"农村富余劳动力"这个概念也渐渐淡出了政策性文件。因为广为人知的"农民工"就是指转移到城市的"农村富余劳动力"。如 2008 年党的十七届三中全会通过的《中共中央关于推进农村改革发展的若干重大问题的决定》中,已用"农民工"一词代替"农村富余劳动力"。

4. 转移农村劳动力

2010 年《国务院关于转移农村劳动力、保障农民工权益工作情况的报告》中,使用了"转移农村劳动力"的概念,并指出农村劳动力转移就业的规模、构成发生了新的变化:一是外出就业的农民工规模不断扩大,二是外出农民工以新生代为主。从文件中可以看出,"转移农村劳动力"就是指"农民工"。

5. 农民工

农民工是目前流动人口中的主体。这个群体的出现是中国社会转型和城乡结构转化中形成的具有中国特色和独特意义的概念。最早使用

"农民工"概念可以追溯到中国社会科学院社会学研究所张雨林研究员所写的一篇文章。1984 年，中国社会科学院社会学研究所的研究人员在所长费孝通的带领下进行小城镇研究，该课题组的张雨林教授在《县属镇的农民工》一文中，把从农村出来、进入城市的工人，第一次称之为"农民工"。2003 年 9 月中华全国总工会明确指出："一大批进城务工人员已成为工人阶级的新成员。"2004 年中央一号文件再次强调指出，"进城就业的农民工已成为我国产业工人的主要组成部分"。从 2003 年至今，已经出台了十余个针对农民工的中央文件，表明"农民工"这一概念已经进入了政策视野。这其中最具有标志性的文件为 2006 年颁布的《国务院关于解决农民工问题的若干意见》。文件明确指出："农民工是我国改革开放和工业化、城镇化进程中涌现的一支新型劳动大军。他们户籍仍在农村，主要从事非农产业，有的在农闲季节外出务工、亦工亦农，流动性强，有的长期在城市就业，已成为产业工人的重要组成部分。"这是官方对"农民工"这一概念的最权威、最明确的使用和界定。

之后，针对农民工的各种文件相继出台，并且都明确使用了"农民工"这一概念。如 2007 年《关于改善农民工居住条件的指导意见》、2008 年《国务院办公厅关于切实做好当前农民工工作的通知》、2009 年《医药卫生体制改革近期重点实施方案》（2009～2011 年）、《国务院办公厅关于转发人力资源和社会保障部、财政部〈城镇企业职工基本养老保险关系转移接续暂行办法〉的通知》、2010 年《国务院关于转移农村劳动力、保障农民工权益工作情况的报告》，均从不同的职能角度规定了农民工的相关权益。

从上述文献的梳理中可以发现，截至目前，"农民工"概念与早期的"进城务工经商人员"概念相比较，已有了很大的不同。从诸多有关"农民工"的文件中可以明确感受到"农民工"仅指"进城务工人员"，已不包括"进城经商人员"。

非常有意思的是，官方政策性文件中的"农民工"似乎仅指"进城务工人员"，而官方的研究报告却并非这样。国家统计局从 2010 年、

2011 年、2012 年连续三年发布的《2009 年农民工监测调查报告》《2010 年农民工监测调查报告》《2011 年农民工监测调查报告》中，将外出农民工划分为"受雇形式"的从业者和"自营者"，并均指出"受雇者的收入和自营者的收入差异明显"①。从这个报告中可以看出，农民工既包括进城务工人员（受雇者），也包括经商人员（自营者）。

综上所述，如果将这些文件中关于农民工的各种称谓进行综合考察，会有如下发现：

第一，农民工已经演化为仅指以"进城务工人员"为主体的农民工。从上述文献中可以看出，"流动人口""农民工""农村富余劳动力""流动就业人员"等这些名词在各种官方文件中使用比较混乱，甚至在同一个文件中有不同的称谓。如党的十七大文件中，有"加强农村富余劳动力转移就业培训""着力丰富进城务工人员的精神生活""保障进城务工人员子女平等接受义务教育""加强流动人口服务管理"等提法。有可能是仅指进城务工的农民工，也可能是指进城务工经商的农民工，有的甚至并非仅指农民工。总体来讲，这些不同称谓的概念其重点是指"农民工"。

第二，改革开放 30 多年来，从农村转移到城市的农村富余劳动力，其内涵经过几个阶段的发展演变，其所指代对象已发生了重要变化。改革开放以来从农村转移到城市从事非农生产的"富余劳动力"，发展演变到今天所谓的"农民工"，其内涵由较宽泛逐步走向了狭窄。换言之，如果改革初期的"农民工"包括"进城务工人员"和"进城经商人员"的话，今天政府的各种官方文件中的"农民工"则进一步明确为众所周知的"进城务工人员"（见图 1-1）。

这一方面表明随着经济社会的发展，"进城务工人员"已经成为农民工群体的主体；另一方面也表明当前"进城务工"的"农民工"，不论是这个群体的就业或返乡创业问题，还是融入当地城市问题，以及与

---

① 三个报告分别见国家统计局发布的《2009 年农民工监测调查报告》，国家统计局网站 2010 年 3 月 19 日；《2010 年农民工监测调查报告》，见国家统计局《2011 中国发展报告》；《2011 年农民工监测调查报告》，国家统计局网站 2012 年 4 月 27 日。

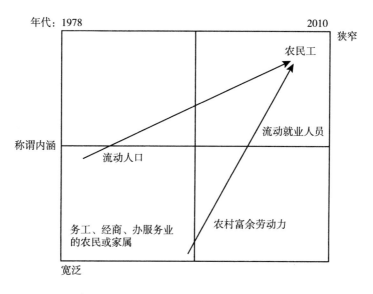

图 1 - 1　农民工称谓内涵变化示意

此相关联的社会保障、劳动保护、子女入学等问题，已演变为一个综合性的社会问题，并受到社会各界的普遍关注和高度重视。然而究竟怎样解决这样一个综合性的问题，长期以来社会各界已给予了高度的重视，并提出了不少政策建议或对策，其中一些研究引起了决策部门的注意。本研究的任务是一方面梳理已有的研究并对其进行评估，另一方面在前人研究的基础上，从流动人口中自雇佣者社区融合角度着手研究，以期待新的发现。

　　如前所述，本研究的对象是"农民工"群体中的"进城经商人员"。依据前文各种称谓的区别比较，图 1 - 2 表明了本研究对象所处的具体位置。

　　如图 1 - 2 所示，流动人口中包括"流入城市的农民工"和"异地城市户口的迁入者"，有研究将这两大群体概括为"外来农民"和"外来市民"①，流入城市的农民工就是 20 世纪 80 年代以来从农村转移到

---

① 李强：《城市外来人口的两大社会群体的差别及其管理对策》，《农民工与中国社会分层》，社会科学文献出版社，2004，第 293～305 页。

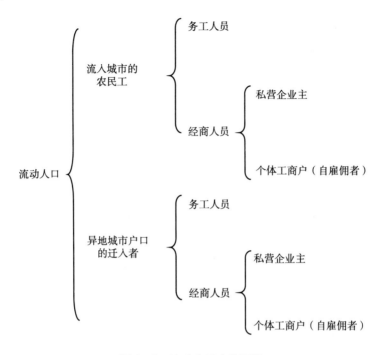

图 1-2　流动人口变化图解

城市的农村富余劳动力，主要是指"离土又离乡"的农民。根据有关材料显示，自 20 世纪 80 年代中期开始，以"农民工"为主体的流动人口开始在中华大地上涌动，并且其规模逐年增加。1982 年全国流动人口接近 3000 万，到 1985 年上升到 5000 万人，1995 年达到了 6500 万～7500 万人。2005～2009 年，外出 6 个月以上的农民工人数由 9809 万人增加至 14533 万人，年均增加 1181 万人。[①] 在这期间，农民工的流动曾一度被称为"民工潮"，足见"民工潮"来势之汹涌程度。

在农民工形成"民工潮"的同时，1995 年以后，另一支流动人口大军也汇入了流动大潮，这就是"异地城市户口的迁入者"。因为从 20世纪 90 年代中后期开始，大规模的国有企业改制逐步推开，大量的国有企业工人下岗失业，尽管当时政府实施了"下岗再就业"的措施，但现在看来效果并不明显，其中有一大批下岗工人流入到异地城市务工

---

① 《国务院关于转移农村劳动力、保障农民工权益工作情况的报告》，2010 年 4 月。

经商，成为"异地城市户口的迁入者"。另外，几乎在同一时期，还有一部分当时的国有企业管理层干部、国家机关干部纷纷"下海"经商，试图在市场经济大潮中一展身手。这些"弄潮儿"也汇入流动人口中，与农民工共同构成了庞大的流动人口群体。正是因为有这样一个时代背景，1995年9月19日中共中央办公厅、国务院办公厅转发了《中央社会治安综合治理委员会关于加强流动人口管理工作的意见》，《意见》指出，为了维护社会的稳定，保障改革开放和社会主义现代化建设的顺利进行，必须在全国范围内大力加强对流动人口的管理工作。当然，文件也强调指出了"人口流动特别是农村剩余劳动力跨地区的流动大量增加"这样一个事实。该文件涉及的"流动人口"显然也包括了"异地城市户口的迁入者"。如有研究认为从城市到城市的"外来市民"在职业上白领人口居多。[①] 有研究发现在近几年的"打工族"中出现一个新的趋势，即外来打工者已经不都是来自乡村，从小城市到大城市、从欠发达地区城市到发达地区城市，从经济不景气城市到经济活跃城市的流动打工者越来越多，这也许是一种新的流动就业大潮的前兆。并指出"城中村"的"打工族"中的蓝领多数过去是农民，而白领则多数过去就是城市职工。[②] 至于"异地城市户口的迁入者"又如何分化为务工人员和经商人员不是本研究的重点，我们将重点放在"流入城市的农民工"群体上。

（二）研究对象：自雇佣的个体农民工

20世纪80年代初期，大量的农村富余劳动力流向城市，被认为是开辟了中国独特的城市化道路。当然，也有不同的看法，认为这种城市化方式潜伏着不稳定的因素。民工潮的涌动在当时人们心目中，"究竟是忧是喜，亦乎喜忧参半，实际上主要应当看这部分人能否最终融入城市生活，并在城市中确立合适的社会地位"[③]。

---

① 李强：《城市外来人口的两大社会群体的差别及其管理对策》，《农民工与中国社会分层》，社会科学文献出版社，2004，第293~305页。
② 李培林：《村落的终结》，商务印书馆，2004，第119~120页。
③ 李培林：《流动民工的社会网络和社会地位》，《社会学研究》1996年第4期。

正是这样，在有关农民工的大量研究中，人们关注的是农民工在收入水平、经济地位以及职业分化等方面的问题。当然在这些研究中并不乏关于农民工中自雇佣者的研究成果。

前面关于农民工发展演变的梳理已经表明，农民工群体一开始就从职业上分化为两个不同的群体，即"进城务工人员"和"进城经商人员"。现实社会发展表明"进城务工人员"为农民工群体中的主体部分，而"进城经商人员"为其中的小部分，这些人员也就是"自雇佣者"，有别于受雇的"务工人员"。

有研究认为，从农村向城市、从农民到非农产业职工的流动中，农民工更多地依赖以情缘、地缘为纽带的社会关系网络。并认为这是一种非常理性的行为选择，与他们期望获得更高收入和更加舒适的生活的功利性目标是完全一致的。这不仅体现在农民工总体上收入水平和经济地位得到显著提高，同时也体现在职业上的分化。该研究认为，农民工经过职业分化，"实际上已经完全分属于三个不同的社会阶层：占有相当数量生产资本并雇佣他人的业主、占有少量资本的自我雇佣的个体工商业者和完全依赖打工的受薪者"。并认为"占有少量资本的自我雇佣的个体工商业者"的收入介于"业主"和"完全依赖打工的受薪者"之间。[①] 这是关于农民工职业分化的较早期的研究。

有研究从多重分割的劳动力市场的角度剖析农民工的就业分流问题，认为在中国的特殊国情下，非正式就业具有非常重要的现实意义，因为非正式就业不仅在于吸纳就业，使那些未能实现正式就业的农民工很容易找到一份生存性的工作，更在于其就业效果可能并不低于正式就业的农民工。据此认为"农民工的非正式就业还进一步分化为自雇就业和受雇就业两种情形"。而自雇就业在劳动力市场上具备了一定的"优势"，从而与打工的农民工相比产生了差异。农民工自雇就业的具体"行当"大体上包括：散工、流动摊贩和沿街叫卖、无牌小店等。[②]

---

① 李培林：《流动民工的社会网络和社会地位》，《社会学研究》1996 年第 4 期。

② 蔡禾、刘林平、万向东等：《城市化进程中的农民工：来自珠江三角洲的研究》，社会科学文献出版社，2009，第 423～427 页

自雇就业具有一定的经济活力和发展前途,是农民工向城市迁移和城市适应的一条可行途径。

有研究将农民工从不同的角度进行分类,如城市化的农民工和非城市化的农民工等,其中指出进城务工的农民工,在现代产业分工体系的作用下,出现了二次分化。农民工二次分化形成了三个各具特点的阶层:业主层、个体层和雇工层。其中业主层又根据掌握资产和雇工的多寡将其划分为个体工商户和私营企业主;个体层可视其有无个体营业证件和固定场所分为两个层次:有营业执照的个体劳动者和散工。[①]

城市流动民工(又称流动人口、外来人口)已经出现二次分化。所谓二次分化,是指改革开放以后,在原来意义上的农民分化为若干职业群体后,作为其中一个统一身份群体的流动农民内部的再分化,即形成若干类别群体或等级群体的过程。作者以河南村流动农民为例,根据收入、资本、生产资料的拥有状况以及声望,流动农民分化为沿街收购者、货场主、货场雇工和捡拾者四个层级群体。[②] 其中前两者是自雇佣者,只是货场主在资本构成、资本量及其收益上比沿街收购者更具优势。同时,货场主一般都有雇工,而沿街收购者则没有。

王汉生等以"浙江村"为例,认为浙江村是中国农民进入城市的一种独特方式。该研究指出外来农民进入城市的主要方式包括四种类型:在城市企业中"打工"、进入城市的建筑队与装修队、在城市中自我雇佣或成为雇主,以及其他方式。其中第三种类型涉及自我雇佣群体,"浙江村"中的自我雇佣群体是一部分拥有资金、技术、劳动力等综合资源的"经营型进入者"的代表。并指出浙江村1994年年底外来人口达到9.6万,其中私营和个体工商户(包括家属)有5万人,其余的4万多人是来自河北、湖北、安徽等省的雇工。[③]

---

① 刘怀廉:《农民工:一个特殊的社会群体》,人民出版社,2005,第138~140页;《关于农民工政策的几个问题》,见国务院研究室课题组《中国农民工调研报告》,2006,第543页。

② 唐灿、冯小双:《"河南村"流动农民的分化》,《社会学研究》2000年第4期。

③ 王汉生、刘世定、孙立平、项飚:《"浙江村":中国农民进入城市的一种独特方式》,《社会学研究》1997年第1期。

农民工经过二次分化形成三个不同的阶层：业主层、个体层和雇工层。业主层由以私有生产资料为基本谋生手段的都市农民构成，其所掌握的社会资源主要在物质方面，包括生产资料、流通资金和流通商品等。业主层可视其掌握资产和雇工的多寡划分为个体工商户和私营企业主。其中个体工商户拥有某种专门技艺或经营能力，有一定的生产资料、资金和少数雇工，自己经营，往往既是老板又是员工，可称为小业主，在业主中占大多数，在整个都市的个体工商户中，这一群体也占据了半壁江山。一项抽样调查表明，在武汉市闻名全国的小商品市场汉正街，具有农村户口的个体工商户大约占 6.7%。个体劳动者层是由完全依赖个人或家庭成员经营，经营收入归自己所得的那部分都市农民构成。在这一层级中，部分人占有少量的生产资料。[1]

谢建社[2]、牛喜霞[3]在讨论农村流动人口城市融入问题时，综合经济标准、政治标准、社会标准、生活标准、价值标准、文化标准和职业标准等，将农民工划分为五大群体：准市民身份的农民工、自我雇佣的个体农民工、依靠打工维持生活的农民工、失业农民工和失地农民工。在此基础上指出了农村流动人口的阶层化与异质性的问题。其中"自我雇佣的个体农民工"是农民工群体中的进城经商人员。在我们的研究中，所谓的自雇佣的个体农民工应该指个体工商户和个体劳动者。个体工商户与个体劳动者的区别在于前者有少量的雇工，后者则没有雇工。

总体而言，"农民工"作为一个群体已经发生了深刻的分化，自雇佣的个体农民工已成为其中一个重要组成部分。现实调查数据也证明了这点。根据国家统计局 2010 年、2012 年发布的 2009 年、2011 年《农民工监测调查报告》显示，在外出农民工中自营者分别占 6.4%、5.2%。根据当年外出农民工总数可以推算出农民工中自营者分别为

---

① 万国明：《都市农民的二次分化与分类社会保障对策》，《城市发展研究》2004 年第 3 期。

② 谢建社：《农民工分层：中国城市化思考》，《广州大学学报》（社会科学版）2006 年第 10 期。

③ 牛喜霞、谢建社：《农村流动人口的阶层化与城市融入问题探讨》，《浙江学刊》2007 年第 6 期。

930.1 万、824.8 万，大约保持在 900 万。在这 900 万的进城经商人员中，既包括私营企业主，也包括个体工商户。

另外，根据国家人口和计划生育委员会流动人口服务管理司发布的 2011 年、2012 年中国流动人口发展报告提供的数据推算，农民工中自营者分别为 3761 万、4024 万。[①] 这比国家统计局大约在 900 万自营者的规模扩大了许多（关于农民工内部分化的具体内容见第七章）。由此可见，自雇佣的个体农民工已经成为农民工群体中的重要组成部分。

通过以上文献的梳理和分析，本课题的研究对象"自雇佣的个体农民工"，是指农民工中占有少量资本，并处于自雇佣状态的个体工商业者。本课题之所以针对农民工中的个体工商业者展开研究，正如我们反复强调的，经过 30 多年的发展演化，农民工作为一个整体已经发生了深刻的分化，如果将其仍然视为一个同质性群体，研究其社会融合问题，一方面与现实不符，另一方面由此所提出的对策性建议将可能出现偏差。

四 文献综述

为了便于研究流动人口的社会融合问题，将社会融合可操作化，本研究对社会融合概念及国内关于流动人口社会融合的相关研究进行了梳理。

（一）关于社会融合概念

社会融合的概念并不是最近才提出的。法国社会学家涂尔干在 1897 年发表的《自杀论》中，通过对自杀现象的研究，首次提出了"社会融合"的概念。事实上，关于社会融合概念的提出和研究更早，1893 年涂尔干在其经典著作《社会分工论》中已有体现。涂尔干曾将社会团结划分为机械团结和有机团结。在他看来，前者存在于不发达社会和古代社会，它是建立在社会中个人之间的相同性或相似性，即同质

---

① 国家人口和计划生育委员会流动人口服务管理司：《中国流动人口发展报告 2011》《中国流动人口发展报告 2012》，中国人口出版社，2011、2012。

性的基础上的一种社会联系。在这种社会中，个人之间的差异性很小，人们的信仰、情感、意愿具有高度的同质性，行为方式也具有一定的高度一致性。"机械团结越发达，个人的特殊活动就越罕见"①。社会成员的相互依赖性低，社会联系的纽带松弛，主要依靠共同的宗教仪式和集体观念来维持。总之，机械团结的社会是缺乏社会分工而形成的个人之间的同质性的社会。与此相反，有机团结是随着社会分工的出现而出现的，它是建立在社会分工合作和个人异质性基础上的一种社会联系。由于分工的出现和发展，导致个人之间的差异性不断扩大，每个人对社会和其他人的依赖性越来越强，社会成员之间的相互依赖性也越来越强，由此所产生的社会整合程度也越来越高。涂尔干不仅指出了同质性社会中的社会关联和社会整合的特点及脆弱性，也指出了异质性社会中社会以依赖和社会整合为其特点及其内在的逻辑性，前者如果说是一种机械整合的话，后者则是有机融合，即我们所说的社会融合。

而将社会融合与社会政策研究紧密联系在一起的则是 20 世纪 70 年代的事情。社会融合（social inclusion）作为一个社会政策概念起源于欧洲学者对社会排斥（social exclusion）的研究。法国学者勒内·勒努瓦（René Lenoir）于 1974 年在一篇论文中首先使用"社会排斥"这一概念。在他看来，当年包括"精神和身体残疾者、自杀者、老年病患、受虐儿童、药物滥用者、越轨者、单亲父母、问题家庭、边缘人、反社会的人和社会不适应者"都受到了社会排斥。随后，社会排斥理论于 20 世纪 90 年代在欧洲社会兴起，其研究由两个方向向前推进，一是社会排斥理论的探讨；另一个是反社会排斥的社会政策研究，社会政策作为减少排斥的程度以至消除社会排斥的重要手段，一直和社会排斥理论的研究紧密联系在一起。

任何理论的产生乃至兴起，基本上都是回应社会问题的产物，社会排斥理论产生和兴起充分表明了这点。社会排斥理论的兴起，主要是欧洲共同体成立以后，其成员国的社会成员普遍面临被社会排斥的问题。

---

① 埃米尔·涂尔干：《社会分工论》，渠东译，三联书店，2000，第 241 页。

同时，欧洲在发展过程中，随着经济社会结构的深刻变动，欧盟社会融合问题的重要性日益凸显。因此，欧盟多国面临福利国家危机的形势下，将改变社会福利的资源分配原则作为反社会排斥的重要组成部分。1988 年，欧洲共同体在其反贫困计划（European Union Poverty Programs）中沿用了"社会排斥"这一概念，此后这一概念逐渐为世界各国学者所接受，并被学术界和各国政府广泛采用。人们普遍认为，社会排斥是社会成员希望以公民的身份参与社会而被他们不能控制的社会因素阻止了的社会问题，[①] 即一定的社会成员或者社会群体在一定程度上被排斥在社会主流关系网络之外，不能获得正当的经济、政治、公共服务等社会资源的过程或者状态。[②]

欧洲社会在反排斥过程中，对社会排斥的认识不断深化，认为社会排斥有多种形式，主要有经济排斥、政治排斥、社会排斥。在讨论社会排斥时认为社会排斥有商品和服务领域的社会排斥；有劳动力市场的社会排斥；还有地域的社会排斥；人权方面的社会排斥；宏观经济发展战略方面的社会排斥；等等。

Duffy 从社会政策的角度指出，在欧盟成员国中，五个与社会政策密切相关的领域中都存在不同类型的社会排斥问题。Duffy 的研究使用了问卷调查方法，说明社会政策领域、社会排斥问题和社会排斥群体之间的关联。社会排斥问题在健康领域、就业领域、社会保护领域、教育领域和住房领域都可以观察或表现出来。欧盟的这份研究报告细致地讨论了在健康、就业、社会保护、教育和住房领域中存在的社会排斥问题，并指出社会排斥是国家、市场和社会多种制度因素作用的结果。这份报告为欧美制定社会政策提供了指引。随着对社会排斥研究的不断深入，社会排斥研究呈现出多学科的发展态势，有的研究注重社会排斥的过程，有的注重社会排斥的行动者和机构，有的关注不同层次的社会排斥，还有的从融入着手展开社会排斥的研究。

---

① 彭华民：《社会排斥与社会融合——一个欧盟社会政策的分析路径》，《南开学报》（哲学社会科学版）2005 年第 1 期。

② 熊光清：《欧洲的社会排斥理论与反社会排斥实践》，《国际论坛》2008 年第 1 期。

随着社会排斥基本内涵的进一步丰富，社会排斥研究视角的极大拓展，以及反社会排斥计划及行动的实践，"社会融合"（social inclusion）概念也逐渐被学者和政府广泛使用。20 世纪末至 21 世纪初，无论是政府机构还是社会政策研究者都热衷于使用"社会融合"这一概念。因为他们逐渐意识到，反社会排斥就是要建立一个"人人共建、人人共享"的强大且有凝聚力的社区，这就是社会融合。

欧盟为了实现减少以至达到消除社会排斥的目标采取了若干政策和措施，如通过繁荣经济提高就业率等，其中包括同意在 2001 年实施社会融合计划的建议。在反排斥的过程中，参照对成员国的要求，欧共体执行促使每一个社会成员能够融入社会的标准，包括教育、能够熟练地掌握基本技能、培训、工作、住房、社区服务、医疗照顾。欧美反排斥理论的研究支持社会政策的制定，并形成一些可操作性的行动方案。如欧盟在促进社会融合的项目中，推行各个成员国家协调配合公开计划方案。其中关于社会融合的主要内容包括：形成关于社会融合的联合备忘录（Joint Memoranda on Social Inclusion）；形成成员国之间沟通认可的社会排斥的指标（Common Indicatiors），比较各个成员国反社会排斥的工作，协调反社会排斥的政策，评价社会融合的进展，等等。[①] 总之，欧盟关于反社会排斥的研究和行动方案、社会政策等使人们进一步认识了社会融合的重要性，并发展和丰富了社会融合的内涵。

尽管人们对"社会融合"概念的认识还存在不少争议，总体而言，人们普遍认同社会融合是一件好事，而社会排斥是一件坏事，因为它破坏了社会凝聚（social cohesion）。"关于社会融合的下列观点得到更多社会融合研究者的赞同：①融入不是一个静态的事情，它是一个对现状一直进行挑战的动态过程；②社会融合既是目的，同时也是手段；③没有人可以通过强制力量达到社会融合，社会融合不仅是制度性的，同时也是主观性的融入；④社会融合是多维度的，包括经济融合、政治融

---

① 彭华民：《社会排斥与社会融合——一个欧盟社会政策的分析路径》，《南开学报》（哲学社会科学版）2005 年第 1 期。

合、社会融合、制度融合、文化融合以及心理融合；⑤社会融合是多层面的，既有全国范围的社会融合和城市范围的社会融合，又有跨国家的区域社会融合，既有宏观层面的社会融合和中观层面的社会融合，也有微观层面的社会融合"①。

（二）关于社会融合的经验研究综述

现有的不论是国际还是国内流动人口或移民的诸多实证研究也印证了对社会融合概念的不同理解，以及不同的研究取向。

王春光研究在巴黎的温州人时指出，非法进入法国后的温州人，其社会融入首先面临的是合法化问题。因为争取合法化是融入当地社会的第一步。而就其可能性而言，多党民主政治也给移民争取合法化提供了可利用的政治资源。巴黎的温州人恰当地把握了这个可能，先后通过家族式行动、团体合作行动去争取合法化，获取合法身份。巴黎的温州人的生存和发展通常要经历三个阶段：打黑工、当雇工和雇工（即当老板）。经济活动仅仅是巴黎温州人融入活动的一个重要方面，接受教育以及与接受国社会的交流、沟通，是外来移民融入活动的更为重要的方面。总之，巴黎的温州人在融入法国社会上，仅仅依靠吃苦耐劳的工作态度和传统的社会关系网络，在法国最边缘的经济层面，建立起自己的生存和发展领地，以此来克服在融入上面临的困难，即以传统社会关系资源和补缺性经济方式移居和融入法国。这既不同于以技术资本和经济资本为后盾的精英移民及其融入模式，也不同于以地缘亲近性的区域性移民和以殖民文化资本为基础的殖民归化性移民及其融入，更不同于政治迫害和战争导致的避难性移民融入。② 成为一种独特的社会融入方式。应该说这个研究更多的是从传统社会关系资源和补缺性经济方式的角度来探讨社会融入问题。

事实上，关于对社会融合问题的理解和研究更多的是从国际移民角度出发并展开的。而早期的研究更多的是从"文化融合"问题切入的。

---

① 嘎日达、黄匡时：《西方社会融合概念探析及其启发》，《理论视野》2008 年第 1 期。
② 王春光、Jean Philippe BEJA：《温州人在巴黎：一种独特的社会融入模式》，《中国社会科学》1999 年第 6 期。

美国向来就有"大熔炉"的叫法，这个叫法本身就体现了外来移民与移入国之间的文化融合问题。有关"同化论"和"多元论"的观点，无非就是移民对当地主流文化传统习惯和原有社会文化习惯的认同或抛弃的分流问题。前者更多的是强调外来异族个人或群体与其他群体逐渐融合成共同的文化生活；[①] 后者则更多地强调了不同种族和社会集团之间享有保持差别的权利。[②] 以研究唐人街著称的周敏等通过对美国华人新移民的社会融合研究发现，具有相当经济实力的华人新移民应该有足够的能力融入美国当地主流社会，但恰恰走向了相反，这些华人并没有放弃也不愿意放弃聚居的习惯，甚至一些文化传统习惯也持久地保留下来。[③] 在新近的研究中，作者指出许多华人新移民由于有较强的人力资本和金融资本，可以不需要唐人街作为打入主流社会的跳板，也不需要较强的社会资本作为基础。相反，华人新移民积极建造新华人移民聚居区和族裔经济，而不是消极地等待被同化；同时在运筹人力资本和金融资本的过程中，有效地创造或增强了社会资本。传统唐人街的贫民窟形象因此被富有现代气息的族裔经济和族裔文化特质所取代。[④] 由此看来，文化融合是社会融合的一个重要方面，也体现了研究者的研究取向。

国内学者关于社会融合的研究更多的是关注以农民工为主体的流动人口。这与当代中国社会结构发生深刻变动有密切的联系。当前我国以农民工为主体的流动人口已达到了 1.3 亿多，这个庞大流动人口既为我国经济社会发展做出了巨大贡献，也产生了不少问题，而产生这些问题的根本原因是没有及时制定有效的社会融合政策，让这个庞大的群体适时地融入当地社会。正是基于这样的现实，国内不少研究者早已认识到这个问题，也有了不少关于农民工社会融合的研究。

---

① Park, Robert E: *Community Organization and the Romantic Tempe*. Robert E. Park & Ernest (eds), 1974.

② 李明欢：《20 世纪西方国际移民理论》，《厦门大学学报》（哲学社会科学版）2000 年第 4 期。

③ 周敏：《唐人街——深具社会经济潜质的华人社区》，鲍霭斌译，商务印书馆，1995。

④ 周敏、林闽钢：《族裔资本与美国华人移民社区的转型》，《社会学研究》2004 年第 3 期。

1995 年田凯指出，流动人口对城市生活的适应实质上是再社会化的过程，流动人口适应城市社会生活必须具备三个基本条件：①相对稳定的职业。②这种职业能够创造与当地人发生社会交往，尤其是能够参与当地社会生活的条件。③形成与当地人相同的价值观。在作者看来，流动人口社会融合包含经济层面、社会层面、心理或文化层面。

2001 年马西恒通过对城市流动人口的社会融合问题的研究发现，流动人口与城市社区的二元关系正在发生变化，并由此提出了流动人口与城市融合可能要经历三个阶段的构想：①二元社区。②敦睦他者。③同质认同。2008 年作者在前期研究的基础上，通过对上海市 Y 社区的个案考察，指出"敦睦他者"一方面是城市新移民走向社会融合之路，另一方面也是新移民与城市社会融合的关键阶段。并指出，在此阶段需要政府、社区和新移民共同做出努力。①

2007 年王桂新等以上海外来农民为例，研究农民工社会融合现状时，通过经济融合、政治融合、公共权益融合、社会关系融合等方面，指出农民工的社会融合过程伴随着城市化的进程而展开，将是一个复杂的经济、政治、社会和文化互动过程，并认为目前上海外来农民工的社会融合状况总体有所改善，但经济、政治、公共权益、社会关系等方面融合度不高。② 而在其先前的研究中，作者针对上海外来人口生存状态以及社会融合问题提出了外来人口城市化和社会融合的模型。认为总体来说，根据社会融合度，可以把外来人口的城市化过程划分为三个阶段：第一阶段，为集中化阶段，亦即外来人口城市化的初期阶段。第二阶段，为常住化阶段。外来人口迁入城市一切都充满着不稳定性。但经过一定时间的适应，工作和居住都相对稳定了。第三阶段，为市民化阶段，即真正实现了由外来人口向城市居民的质变——市民化。

作者在此基础上，提出了外来农民工社会融合的模型，指出消除城

---

① 马西恒、童星：《敦睦他者：城市新移民的社会融合之路——对上海市 Y 社区的个案考察》，《学海》2008 年第 2 期。

② 王桂新、罗恩立：《上海市外来农民工社会融合现状调查研究》，《华东理工大学学报》（社会科学版）2007 年第 3 期。

乡差异、趋向社会融合，既有形式上的，更有内容和实质上的。城乡差异形式上的消除，如农村人口趋向城市的"集中化"，以及农村人口在城市的"常住化"，在形式上、空间上农村人口进城了，已与城市居民一样常住于城市。但在内容和实质上，这些从农村迁入城市的人口仍被作为外来人口或农民工，他们并未享受与城市居民同样的"市民"权益。其中极少数人通过某种途径转变为城市居民，完成"市民化"城市化阶段，才真正从内容和实质上消除了城乡差异。在一定意义上，形式上的消除城乡差异、趋向社会融合，是实现内容上的消除城乡差异、趋向社会融合的基础和前提；内容上的消除城乡差异、趋向社会融合，则是形式上消除城乡差异、趋向社会融合的发展和深化。作者还指出，要消除城乡差异，趋向社会融合，实现社会和谐，建设和谐城市，不仅要在根本上继续深化改革、推进制度创新，破除户籍制度等体制性和法律上的"壁"，使外来人口完成"市民化"城市化阶段；更需弥平城市居民与外来人口在观念、意识上的"沟"，消除城市居民对外来人口的种种歧视性偏见，在外来人口与城市居民之间建立一种彼此信赖、互敬互助的平等、和谐关系。[①]

从城市化研究社会融合问题是一个重要视角，在从传统的农村社会向现代的城市社会转型过程中，以农民工为主体的流动人口成为当代社会的"边缘人"，难以实现在城市的社会融合。2001 年王春光在研究新生代农村流动人口时，通过社会认同作为切入点，探讨了新生代农村流动人口的社会融合问题，指出新生代农民工"彷徨于返回乡村与定居城市社会之间"[②]。在 2006 年的研究中作者引入"半城市化"的概念，通过农村流动人口的"半城市化"社会具象，即非正规就业和发展能力的弱化、居住边缘化和生活孤岛化、社会认同的"内卷化"的分析，指出"半城市化"是一种介于回归农村和彻底城市化之间的状态，它

[①]　王桂新、张得志：《上海外来人口生存状态与社会融合研究》，《市场与人口分析》2006
年第 5 期。

[②]　王春光：《新生代农村流动人口的社会认同与城乡融合的关系》，《社会学研究》2001 年
第 3 期。

表现为各系统之间的不衔接、社会生活和行动层面的不融合，以及在社会认同上的"内卷化"，指出"半城市化"是很少考虑到农村流动人口在城市社会融合的结果，并且认为农村流动人口的"半城市化"出现长期化的变迁趋势，对中国社会结构转型和变迁是相当不利的。[①]

林凌、郭晓鸣通过"农民工市民化率"这个定量指标描述农民工的市民化程度，并根据农民工市民化的含义，将这个指标分解为四个层次，即职业市民化率、准市民化率、形式市民化率、实质市民化率。这四个层次指标逐层递进，不仅揭示了农民工市民化的丰富内涵，而且可以比较准确地测定农民工的市民化程度，为判断农民工市民化的水平和质量提供重要参考。作者认为当前我国官方公布的城市化率仅仅处于农民工市民化的第一层次，离实现完全的市民化水平还有很长的距离。[②]

城市化率是研究社会融合的一个视角，只是表明了社会融合的大体阶段。这些阶段是如何测量获得的，则需要一套评价指标体系。2010年黄匡时、嘎日达认为农民工的城市融合是一个多维度的概念，它并非仅指农民工单方面融入城市的过程，更重要的是农民工和城市居民相互接纳和认同的过程。农民工城市融合度的测量应该从城市层面和个体层面两个层次进行。其中，城市层面的城市融合包括政策融合和总体融合两个方面：政策融合是从城市与农民工相关的政策角度测量农民工的城市融合状况，总体融合是从整个城市农民工总体来评价农民工的城市融合状况，而个体层面，既要考察农民工主观融合感受和评价，又要观察农民工的客观融合状态。因此，作者在这个认识的基础上，借鉴了欧盟社会融合指标和移民整合指数，指出"农民工城市融合度"评价指标体系应该从"农民工城市融合政策指数""农民工城市融合总体指数"和"农民工城市融合个体指数"三个方面进行构建。[③] 这一研究与刘传江等的关于农民工市民化进程研究类似，该研究通过外部制度因素的测

---

① 王春光：《农村流动人口的"半城市化"问题研究》，《社会学研究》2006年第5期。
② 林凌、郭晓鸣：《城市化进程中的农民工问题研究》，四川科学技术出版社，2008。
③ 黄匡时、嘎日达：《"农民工城市融合度"评价指标体系研究——对欧盟社会融合指标和移民整合指数的借鉴》，《西部论坛》2010年第5期。

算、农民工群体市民化进程测算、农民工个体市民化进程测算，最后对农民工市民化进程测度指标及其结果进行评价，以客观描述农民工市民化的整个进程。[①]

社会距离是近年来研究流动人口社会融合问题引入的重要概念，也成为重要研究视角之一。郭星华等引入社会距离的概念，对新生代农民工和城市居民的社会距离问题进行分析，认为由于新一代农民工的身份认同变化、城市居民的刻板印象以及传统网络的存在导致新生代农民工与城市居民的社会距离正在逐渐增大，他们缺乏主动介入城市生活的积极性，并且感觉与城市生活和城市居民之间的关系日趋隔离。最后指出社会距离的增大使得农民工群体自愿选择结成自己的社群网络，并因此与城市生活产生隔离。[②] 在随后的研究中，有研究从农民工在社会交往中的主观感受来评判其社会融入的程度；[③] 有研究从两类社会地位不对等的群体的社会距离双向度展开；[④] 有研究认为尽管农民工和城市居民是社会融合的主体，但仍应通过考察政府及其工作人员的态度和立场，并将其作为第三方纳入社会融合研究的范畴。[⑤]

牛喜霞、谢建社在讨论农村流动人口城市融入问题时，首先指出了农村流动人口的阶层化与异质性的问题，通过对广州、上海等地调查研究和实证分析，综合经济标准、政治标准、社会标准、生活标准、价值标准、文化标准和职业标准等，将农民工划分为五大群体：准市民身份的农民工、自我雇佣的个体农民工、依靠打工维持生活的农民工、失业农民工和失地农民工。并得出了农民工已发生了二次分化的结论。最后指出，在讨论农民工流动人口城市融入问题时，一定要区

---

① 刘传江、徐建玲等：《中国农民工市民化进程研究》，人民出版社，2008，第258~267页。

② 郭星华、储卉娟：《从乡村到都市：融入与隔离——关于民工与城市居民社会距离的实证研究》，《江海学刊》2004年第3期。

③ 李伟东：《从社会距离看农民工的社会融入》，《北京社会科学》2007年第1期。

④ 张海辉：《不对称的社会距离——对苏州市本地人与外地人的关系网络和社会距离的初步研究》，清华大学硕士毕业论文，2004。

⑤ 钱正荣：《珠三角政府工作人员看城市外来人口的社会融合：以社会距离为视角》，《云南行政学院学报》2010年第5期。

别对待，而不能想当然地将农村流动人口当作一个同质性的群体来研究。①

与这一研究思路比较接近但研究对象截然不同的研究开辟了关于社会融合的新路径。张文宏、雷开春将研究对象定位在长期被忽视的白领新移民群体，通过对这个群体迁移后的融入状况进行深入分析，客观呈现了城市中上层新移民社会融合的实际情况。该研究认为城市新移民社会融合包含着文化融合、心理融合、身份融合和经济融合四个因子，要实现新移民与本地居民的高度融合，需要新移民、本地居民和政府等多方面的共同努力。②

总之，关于流动人口社会融合的研究成果已经不少，但多数集中在社会融合概念、当前流动人口城市融入状况、研究农民工社会融合的视角、制约流动人口城市融入的因素，以及如何改善流动人口社会融合的政策性建议等方面，这些研究对于本课题具有非常重要的启发和借鉴意义。

（三）研究述评及启示

1. 关于流动人口，尤其是以农民工为主体的流动人口社会融合问题的研究基本呈现如下特征

第一，研究视角多元化。通过对关于社会融合问题研究的梳理，至少有社会排斥、城市化、社会距离、社会认同、社会资本、文化融合等诸多视角。

第二，引入概念多样化。任何研究在展开过程中，找到一个切入点或引入一个新概念是研究的基本策略。在研究社会融合问题的文献中，不乏这样的策略，社会认同、社会距离、社会排斥等概念的引入是这一策略的具体体现。

第三，研究走向深入化。流动人口是一个复杂的社会问题，对这个

---

① 牛喜霞、谢建社：《农村流动人口的阶层化与城市融入问题探讨》，《浙江学刊》2007年第6期。

② 张文宏、雷开春：《城市新移民社会融合的结构、现状与影响因素分析》，《社会学研究》2008年第5期。

问题本身的认识也有一个逐步深化的过程。而流动人口社会融合问题的研究也体现了这样一个特征，大规模的流动人口转移到城市后，一方面确实极大地推动了我国的经济社会发展，另一方面也引发了不少社会问题，所以人们将目光投向如何使这个庞大的群体融入当地社会这一现实问题，社会融合概念成为流动人口研究的一个重要方面。而研究社会融合对其概念本身探讨就有一个深化过程。尤其是流动人口经过 30 多年的发展，其社会融合程度究竟处于怎样的状态或阶段，成为学者们关注的话题，所以一系列指标的设计及其测量，直到提出各种建设性的对策建议，无一不体现社会融合研究走向深化的特点。

2. 研究的启示及重要补充

通过对大量文献的考察和梳理，这些成果对于本研究具有诸多的启示。

第一，欧洲社会关于社会融合问题的研究和实践，特别是关于社会融合的一些可操作指标，对于研究我国外来人口社会融合问题，尤其是制定关于社会融合的政策，具有非常重要的借鉴意义。

第二，借鉴流动人口社会融合阶段和融合度的研究成果，本研究试图建立"高度社会融合""中度社会融合""低度社会融合"的三阶段测量社会融合度指标体系。

第三，社会融合的研究不再是仅仅停留于对流动人口社会融合状态和过程的考察，而更多的是要立足于价值判断，一方面体现在社会融合度方面的考察，另一方面体现在社会融合对一个国家或地区社会经济发展的重要性。也就是说，要针对某些特殊群体的社会福利与生活需求制定和调整社会政策，通过社会政策影响各类行动者对整个社会的认同，最终促进或达到社会融合。

关于社会融合的研究是一步步引向深入的，为了将流动人口研究继续引向深入，本研究试图从流动人口中的自雇佣的个体农民工切入，在此基础上进一步探索流动人口的社会融合问题。笔者发现，已有的研究始终将流动人口视为一个同质性的整体，这样研究的结果：一方面，与经过 30 多年的发展演化已经发生剧烈分化的我国流动人口的实际不符；另一方面，这样的研究结果可能导致相应的政策性建议或对策出现偏差。尽管已有的个别研究已认识到这个问题，遗憾的是这些研究并没有沿着既有的思路继续深入下去。

社会融合是指不同的群体或阶层相互调整适应对方的过程。本课题所研究的"社会融合"实质上是指"城市社会融合"，亦即转移到城市自雇佣的个体农民工，与城市居民相互调整适应对方，并实现融入城市社会的过程。

（四）相关概念的界定

1. 社会融合与社区融合

社区融合是社会融合的基础，没有社区的融合很难谈及社会融合的问题。如前所述，社会融合的提出是与社会排斥连接在一起的，有学者认为社会排斥包括经济排斥、政治排斥和社会排斥，而作为排斥形式之一的社会排斥是指发生在社会生活和社群生活中，它表现在个人不能经常使用社区的公共设施及公共事务参与程度低等。与此相反，反排斥的过程要求促使每个社会成员能够融入社会，其主要标准之一是获取社区服务。欧盟在促进社会融合过程的一系列项目中，就包括制定社区行动项目的关键内容。① 从这个角度看，社区融合是社会融合的重要内容之一。

与此理解不同的是，卡梅伦·克劳福德（Cameron Crawford）认为，社会融合至少包含两层意思：一是在社区中能在社会、政治、经济、文化生活层面上平等地受到重视和关怀。二是在家庭、朋友和社区拥有互相信任、欣赏和尊敬的人际关系。② 这个定义将社会融合与社区紧密联系在一起。在他看来，社会融合几乎等于社区融合。社会融合是通过"润物细无声"的社区融合来逐步实现的。目前国内的一些研究也将社区融合与社会融合结合起来，认为社区是流动人口城市融入的社会化组织载体，消除旧的制度化的隔离以社区为突破口最为恰当。并认为流动

---

① 彭华民：《社会排斥与社会融合——一个欧盟社会政策的分析路径》，《南开学报》（哲学社会科学版）2005年第1期。
② Cameron Crawford, *Towards a Common Approach to Thinking about and Measuring Social Inclusion*, Roeher Institute, 2003.

人口融入了城市社区就是融入了城市，这种再社会化过程可以超越户籍这种外在屏障而融入城市之中。① 事实上，社区是流动人口与城市居民比邻而居、共同生活的空间，也是社区发展主体归属感的依托，流动人口只有在社区找到家的感觉、重拾归属感，才能体现其融入社区之中，融入当地社会之中。

目前国内的一些研究是通过流动人口的社区参与情况来考察社区融合的，如张利军的《农民工的社区融入和社区支持研究》② 等；还有一些研究是立足于社区的角度来考察社会融合的，如马恒西等人的研究；③ 有研究指出实现流动人口的城市融入，重要的是使流动人口逐步融入社区服务体系。④ 这些研究成果表明流动人口的社区参与和融入是其社会融合的微观基础。社区融合是指流动人口参加当地社区活动的情况，如选举、社交活动、文体娱乐活动、治安巡逻、志愿者活动、募捐活动、接受社区服务等。可见社区融合既是社会融合的具体体现，也是社会融合的目标指向。社区融合是社会融合的最终归宿，正如卡梅伦·克劳福德所定义的那样，经济融合、文化融合、心理融合等最终集中凝聚并体现在社区融合之中。

需要指出的是，本课题所研究的社会融合及社区融合与西方有着本质的区别。在西方发达国家，其宏观层面的制度相对完善，社会融合主要是指微观层面的社区融合问题。在中国则恰恰相反，农民工的城市社会融合问题的关键在于宏观层面的经济、政治、社会制度安排。中国作为自上而下权力相对集中的社会，微观层面的社区融合恰恰取决于宏观层面的制度安排。由此可见，本课题的社会融合与社区融合本身既有区别又有联系，同时在中西方之间也存在着重要的差异。

2. 社会融合与社会分层

将社会分层与社会融合放在一起，乍看起来，似乎是两个完全不

① 时立荣：《透过社区看农民工的城市融入问题》，《新视野》2005 年第 4 期。

② 张利军：《农民工的社区融入和社区支持研究》，《云南社会科学》2006 年第 6 期。

③ 马西恒、童星：《敦睦他者：城市新移民的社会融合之路——对上海市 Y 社区的个案考察》，《学海》2008 年第 2 期。

④ 韩克庆：《农民工融入城市的问题与对策》，《中共珠海市委党校、珠海市行政学院学报》2008 年第 5 期。

同，甚至可以说截然相反的概念。社会分层是指社会成员、社会群体因为占有社会资源的不同而产生的层化或差异现象，尤其是指建立在法律法规基础上的制度化的社会差异体系。① 而社会融合是个体与个体之间、不同群体之间或不同文化之间的相互配合、相互适应的过程。② 前者似要体现层化、差异，后者却体现配合、适应。给人的总体感觉是两个概念似乎是大异其旨、其趣迥然。

社会分层根据前述定义就是要根据某种标准描述不平等，揭示每个社会不同的阶级阶层。正如社会分层大师格伦斯基所指出的那样，当代社会分层研究的任务就是描述不平等的基本轮廓和分布，并解释为什么在推崇现代平等主义和反分层的同时不平等现象仍然持续存在。从这个总结中可以看出，一方面社会分层目标是要描述并解释不平等现象的客观存在；另一方面却要致力于推崇平等并力求达到平等。事实上，社会分层的根本目标就是为了使社会能够和谐地发展。现实社会中，每个社会的阶级阶层都是相对独立的利益群体，在社会发展过程中，特别是在快速而剧烈的社会变化过程中，各个阶级阶层之间必然产生这样那样的利益摩擦、矛盾，甚至冲突。不管人们是否愿意承认并面对，这些利益摩擦、矛盾和冲突是客观存在的，并应当对其进行科学分析。一个社会要协调、稳定、持续地发展，就要建立阶级利益的整合机制、矛盾和冲突的化解机制以及社会分层秩序的稳定机制，而这些恰恰是建立在对社会分层结构了解和把握的基础上的。

社会分层，尤其是以社会职业为基础的阶层结构，同时还是社会发展程度的重要标志。因为在一个社会的职业结构中，从事知识技术工作的人员所占有的比例越高，特别是掌握高新知识技术的人员比例越高，社会的发展程度也就越高。另外，一个富裕、发达、文明的现代化国家的重要标志是中产阶层的规模，这充分表明社会分层尤其是职业分层不仅具有广阔的应用前景，同时也是测度社会发展程度的主

① 李强：《社会分层十讲》，社会科学文献出版社，2008，第1页。
② 任远、邬民乐：《城市流动人口的社会融合：文献述评》，《人口研究》2006年第3期。

要依据。

如前所述，社会分层的根本目标就是为了使社会能够和谐地发展，而社会和谐发展的关键是社会整合能力。社会分化及社会阶层结构的变化是人们经济社会地位、生活方式、价值观念变化的结果，这同样要求与之相适应的社会整合。如过去主要依靠单位制整合社会，现在社区在社会整合机制中发挥越来越重要的作用。另外，社会分层的一个重要目标是根据已经分化的阶层结构的实际情况制定符合实际、具有针对性的社会政策，避免盲目"一刀切"的社会政策。由此看来，社会分层并不仅仅在于描述、解释社会的不平等，同时肩负着社会整合和提供社会政策决策依据的重要使命。我们沿着这条思路推衍下去会看到制定分阶层的、有针对性的社会政策无非就是抑制阶级阶层之间的不平等，最大化地接近或达到平等，使阶级阶层之间的界限不再清晰、边界不再封闭，最理想的状态是达到社会融合。

社会融合也描述不平等，但其侧重点是强调并解释一个阶层或一个群体在不平等的社会中怎样实现与其他阶层或群体的平等。社会融合是这样一个过程，它确保具有风险和社会排斥的群体能够获得必要的机会和资源，凭借这些资源和机会，他们能够全面参与经济、社会、文化生活和享受正常的生活，以及享受在他们居住的社会应该享受的正常社会福利。社会融合要确保他们有更多的参与生活和获得基本权利的决策机会。[①] 所以社会融合的研究就是发现哪些因素制约、限制了个人之间、群体之间、阶级阶层之间达到融合，从而制定相应的社会政策以抑制，甚至消除不平等，以求接近或达到社会融合目标。正是在这个意义上，社会分层与社会融合并不矛盾、不冲突，恰恰是旨在实现从不同角度、不同路径去寻求抑制和消除不平等现象这一共同目标，可以说是殊途同归。

另外，社会融合不仅是制定抑制和消除社会不平等的社会政策依

① European Commission, *Joint Report on Social Inclusion*, Directorate-General for Employment and Social Affairs, European Commission, Brussels, 2004.

据，同时也是作为考量和监督社会健康发展的晴雨表，也就是说，将社会融合视为社会发展的主要目标之一。如欧盟明确提出将社会融合作为政策构架中的主要组成部分，尤其是欧盟在推动区域一体化、人口流动大大增加、种族文化的多元化趋势进一步增强的情况下，提高政治参与和公民参与、减少收入差距，从而提供更多更好的就业、教育和健康保护等机会成为他们的社会政策目标之一。总之，从社会政策层面看，社会融合不仅是一个逐步构建的过程，同时也是一个现代社会进步、稳定、文明的重要标志，它是可以通过考核和监督手段来实现的社会发展目标。

3. 社会融合与社会建设

法国社会学家涂尔干在谈到机械团结向有机团结转变时曾经指出，"这就是历史规律：起初机械团结还能够或几乎能够独当一面，后来则逐渐失势了，有机团结逐渐跃升到了显著位置。既然人们相互维系的方式发生了改变，社会结构也会不可避免地随之变化"①。改革开放30多年来，我国社会结构发生了深刻变化，尤其是城乡结构已经发生了巨大的变化。大量农村富余劳动力转移到城市，一方面给城市经济社会发展带来了巨大活力，另一方面也产生了不少社会问题。而这些社会问题的产生归结到一点，就是没有很好地处理这个庞大群体的社会融合问题。而产生这个问题的根源在于城乡二元结构，这是当前我国经济社会发展中最大的结构问题。因此，恰当处理社会融合问题，需要破除城乡二元结构，需要改革和破解影响社会融合的体制机制问题。正是在这个意义上，社会融合是一个系统的复杂的问题，需要从社会建设的高度出发破解这一难题。

2004年党的十六届四中全会第一次提出"社会建设"以来，中国特色社会主义事业的总体布局，更加明确地由社会主义经济建设、政治建设、文化建设三位一体发展为社会主义经济建设、政治建设、文化建设、社会建设四位一体，社会建设成为总体布局发展中的重要一环。社

① 埃米尔·涂尔干：《社会分工论》，渠东译，三联书店，2000，第135页。

会建设越来越成为学术界讨论的热点和实际工作部门工作的重点。

当前关于"社会建设"的理论认识在不断深化和逐步完善。社会建设总体目标是构建社会主义和谐社会。根据已有的研究，社会建设的主要内容包括：①发展社会事业；②加强社会管理；③调整社会体制；④调整并形成合理社会结构等。社会建设的主体及格局是党委领导、政府负责、社会协同、公众参与。关于"社会建设"理论认识的一些主要方面，理论界已大体形成了基本共识。[①] 需要指出的是，社会建设是具有非常重大理论和实践意义的研究课题，随着理论研究的不断深化和社会实践的不断推进，社会建设的内容将更加丰富。

应该说"社会融合"同样是社会建设的重要内容之一。就外来流动人口社会融合问题，2006 年党的十六届六中全会要求"加强流动人口服务和管理，促进流动人口同当地居民的和谐相处"。2007 年党的十七大提出加快推进以改善民生为重点的社会建设，要求加强流动人口的服务和管理：保障进城务工人员子女平等接受教育；加强农村富余劳动力转移就业培训；逐步提高最低工资标准；提高统筹层次，制定全国统一的社会保险关系转续办法等。2010 年《中共中央关于制定国民经济和社会发展第十二个五年规划的建议》提出：着力保障和改善民生，推进基本公共服务均等化。其中针对流动人口的建议涉及就业、收入分配、社会保障、社会服务和管理等若干方面。这些具体方面不仅是改善民生的主要方面和社会建设的主要内容，同样是促进和加强流动人口社会融合的重要手段和机制。

在诸多关于流动人口的社会融合研究中，不仅认识到城乡二元结构的问题，同时指出了当前社会融合所处状态。如有研究发现流动人口与城市社区的二元关系正在发生变化，并由此提出了流动人口与城市融合可能要经历三个阶段的构想：①二元社区；②敦睦他者；③同质认同。[②] 其中的"二元社区"阶段将需要较长的时间才可能彻底改变，也

---

① 陆学艺：《当代中国社会结构与社会建设》，《学习时报》2010 年 8 月 30 日。

② 马西恒、童星：《敦睦他者：城市新移民的社会融合之路——对上海市 Y 社区的个案考察》，《学海》2008 年第 2 期。

就是说流动人口走向社会融合还有很长的路要走。

从这个意义上看，社会融合不仅是适应市场化、工业化、城市化进程的必然要求，也是社会建设的时代要求。因为很难设想一个存在社会融合问题的社会能够长期保持社会的稳定与和谐。

五 研究策略、研究假设及数据来源

（一）研究策略

经过上述文献的梳理，笔者认为，目前关于流动人口社会融合的研究基本上都属于将流动人口视为一个同质性群体来研究，而事实上，经过 30 多年的发展及演化，这个群体已经发生了深刻的分化，其分化程度一点也不亚于改革开放以来城市居民与农村人口两大群体之间的巨大差别和强烈反差。因此，如果仍然停留在这个阶段，既与当代中国社会结构深刻变动的最大实际不相符合，也可能导致由此产生的社会政策出现偏差，为此而付出巨大的社会代价。

改革开放以来，我国社会结构已经发生了深刻变动，社会阶层结构也发生了深刻而剧烈的变化。2003 年"当代中国社会结构变迁研究"课题组根据以职业分类为基础，以组织资源、经济资源和文化资源的占有状况为标准，将当代中国社会划分为十大阶层，[①] 这种划分方法以及阶层结构的分析结果，大大突破了改革开放前长期保持的阶级分析方法，以及"两个阶级、一个阶层"的框架和结构。研究表明当代中国社会阶层结构的确已发生了剧烈而深刻的变化。在"十大阶层"中，农业劳动者阶层处于社会结构的中下层。就这个阶层而言，改革开放30 余年来，也在不断发展变化和剧烈分化。根据不同阶段的研究，改革开放以来，当代中国农业劳动者阶层已分化为 8 个不同的群体：①农业劳动者；②农民工；③雇工；④农村知识分子；⑤个体劳动者、个体工商户；⑥私营企业主；⑦乡镇企业劳动者；⑧农村管理者。这一方面表明农业劳动者群体本身已不再是一个同质性群体；另一方面农业劳动

---

① 陆学艺：《当代中国社会阶层研究报告》，社会科学文献出版社，2002，第 4~23 页。

者阶层内部的各个阶层分化仍在继续，1989 年和 1999 年各个阶层所占比例的变化充分表明了这点。[①]

以上研究及分析表明，当代中国社会阶层结构发生了深刻变化。事实上，每个阶层内部也在发生深刻变化和剧烈分化。从农业劳动者阶层中分化出来的农民工阶层同样也不例外。所以如果对这个群体还以"农民工"来称呼，仍将其视为一个同质性群体显然不合时宜。正是在这样认识的基础上，本课题在研究当代中国流动人口社会融合问题时，选择了一个分化比较明显的群体，即通过对农民工群体中自雇佣的个体农民工的社会融合进行深入分析，以便观察这一研究对进一步解决庞大的农民工群体社会融合的借鉴意义。同时，作为农民工群体中的自雇佣的个体农民工，相对处于被雇佣状态的务工人员而言，他们更多的是倾向"固定"而非变动不居的流动，这便为融入当地社会创造了更加有利的条件。

（二）研究假设及指标体系设计

基于以上分析，本研究提出如下基本研究假设：流动人口中的自雇佣的个体农民工处于雇佣状态，使得他们更具有不再频繁流动的优势，在这种条件下，其社会融合的程度趋于加强。为了便于分析，本研究提出如下可操作化的假设。

假设 1. 作为流动人口中自雇佣的个体农民工，其职业稳定性相对于被雇佣的务工农民工更高，其社会融合状况优于务工的农民工。

假设 2. 流动人口中自雇佣的个体农民工通过经济手段消解了体制性障碍对其社会融合的不利影响，并逐步实现了社会融合。

假设 3. 流动人口中自雇佣的个体农民工依次经过经济融合、社会关系融合、制度融合、心理融合和社区融合五个层面的传导递进，最终实现了社会融合。

为了验证以上假设，需要设计并说明评价指标体系和数据来源。

本研究主要是从职业分化中雇佣状态的角度考察流动人口中自雇佣的个体农民工的社会融合，即把流动人口中处于自雇佣状态视为获得社

会融合的过程。流动人口中自雇佣者处于自雇佣状态成为其获得社会融合的基础性条件，处于自雇佣状态的个体农民工所拥有的组织资源、经济资源和文化资源的多少不同于其他阶层，尤其是不同于处于雇佣状态的群体或阶层。在此基础上，本研究借鉴国际移民和国内流动人口社会融合的研究思路和维度，并吸收了关于流动人口社会融合的具体参考指标，[①] 考察流动人口中自雇佣者的社会融合问题。

根据已有研究和现实社会的具体实践，社会融合是一个综合而有挑战性的概念，它不仅仅具有一个维度或意义。[②] 换言之，社会融合是一个能够通过多维度、多层面考察的综合性指标体系。那种仅仅以单一维度或单个层面考察社会融合的评价指标或思路，不足以反映真实的社会融合实际以及所蕴含的内在逻辑。因此，本研究的指标体系是通过若干一级指标或二级指标，并结合流动人口中自雇佣者若干具体参考指标，形成一个综合性的社会融合评价指标体系。在这个体系中，一级指标体系主要包括经济融合、社会关系融合、制度融合、心理融合和社区融合等5个评价指标（见表1-2）。

表1-2 自雇佣的个体农民工社会融合指标体系

一级指标	二级指标	具体参考指标
经济融合	劳动力市场融合	从业时间、职业稳定性程度、职业认同等
	收入和消费状况	收入、支出等
	经营环境融合	就业环境、行业协会、税收工商管理等
	劳动保护	社会保险、工会、党团组织的知晓程度等
社会关系融合	业务互助关系	业务求助、支持交往关系等
	社区交往关系	与社区居民的交往、交往的愿望等
	同群交往关系	家庭团聚、朋友关系、业务关系等

① 本测量指标体系的设计主要参考了彭华民《社会排斥与社会融合——一个欧盟社会政策的分析路径》，《南开学报》（哲学社会科学版）2005年第1期；黄匡时、嘎日达《"农民工城市融合度"评价指标体系研究——对欧盟社会融合指标和移民整合指数的借鉴》，《西部论坛》2010年第5期。

② Mitchell, A. & R. Shillington 2002, "Poverty, Inequality and Social Inclusion", http://www. Laidlawfdn. org/page - 1069. cfm, December 2002.

一级指标	二级指标	具体参考指标
制度融合	子女教育融合	子女就读情况(公立、私立、打工子弟学校等)
	社会保障融合	是否获得社会保障、获得社会保障类别等
	户籍融合	在城市居留意愿等
心理融合	身份认同	身份认同程度(本地人、外来人)等
	地位认同	在城市地位认同、在家乡地位认同等
	文化适应	对本地文化价值、城市文明的接受程度等
	城市评价	对城市的感受和评价、本地人与外来人的相互评价等
社区融合	获取服务	是否获得社区服务、对服务的满意度、知晓度等
	自我管理	办理的相关证件、参与的组织、自我管理的参与度等
	参与社区活动	是否参与社区活动、公益活动;参与活动的愿望等
	住房融合	居住状态、居住条件等

1. 经济融合

经济基础决定上层建筑,这个经典的论断同样适用于对社会融合的考察。对于流动人口的社会融合而言,经济融合是走向社会融合的第一步,是起点。没有经济融合很难奢望达到最终的社会融合。可以说经济融合是连接社会融合的脐带。国际移民的研究理论及实践充分表明了这点,如巴黎的温州人依靠吃苦耐劳的工作态度和传统的社会关系网络,在法国最边缘的经济层面,建立起自己的生存和发展领地,以此来克服在融入上面临的困难。[①] 国内学者田凯认为,农民工城市适应性分为三个层面:最基础的是经济层面,并由此进而逐步形成由生活方式构成社会层面和以达到观念转变、文化认同和心理上归属感的文化和心理层。[②] 朱力认为,社会适应的经济、社会、心理或文化层面是依次递进的,而经济层面的适应是立足城市的基础。在他看来,"融合与适应不能简单地等同于同化,它比同化具有更主动、积极的意义"[③]。而经济

---

① 王春光、Jean Philippe BEJA:《温州人在巴黎:一种独特的社会融入模式》,《中国社会科学》1999 年第 6 期。

② 田凯:《关于农民工的城市适应性的调查分析与思考》,《社会科学研究》1995 年第 5 期,第 90~95 页。

③ 朱力:《论农民工阶层的城市适应》,《江海学刊》2002 年第 6 期,第 82~88 页。

融合是通过职业及与其相联系的经济收入和社会地位来呈现的。流动人口中自雇佣的个体农民工处于自雇佣状态的职业决定了其经济融合的实际状态。经济融合是考察社会融合的重要的基础性维度。

2. 社会关系融合

人是社会的人，人最重要的社会特征在于"合群性"，任何社会成员都要在社会网络中参与互动，互动既是一种生活方式，也是获取资源与信息交流交换的方式。考察社会融合就是要考察流动人口在生产、生活中与他人的互动及其由互动形成的关系网络。国际移民研究和国内关于流动人口社会融合的研究充分表明了这点。社会关系融合反映了流动人口与本地居民的相互评价和接纳状况，而这一状况又进一步影响流动人口在其他方面的融合状况。所以，社会关系融合是测度流动人口社会融合状况的重要指标之一。

3. 制度融合

制度融合的动力一方面源于经济融合和社会关系网络融合，同时对社会融合又具有两面性，即积极的制度融合或消极的社会融合。当一个庞大的群体转移到目的地后，其自身的生产、生活方式不仅发生了巨大变化，同时也引发了移入地生产、生活方式的巨大变化，并且这一变化具有结构性特征。因此，这一具有结构性特征生产、生活方式的变化必然产生相应的制度供给和再安排。当流动人口与本地居民相互评价和接纳程度高时则产生有利于流动人口社会融合的制度融合；反之则产生不利于流动人口社会融合的制度融合。制度融合在当前流动人口社会融合研究中的地位有增无减。有一研究甚至专门从社会距离的视角去考察政府工作人员作为"中立的第三方"对流动人口社会融合的态度和立场，即证明了这点。[①] 事实上，流动人口社会融合问题本身就是城乡二元结构的产物，而城乡二元结构的形成是体制性和机制性的后果。因此制度融合是考察社会融合的重要维度之一。

---

① 钱正荣：《珠三角政府工作人员看城市外来人口的社会融合：以社会距离为视角》，《云南行政学院学报》2010年第5期。

4. 心理融合

"人在城市心在家"是对当前关于流动人口心理融合的形象描述，所谓的家就是远离务工经商的城市的农村老家。这一形象的描述表明了流动人口在城市缺乏归属感，缺乏归属感意味着他们只是这个正在或者曾经打拼过的城市的匆匆过客。心理融合是流动人口社会融合的最高境界，是其实现真正社会融合的重要标志。流动人口中自雇佣的个体农民工相对被雇佣者而言，大大降低或减少了流动性，其心理融合究竟如何，需要予以考察。

5. 社区融合

在前文梳理社会融合与社区融合时已有交代，需要强调的是，这里的"社区融合"与西方发达国家"社区融合"的语境是不同的。

另外，基于前文的假设，需要进一步指出的是，这5个测度社会融合的指标体系，一方面并非孤立的，而是相互联系、相互影响的；另一方面，根据已有研究和初步调研，它们之间是有先后逻辑次序的，并非简单的堆积。在解释这5个指标过程中，这一逻辑已经得到了呈现（见图1-3）。当然，现实情况是否如此，还需要进一步验证。

本项目主要运用问卷方法，并结合开放式的访谈方法开展研究。通过问卷式调查获取自雇佣个体农民工的基本数据资料，通过开放式访谈进一步了解自雇佣个体农民工鲜活而真实的世界，以及在现实生产、生活中的融合问题。

（三）数据来源及说明

本课题是针对流动人口中的自雇佣者的研究，关于自雇佣者的资料来源从几个方面加以说明。

1. "自雇佣的个体农民工"的划分

自雇佣的个体农民工本身并不是一个同质性很强的群体。尽管这个群体的共同点是依靠自身所占有的资源从事生产经营性活动，但由于他们所拥有的资源的不同，其内部也是分为不同群体的。根据"当代中国社会结构变迁研究"课题组关于以拥有组织资源、经济资源和文化资源状况为标准的社会分层基本框架，并结合现实社会中自雇佣的个体

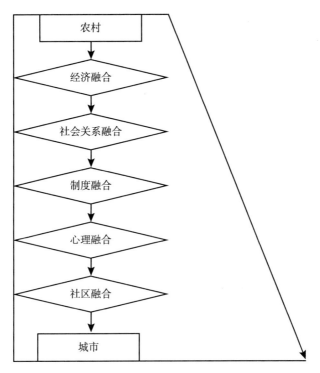

图1-3　自雇佣的个体农民工社会融合的传导递进

农民工的基本情况，这个群体大体可划分为三类。

第一类，商场或大型批发市场柜台式经营的自雇佣者。这个群体都获取了经营资格，其经营场所为租用大型商场的一个或多个柜台，一般经营的都是日用品、服装、化妆品等小商品，国内许多城市中的商贸城经营者多属此类型。

第二类，露天市场、"一条街"式的经营户，这类群体也经营服装、日用品等小商品，他们或者集中于某个露天市场，或者集中于一条街中经营。

第三类，以蔬菜、水果、食品、日用品等为主的市场经营者，这个群体一般多为流动人口，他们在经营地多被集中在某个市场或"一条街"等经营点，经营批发零售蔬菜、水果、食品等。

由上述分类可以看出，第一类个体经营者可能拥有更多的经营资本，拥有相对较高的文化资本；而第三类属于资本加体力型的经营者；第二类经营者大体居于这两类之间，比第一类文化资本和经济资本相对较低，但比第三类而言，文化资本相对较高，又不是那种需要很多体力劳作的经营者。如果从社会分层的角度看，就个体工商户内部而言，第一类社会地位、声望、文化资本相对较高，第二类次之，第三类则最低。很显然，大型商场柜台式的个体工商老板地位要高于个体卖菜的老板。小商品批发市场个体老板社会声望和地位也要高于个体卖菜的老板。因此，本课题在选择研究对象时，考虑到自雇佣者的代表性时，在每个城市选取样本时，这三类群体都被覆盖其中。

2. 流动人口中自雇佣个体农民工的甄别选择

选取流动人口中的自雇佣的个体农民工是一个比较复杂的过程。在某个商场或者市场所有的经营者都是拥有经营执照的个体经营者，调查者首先便遇到两个基本问题：第一，这些个体经营者中哪些经营者是本地人，哪些经营者属于外来人口？第二，外来人口的经营者中，哪些是"外来市民"，哪些又是农村户籍的经商人员，也就是农民工中的进城经商人员？因此，在选取研究对象时，需要辨别选择。在具体操作中，在所抽取的某个经营点内，课题组只是将问卷发给那些属于非本地的经营户。当然如何界定经营户属本地还是非本地又是一个问题，基本要求就是将户口不在经营点所在城市的经营者纳入调查访问范畴。问卷调查结束后，再将农村户籍的经营者从这些非本地的个体经营户中挑选出来，这就是本课题所需要的目标样本。当然，这项研究一个意外的收获是也获取了"外来市民"中个体经营者的相关资料，这应该同样是一个具有非常重要价值的研究素材，需要在以后进一步发掘研究。

3. 流动人口中自雇佣个体农民工所在城市选择

大量的农民工涌入城市，从事非农生产，这些农民工已经遍及全国各地大、中城市。为了使调查具有代表性，本课题选取了北京市、甘肃省兰州市、江苏省太仓市、广东省广州市四个城市为调查点，一方面考虑到流动人口以进入大城市为主，所以除太仓市为地级市外，其他调查点均为直辖市或省会城市。另一方面考虑到流动人口主要以东部发达地区为主，所以在选点时，又以东部发达地区大城市为主，故选取了北京市、江苏省太仓市、广东省广州市三个城市。总体而言，选择问卷调查城市时，坚持了以大城市为主，以中等城市为辅；以东部发达地区为主，以西部发展中地区为辅的基本原则。

需要指出的是，这项研究尽管在选点上考虑到代表性，但并不排斥其随机性。因为在选取调查点、从事个体经营的类型和具体问卷调查对象等方面，由于各种原因，包括调查难度、选取对象接受调查的意愿等，必然导致在调查点的选取、从事个体经营的类型以及具体问卷调查对象的确定等方面，存在较大的随机性。正是在这个意义上，本研究具备了应用于统计推理的价值。

4. 研究对象的选取及基本特征

由于调查对象本身所具有的复杂性，调查难度大，选点、抽样等工作极为困难。在确定了四个城市后，我们于 2009～2010 年，在这四个城市分别进一步选点，并展开问卷调查。

兰州市选取了城关区和七里河区，综合考虑几个方面的因素，发放并回收问卷，通过筛选问卷 462 份，其中有效问卷为 396 份，有效率为 85.7%。

广州市选取了萝岗区。广州市 2008 年有个体工商户 469128 户，其中萝岗区有 9488 户。综合考虑几个方面的因素，分发并回收问卷，通过筛选问卷为 183 份，其中有效问卷为 177 份，有效率为 96.7%。

由于北京情况比较复杂，加上调查难度大，选取了朝阳区南郎社区。最后发放问卷 64 分，从中选取问卷为 15 份，其中有效问卷为 14 份，有效率为 93.3%。

江苏太仓市下辖一区七镇、常住人口为 68.68 万人，综合考虑几个方面的因素后，在太仓市城厢等街道的各类个体工商户中发放并收回 350 份问卷，属于本课题研究的问卷为 252 份，其中有效问卷为 247 分，有效率为 98%（见表 1-3）。

表 1 - 3　问卷样本分布状况

单位：份，%

	目标问卷	有效问卷	有效率	发达地区样本总量比	大城市样本总量比
兰州市	462	396	85.7	—	
广州市	183	177	96.7		70.4
北京市	15	14	93.3	52.5	
太仓市	252	247	98.0		—
总　计	912	834	91.4	—	—

综合以上四城市的问卷数，有效样本总量为 834 份。不论是样本总量、问卷有效率，还是发达地区、大城市样本分布均达到了预期目标（见表 1 - 4）。

表 1 - 4　样本的基本变量描述性分析

指　　标		频数	频率
性别（N = 834）	男	439	52.6
	女	395	47.4
婚姻状况（N = 834）	未婚	166	19.9
	已婚住在一起	562	67.3
	已婚不住在一起	63	7.6
	其他	43	5.2
教育程度（N = 828）	文盲	25	3.0
	小学	89	10.7
	初中	417	50.4
	高中或中专	249	30.1
	大专及大专以上	48	5.8
移入地户籍类型（N = 834）	本地农村户口	124	14.9
	暂住证	572	68.6
	其他	138	16.5
来到本地时间（N = 829）	3 年以下	307	37.0
	3 ~ 5 年	185	22.3
	5 ~ 10 年	159	19.2
	10 年以上	178	21.5
流出地分布统计	共涉及 21 个省、市、区		

第二章
经济融合：走向社会融合的基础

经济融合是实现社会融合的关键性基础。经济融合是指移民在劳动力就业市场、职业地位、生产经营环境、经济收入、消费水平及模式等方面的调整适应融合过程。自雇佣的个体农民工的经济融合，是指这个群体转移到城市后，逐步调整适应当地劳动力就业市场和生产经营环境，并获得相应的职业地位、经济收入、消费水平及模式的过程。本章针对自雇佣的个体农民工经济融合，着重从其职业发展及收入、职业特征及经营环境等三个方面进行深入考察分析，认识其融合程度及存在的问题。

根据有关部门统计，2010 年我国流动人口大约有 2.6 亿，其中"离土又离乡"的农民工大约有 1.53 亿。这在中国历史上是从来没有过的，在世界发展史上也是空前的。这样大规模人口的迁移一开始就引起了很大的争议，甚至一些地方高级领导人都认为农民工转移到城市是给城市"添乱"。但农民工的流动大势所趋，已经成为潮流，势不可挡。其中一个阶段政府通过用工培训、就业介绍等手段，疏导农民工有序流动，但农民工通过自己的社会关系网络已经加入到浩浩荡荡的"民工潮"中去寻找追求自己的梦想，新生代农民工的出现更加证明了这点。

对于农民工的社会融合而言，经济融合是走向社会融合的第一步，是起点，而且是决定性的第一步。因为考察农民工社会融合的其他指标，诸如社会关系融合、制度融合、心理融合、社区融合都是建立在这个基础上的。可以说经济融合是连接社会融合的脐带。然而，庞大的农民工群体在向城市转移的过程中，我们的政府几乎无所作为，因为政府既不为他们提供车费、食宿，也不为他们介绍或提供职业。而广大的农民工只要一只脚迈出家乡就意味着需要支付经济成本，因为这一切都是有代价的。当他们走出家乡首先需要解决的是眼前的住宿、吃饭等基本生活问题。因此，广大的农民工转移到城市首先需要解决工作问题，他们通过老乡、亲戚朋友等传统的社会关系网络提供信息、找到在城市首先立足的第一份工作，找到第一份工作意味着解决了住宿、吃饭等基本的生活问题，也意味着他们可能通过这个临时的平台寻求更加适合自己的工作。

去城市寻求梦想的那些"离土又离乡"农民工，其信息来源、寻找工作的方式、进城务工的行为方式，一方面表明这个庞大的群体流动并非盲目的，是有明确目标的；另一方面也表明了他们的流动是一种经过经济算计后的理性选择，因为通过这种传统的社会关系网络无非就是最大化地降低经济成本，也是为其达到经济融合做前期的准备工作。所以，植根于农村的农民工，将血缘关系、地缘关系网络扩展到城市成为一种"社会资源"，是出于节约流动成本和降低交易成本的考虑，"是一种非常理性的选择，与他们期望获得更高的收入和更舒适的生活的功利性目标是完全一致的"[1]。

应该说，在寻求工作上，农民工就已经完成了降低流动成本和交易成本的经济算计，这仅仅是拉开了实现经济融合的帷幕。因为农民工在城市找到工作，通过自己的艰辛努力，最大化地提高经济收益，如加班加点，有时他们工作12个小时甚至更多，一方面是为了增强在城市的立足资本；另一方面希望有更多的收入以便寄回家，改变家庭贫穷的现状。对于他们而言找到第一份工作就可能在城市立足了，也就有了继续发展的可能。需要指出的是这仅仅是指农民工，而对于自雇佣的个体农民工而言，他们的情况则与务工人员有很大的不同。

---

① 李培林：《流动民工的社会网络和社会地位》，《社会学研究》1996年第4期。

第一节　自雇佣的个体农民工职业发展及收入状况

正如在前文文献梳理中已经表明的那样，本课题的研究对象是自雇佣的个体农民工。众所周知，要从事个体工商经营第一步是要完成工商注册登记，办理营业执照。这本身就是一个门槛，不仅需要经济成本，更需要支付社会成本，尽管原则上规定任何市场主体都可以从事个体工商经营，但在具体实践操作中，并不是所想象的那样轻松容易。如办理一个"职业"的理发店，并不是有一把剪刀、一把推子，穿着白大褂就可以干了，因为理发业由于众所周知的原因，其审批是很严格的。如在北京办理理发店有一道程序即前置审批，前置审批不合格意味着就无法合法经营。理发行业的两个前置审批程序：一是经营场所不低于 100 平方米，另一个是从业者须进行体检。不符合规定，就不能进入正式审批程序。在城市 100 平方米的经营场所意味着什么，这是不言而喻的。对于转移到城市从事个体工商经营的农民而言其难度可想而知。实际上，要从事个体工商经营，进行工商行政管理注册时，要有暂住证等各种证件，如果证件不全就办不成，如有一些流动人口无计划生育服务证，就无法获得登记，导致无法合法经营，一些人无照经营并不鲜见。

一　自雇佣者群体的职业发展及变化

我们调查的这些个体经营者，基本上都是经过工商登记注册的经营者。在所调查的样本中，从事个体工商经营之前务农的占样本总量的 18.3%；给别人打工的占 40.9%；一直是个体经营的占 25.8%，开公司的、学生和无业的合计接近占 15%（见表 2 - 1）。这一组数据表明，流动人口转移到城市，其中有 40.9% 的人起初给别人打工，处于被雇佣状态，后来直接从事个体工商经营，实现了被雇佣到自雇佣的转变。这个过程对于从农村转移到城市的他们而言，是一个非常重要的过程。

表 2 - 1　在本地做这份工作之前您从事的行业

职　业	频数(人)	百分比(%)	有效百分比(%)
务农	151	18.1	18.3
给别人打工	337	40.4	40.9
一直是个体户	212	25.4	25.8
开公司	18	2.2	2.2
学生	67	8.0	8.1
无业	38	4.6	4.6
合计	823	98.7	100.0

第一，学习经营知识。初到城市给别人打工，这些所谓的"打工者"或"务工人员"，遍布于各个行业，那些后来的经营者多数一开始就在公司或者个体工商经营者那里打工，打工过程中学习了一些基本的经营知识。如从事服装经营的个体工商户手下有几个帮工者，他们大多数来自农村，凭借年轻、吃苦耐劳、聪明的特点和优势很快替老板打开了局面，或者使得经营业绩有了较大发展。当然，对于打工者而言，在这个过程中非常重要的是学到了经营知识，熟悉了服装的进货渠道、性价比，洞悉客户甚至老板的心理以及这个行业的大体行情和发展趋势等，这些知识和技能是通过自己的想象或者读几本书都无法获得的。

第二，历练自己的经营技术。商业的奥秘在于打心理战、价格战以及其他无法言喻的经营技巧，这些起初替老板打工的打工者，经过几年的打拼，自己也总结了一套经营技术和技巧，这种历练也是老板对他们的要求，因为这些打工者的工资基本上都是"底薪 + 提成"，为了使自己在经济上获得更多的收益，这些打工者也的确花费了不少心思，下了不少功夫，也吃了不少的苦。

第三，获取或建立了自己的商业网络。一些比较会动脑筋的打工者，在替老板经营的过程中，一方面熟悉了所从事行业的商业行情，甚至商业秘密；另一方面与客户、经营渠道的方方面面也建立了比较稳定的联系，这些行情或秘密，以及稳定的联系转而成为自己独立从事个体经营发展的基础。

第四，积攒商业资本。从事个体工商经营需要资本，大城市打工的农民工手头几乎是没有闲钱的。他们想要从事个体工商经营就需要资本，所以通过打工为自己获得更多的钱，一方面解决了在城市的基本生活问题，另一方面积攒了更多的资本，以谋求独立发展，这已成为这个群体不懈追求的目标。

事实上，在从事个体工商经营之前替别人打工的务工人员，多数在这个过程中实现了自己的理想，由被雇佣状态转变为雇佣状态。40.9%的数据已经印证了这点。我们在几个调查点做深度访谈时，一个个鲜活的个案，甚至一些不乏传奇色彩的个案均印证了这点。总之，从农村转移到城市后，先给老板打工，积攒到足够的资本（包括经济资本、社会资本等）之后，许多人都成了个体工商户。

在移入地做这份工作之前本身就是个体户的占 25.8%，居第二位。这个群体的多数原来就在农村从事小本生意，当他们有机会流动到城市后，不甘于为别人打工，自己动用各种资源，仍继续从事个体经营，如蔬菜经营、理发、修理等行业。这个群体之所以转移到城市后能够直接从事个体经营，首先他们已经具有了从事个体经营所需要的基本技能和经验。我们在访谈中了解到，一些从事蔬菜经营的个体户，原来在老家集镇或县城就从事过蔬菜经营，后来经过朋友介绍转移到广州继续从事蔬菜经营。显然，他们流入城市比家乡赚到了更多的钱，尽管他们认为这个行业很辛苦，因为每天都要很早，甚至是凌晨 1 时就得去远郊批发市场批发蔬菜。

在这个群体中最典型的就是浙江温州人。我们在访谈中了解到，很多温州人在离开家乡前就从事服装生意，后来感觉本地市场太小，同时竞争太激烈了，所以转而去外地发展。当然素有吃苦精神、富有经营头脑的温州人似乎一个个都获得了极大的成功。遍布全国各地，甚至世界各地的义乌小商品批发市场证明了这点。在兰州一大型批发市场，来自浙江且户籍为农村的个体经营者所占的比例仅次于甘肃省本地经营者所占的比例，将全国其他省、区、市经营者所占的比例远远抛在了后面。

更为重要的信息是，这些来自浙江的流动人口在兰州从事个体工商经营之前几乎无一例外都是个体工商户。

总之，这些数据和事例表明，流动人口中的自雇佣者，之所以在城市一开始就能够处于这样的优势地位，与其转移到新的城市前所从事的职业有着密切的联系。这与先打工再成为个体工商经营者又有很大的不同。

居于第三位的是，在成为个体工商经营者之前，部分自雇佣者原来在农村一直务农的占 18.3%。前文所说，占 40.9% 的转移到城市先替老板打工，然后转变为个体工商经营者，这个比例不小。接近 20% 的农民直接成为个体工商经营者，这个数据符合中国的实际。因为这个群体尽管转变为个体工商经营者，但其从事经营的领域却表现出与前两者不同的特点。

第一，这些个体工商户大多数从事的是蔬菜、水果、水产销售、食品加工等与农产品相关的经营业务。在问卷调查及访谈中，这样的事例似乎比比皆是。在北京一从事蔬菜销售的个体工商经营者，家在河南，一家 4 口人（共 5 口人，其中两个孩子老二、老三在北京打工子弟学校读书，老大在河南老家和爷爷奶奶在一起）。他们在老家就是种植蔬菜的农民。他们发现种菜没有卖菜更赚钱，所以经过几次尝试，最后在北京一个小区有了自己的摊位，并成为蔬菜经营的个体工商户。

第二，这些个体工商经营者从事经营的领域属于个体工商经营中的低端服务。其经营场所、条件等相对比较简单、投入少。如蔬菜水果批发、食品加工多在露天市场或街道经营，也不需要投入很多资本。这些个体户发挥了他们了解农业行情的优势，扬长避短，在城市获得了成功。在经济上逐步宽裕，有了自己立足之地。

分析上述三个数据，流动人口中的自雇佣者在从农村转移到城市后，至少通过三种主要方式实现了自雇佣的经营活动。这三种渠道与转移到城市仅仅在城市务工的农民工既有联系又有区别。从农村转移到城市，其信息提供、在城市从事经营都是通过农村血缘、地缘关系所形成的社会关系网络，这也是较少成本增强经济实力的一种必然选择。最大的区别在于这个群体之所以在城市能够立足，成为个体经营者，至少在别人眼里还是小老板，是因为他们在发展过程中善于学习、善于抓住时机，不再仅仅从事体力型的工作，这当然需要更多智慧和文化知识。尤其是占40.9%的转移到城市先替老板打工然后转变为个体工商经营者的这个群体，更是印证了这点。

作为个体工商经营者，要在城市立足，必须具备一定的经济实力。而要具备经济实力，仅仅依靠一个人的力量是不够的。这个行业的工作不像纯粹务工的农民工靠个人完成指定的工作即可，需要至少两个人的合作努力，才能"玩转"。调查数据表明了这点。当问及当前所拥有的这份职业是怎么来的时候，回答"自己和家人一起开的"占76.5%；回答"和朋友一起开办的"占14.4%；回答"从父母那接过来的"仅占9.1%（见表2－2）。其中，这些个体工商经营者和家人一起从事经营占据了绝对的多数。

表 2－2　您生意是怎样开始做起的

	频数（人）	百分比（%）	有效百分比（%）
自己和家人一起开的	565	67.7	76.5
从父母那接过来的	67	8.0	9.1
和朋友一起开办的	106	12.7	14.4
合计	738	88.4	100.0

这一数据透露出至少这样几条信息：第一，流动人口中的自雇佣者的流动并非一个人的流动，而是家庭的流动，至少是在从事个体经营之后是这样的；第二，通过家庭的流动增强自己在城市立足发展的实力，至少在人力资源方面得到了体现；第三，家庭的流动更表明了他们期望在城市获得更高的收入，尤其是期望能够过上与城里人一样的生活，至少他们认为的更舒适的生活。

二　自雇佣者群体的收入

对于研究者而言，测量中国人的收入向来是一个头疼棘手的事情，也是一个难以操作的问题。因为中国人向来不像西方那样什么都要记账——当然他们不用现金交易的方法也为这种记账提供了便利。但中国人不一样,一方面收入支出基本上都是采用现金交易的方法,另一方面一些账目也委实琐碎难以记录。另外还有一个公开的秘密就是不愿意透露自己收入究竟有多少。

一些民营企业其收入究竟有多少,对外界几乎是一个谜,尤其是税务部门,明知道某企业有收益,并且收益还不错,可是企业的报税却令他们一头雾水,老板也在哭穷。最后一些部门被迫无奈只好通过查看该企业用电量的方式来估算该企业究竟是亏还是盈。可见要弄清楚中国企业收入的确是有一定难度的。企业这样,个人和家庭的收入也是这样,而且个人和家庭的收入更难以掌握。在不计其数的研究中,那些一开始就雄心勃勃要搞清楚中国个人或家庭收入的研究者,最终似乎都以垂头丧气的窘态收场。

流动人口中自雇佣者收入情况究竟怎样,也是一个难题。因为他们很难将自己的经营支出和日常消费支出分开计算,这就导致他们很难搞清楚实际收入究竟有多少。同时,多数人不会告诉别人他们实际收入究竟有多少。当这个问题被一再追问而又实在无法回避的时候,也只给一个足以展开想象的空间任你猜测。当然这个空间,根据一般经验都是保守了再保守的数字。但有一个可以让我们估计其大概收入的方法,就是考察他们日常支出,大体可以测算其收入状况以及由此所测度的社会地位状况。

本研究调查的流动人口中自雇佣者月支出在 600 元以下的占总样本数的 11.3%;600～1000 元的占 25.8%;1001～1500 元的占 22.0%;1501～2000 元的占 15.1%;2001～2500 元的占 6.8%;2501～3000 元的占 6.4%,3000 元以上的占 12.6%。如果我们以 1500 元为分界线,就发现低于 1500 元的占总样本数的 59.1%,而高于 1500 元的则为 40.9%。如果以一家两个劳动力计算,这 40% 的个体工商经营者每个人支出不少于 750 元/月(见表 2 - 3)。

需要强调的是,这只是流动人口中自雇佣者家庭花费支出,也就是

表 2 - 3　您家一个月所有花费支出（不包括经营生意支出）大约是

月花费支出	频数（人）	百分比（%）	有效百分比（%）
600 元以下	90	10.8	11.3
600～1000 元	205	24.6	25.8
1001～1500 元	175	21.0	22.0
1501～2000 元	120	14.4	15.1
2001～2500 元	54	6.5	6.8
2501～3000 元	51	6.1	6.4
3000 元以上	100	12.0	12.6
合计	795	95.3	100.0

每个人支出不少于 750 元/月。如果再回过头来说收入，应该说其收入要高于这个数字，否则无法维持基本生活，也就不会继续从事个体工商经营。

另一组数据从侧面印证了这点，在问卷调查中，调查其"子女最近这学年的花费支出"的问题，数据表明其支出在 2000～5000 元之间的有 147 户，5000～10000 元的有 61 户，10000～20000 元的有 45 户。这三者约占总体样本量的 30%。在样本中还有不少人没有这项支出。从上述数据结合访谈数据，每个个体工商经营户劳动力人均月工资收入不会低于 1500 元。

实际上，我们在设计问卷时，考虑到调查收入多少的敏感性以及测算的复杂性，进而影响总体问卷回答的效度和信度的问题，我们并没有设计这样直白的问题。不过 1996 年的一项调查数据说明了我们所估算的每个个体工商经营户劳动力人均月工资收入不会低于 1500 元是相当保守的。该调查根据工商部门估计农民个体户的人均月收入至少在 5000～7000 元。这些个体户高额的经济收入高于本地市民的平均水平，其高额的经济收入和周转资金甚至也刺激了周围各银行储蓄业务的拓展。[1]

---

[1] 田凯、卫思祺：《外来农民工个体户城市适应性研究：来自新街的考察》，《中州学刊》1998 年第 3 期。

如果与农民工工资比较，其优势会得到进一步的体现。根据国家统计局的调查数据，2002 年全国农民工的平均工资为 659 元，2003 年为 702 元，2004 年为 780 元，[①] 2006 年为 946 元。[②] 珠江三角洲 2006 年的平均工资为 1099.53 元，[③] 2010 年的调查数据显示，农民工基本月工资平均为 1208.73 元。[④] 大体看来，农民工的平均工资低于本课题所调查的个体工商户人均 1500 元的收入。这个数据表明流动人口中的个体工商经营者的收入高于一般的务工人员，这与 1996 年的一项研究发现一致。"在流动民工就业的所有制结构中，收入最高的是个体工商户，月均收入 1045 元，收入最低的是在私营企业打工的民工，月平均收入为 329 元。"[⑤]

总之，流动人口中的自雇佣者在经济收入上要比一般的农民工具有优势，这一重要的经济优势和基础，增强了这个群体的发展能力，也拓展了这个群体的发展空间，使得这个群体能够立足于城市并得以继续发展，从而为他们的社会融合提供了重要的经济基础，也为其社会融合创造了重要的条件。

第二节　自雇佣者群体经济融合分析

经济融合是通过职业及与其相联系的经济收入和社会地位等来呈现的。田凯认为，农民工在城市适应性分为三个层面：首先是在城市里找到相应稳定的职业，其次才是这个稳定职业所带来的经济收入及与此相应的社会地位。[⑥] 可见，流动人口要实现城市融合，最重要的要找到职

---

① 国务院研究室课题组：《中国农民工调研报告》，中国言实出版社，2006，第 105 页。
② 韩俊：《中国农民工战略问题研究》，上海远东出版社，2009，第 82 页。
③ 蔡禾、刘林平、万向东等：《城市化进程中的农民工：来自珠江三角洲的研究》，社会科学文献出版社，2009，第 125~126 页。
④ 国务院发展研究中心课题组：《农民工市民化：制度创新与顶层政策设计》，中国发展出版社，2011，第 353~356 页。
⑤ 李培林：《流动民工的社会网络和社会地位》，《社会学研究》1996 年第 4 期。
⑥ 田凯：《关于农民工的城市适应性的调查分析与思考》，《社会科学研究》1995 年第 5 期，第 90~95 页。

业，并且是稳定的职业。职业稳定，才能使其社会融合有可能进一步延伸。

一　经济融合与自雇佣者群体的职业特征

"流动人口的自雇佣者"这个名称本身有这样两种解读：第一，在成为自雇佣者之前是从农村流动到城市的，或者从农村流动到城市后经过几次流动而最终成为自雇佣者；第二，成为自雇佣者以后，雇佣的状态决定了其职业的相对稳定性，这一稳定是相对于流动务工农民而言的。这里面既包含空间地域的流动，更多蕴含着其社会经济地位的向上流动。

地域流动本身意味着个人的行为选择是一种利用社会流动争取上升机会的努力，工作变动次数更表明了这种努力。李春玲在研究流动人口地位获得的非制度途径问题时，指出流动人口就业者的工作变动次数多于非流动人口，尽管流动人口就业者的上升流动率远低于非流动人口的就业者，但流动人口就业者的下降流动率也低于非流动人口，[1] 这就意味着流动人口必然经历更多的工作变动和克服较多的阻碍才能实现向上的社会流动。但同时，由于他们更为努力地寻求上升流动的机会，或者说更加渴望改善自身地位状况，他们遭遇下降流动的可能性又少于非流动人口。这与流动人口中的自雇佣者的个人努力大体一致。上述调查数据中在成为个体工商户之前给别人打工的占 40.9% 的这一较高比例足以说明这点。

在以职业为主的社会分层中，个体工商业者的经济社会地位高于农业劳动者阶层，[2] 就经济收入所体现的经济地位而言，流动人口中务工的农民工和自雇佣者相比较，总体上是后者高于前者。这是自雇佣者通过个人甚至家庭共同努力的结果。这种努力不仅使他们在地域空间发生流动的前提下，选择了处于自雇佣状态的个体工商业，不仅有了职业，

---

① 李春玲：《流动人口地位获得的非制度途径——流动劳动力与非流动劳动力之比较》，《社会学研究》2006 年第 5 期。

② 陆学艺：《当代中国社会阶层研究报告》，社会科学文献出版社，2002，第 4~23 页。

而且处于自雇佣状态的职业地位又决定了这个职业的相对稳定性。职业稳定又带来了相应经济收入的稳定。尽管在经营过程中也面临不同的风险，但这种风险多数是可计算和可控制的。不像务工的农民工那样，一方面工资实在低得可怜，另一方面随时遭遇工资被克扣、拖欠，甚至还冒着最终领不到工资的巨大风险。自雇佣的个体农民工这种努力恰恰表明了他们融入当地社会的不懈努力，因此，这个群体社会融合的努力"比同化具有更主动、积极的意义"①。

二 经济融合中社会生活和社会关系的嵌入

经济融入的意义不仅在于获得稳定的职业，取得与此相对应的经济收入和经济地位，也不仅体现在实现流动的努力过程，同时也体现在到达流入地后获得了经济生活融入的更多机会。经济生活深深地"嵌入"社会网络之中，人们可以通过社会网络来获取信息、影响、信任及其他的社会资源。② 农民工中的自雇佣个体农民工完成流动和自雇佣后，意味着发生了具有质变意义的转型，这个转型不仅体现在空间流动、雇用状态、收入状况等的变化，还在于原来社会关系网络正在发生悄悄的变化。

"嵌入"这个概念首先是由社会学家和经济史学家耳熟能详的博兰尼（K. Polanyi）提出的，他在《大转变》（*The Great Transformation*）一书中指出，在资本主义产生之前，经济的安排是"嵌入"（embedded）社会关系的，而在资本主义产生之后，这种关系则颠倒过来，社会关系则要用经济关系来界定。博兰尼的所谓"大转变"就是从"嵌入经济"向"资本主义市场经济"的转变。在他看来，人们的经济行为要受其所嵌入的社会关系网络的影响。后来美国学者格兰诺维特（M. Granovetter）的一篇论文《经济行为与社会结构：嵌入型问题》中，再度提及"嵌入"概念，不过这位学者似乎与博兰尼走了两条不同的道路。他一改具有

---

① 朱力：《论农民工阶层的城市适应》，《江海学刊》2002年第6期，第82~88页。
② Granovetter, Mark: "Economic Action and Social Structure: The Problem of Embeddedness", American Journal of Sociology. 91: 481 – 510, 1985.

"政治含义"的"嵌入"，转向了完全的"经济动机"的一面。他认为个人的经济行动深深"嵌入"社会网络的结构之中。[①] 他的一项经验研究也证实了这点。而作为流动人口中的自雇佣者，当他们依靠原来传统的血缘、地缘关系获得在城市的立足之后，进入一个与原来不一样的生产环境。然而，这些自雇佣者的经济经营活动与其日常的生活，一些影响他们的经济体制与他们生产、生活的社会体制似乎很难截然分开。因为他们的经济生活已经如前面所说的那样深深地嵌入社会结构网络之中。

当问及"您如果遇到业务上、资金上困难的时候，您首先想到谁帮忙"的问题时，各选项中占比例最高的回答是亲戚朋友，为62.3%；其次是老乡，占13.3%；再次是私人借贷，占9.9%，本地业务同行占6.4%。这一组数据表明，作为自雇佣者的个体户一方面并没有随着经济社会地位的变化而割断或失去原来传统的社会关系网络（见表2-4）。在一项关于上海农民工的调查研究中，有关"农民工困难求助对象"分布的一组数据显示，回答"亲友或老乡"的占61.5%。[②] 表明进城后个体工商经营者与农民工依然都需要传统的社会关系网络。另外，这种社会网络也在发生变化。本课题位居第四项的数据是"本地业务同行"占6.4%。6.4%的比例尽管很小，但这个数据足以透露出如下信息：第一，在生产经营活动中，个体工商经营者交往的对象不再局限于老乡和朋友，而是突破了原来的网络圈子，交往渠道有所拓展。第二，这种突破表明了自雇佣者在城市立足之后，在经济活动中交往的圈子正在改变，在与本地人、业务同行逐步交往，而且这将成为未来经济生活中必不可少的一个重要组成部分。

---

① Granovetter, Mark："Economic Action and Social Structure：The Problem of Embeddedness"，American Journal of Sociology. 91：481-510，1985.

② 王桂新、罗恩立：《上海市外来农民工社会融合现状调查研究》，《华东理工大学学报》（社会科学版）2007年第3期。

表 2 - 4　您如果遇到业务上、资金上困难的时候，您首先想到谁帮忙

	频数(人)	百分比(%)	有效百分比(%)
老乡	105	12.6	13.3
亲戚朋友	490	58.8	62.3
本地业务同行	50	6.0	6.4
私人借贷	78	9.4	9.9
其他	64	7.7	8.1
合计	787	94.5	100.0

　　一项关于进城农民中个体工商户社会资本考察研究表明，在调查对象中虽然只有57.1%的人提到了亲缘关系，却有77.9%的提到了非亲缘关系。该研究发现"朋友"是非亲缘关系中提到最多的，有67.4%的调查对象提到了。该研究认为在城市社区各色朋友越多，生产经营活动越有可能成功。研究同时指出这些个体户在选择交往对象时，注重的是对自己经营活动是否有帮助，对这种朋友是否一定是自己的前亲戚、同乡等，几乎没有特殊的要求。[①]本课题6.4%的比例同样支持了这一观点。与此同时本课题在访谈资料中的一些个案印证并支持这一点，即个人的经济行动深深"嵌入"社会网络的结构之中。

　　太仓市有一茶楼，该茶楼的老板来自江苏农村，他辗转发展来到太仓，开始经营这个茶楼。在此之前，他看到家乡的县城里有茶楼，经常和朋友去喝茶，在喝茶过程中自己对此很感兴趣，就留意茶楼怎样经营。后来由于自己喜欢加上需要谋生，就来到太仓市选择了这个地段的门面房租下来，当然租金也不低，开始的时候家人朋友都帮了一把。距离今天已有11年了。经营得还不错，当然在这里他得到了许多人的帮助。

　　因为在经营过程中，有不少客人来这里喝茶，包括商人谈生意，甚至一些政府接待的客人也来茶楼。我们做得比较好，谈生意的商人也愿意来这里光顾。我这里慢慢地有了一个固定的消费群

---

① 刘东辉：《社会资本的积累和更新》，华中农业大学硕士论文，2005。

体，这些商人也很给面子，回头客很多。政府接待人员也很不错，他们发现我经营得不错，一致认为我开得太小了，问是否能够再开大一些店。其中有一次，一个政府官员带客人来喝茶，无意中说要是在政府招待所里也开个茶楼就方便了。后来有一次，我专门约了这个官员来喝茶，想探探在招待所开茶楼的口风。这个官员跟我也特别熟了，认为我还不错，尤其是经营得很有特色，就给我牵线，于是就在招待所里合作开了个茶楼，经营得还不错，客人也不少。事实上，这里不少商人、官员都跟我熟悉，他们也愿意帮我，人缘好。（根据太仓市访谈资料整理）

这个案例很典型，说明当流动人口流入到目的地并有了固定的职业后，在其后的经济活动中，并不再依靠来自血缘、地缘等原来传统的社会关系网络，而是依靠自己所开拓并构建的新的关系网络。这个茶楼之所以经营得好，与其说是市场的逻辑，还不如说是新的社会关系网络的结果。

在北京的一个个案同样能说明这个问题，该案例中的这个人是来自河北的女青年。

我当初来北京在这个店当学徒，老板觉得我干得还不错，就将我留了下来，因此我在这个店干了很长时间。一般情况，学徒做不到一年不是自己走就是老板不要了。后来原来的老板由于家庭的原因不开这个店了，她也愿意让我接着干下去，我就随手接过来了。当然家里人给了我很大的支持，给我借了一年的房租。凡是来我这里理发的我尽力为他们提供最好的服务，不就是对人家热情一些吗？虽然我手慢，但客人很愿意来我这里，因为我的价格也比较合理，适合一般大众的消费，尤其是附近小区的阿姨叔叔们觉得我发型做得好，手感也好，就互相介绍客人都来了。我对他们好多人姓什么都能够说得出。好几个小区也有好多老年人，行动不便，不能下楼，他们的家人就提出上门为老人理发，我都答应了。人家也有困难，当然，给这些老人理发会影响我正常的生意。于是我就跟这些老年人的家人都定了一条，每天早晨 8 点前我到约好的老人家去理发，我就去早一些，其实这些老人早晨起床都很早的，不怕影响他们。这样 8 点我还能够按时回到店里，继续一天的工作。说实话很累的，但是这里的人都很好，他们都很理解我，也很帮忙的。如果来了个陌生人要理发，可是一些人在这里排队等候，认识的阿姨叔叔们就说，让这个客人先理发，他们不着急，所以这些客人也留下了。后来理发的人越来越多，生意还是不错的，很累。（根据北京访谈资料整理）

通过以上数据和案例材料的分析，笔者认为，流动人口中自雇佣者在经济活动中，将自己的经济活动深深嵌入其社会关系网络之中，而这种新构建的社会关系网络又反过来进一步促进其经济活动，促进其经济实力的提高。总体来看，流动人口中的自雇佣者经济交往以两种形式明显地体现出来。

第一，在经济生产活动过程中，流动人口中的个体工商户在业务上的相互接济、照顾，已经在一定程度上打破了原来以血缘、地缘关系为纽带的传统社会关系网络，不仅与来自非同省市区的同行业务交往，更重要的是与来自本地业务同行交往，这种交往体现在业务接济照顾、资金互借等方面。

第二，在经济生产活动过程中，流动人口中的个体工商户为了增强自己的竞争力，不仅与自己的客户建立了融洽的关系，同时也与拥有重要资源的社会群体（政府官员、银行负责人、商人等）建立并保持了良好的关系。

本课题在进行问卷调查时，问及"来本地做生意后，您最亲密的朋友是谁？"的问题时，其中回答"来本地后认识的生意朋友"的占28.1%，回答"来本地后认识的本地人"的占 11.6%。两者合计接近40%（见表 2-5）。这种新型的社会关系已经完全不同于早期进城的农民个体户人际交往具有相对封闭性的特点。一项以武汉新街外来农民个体户为研究对象，考察其城市适应性的研究表明，在人际交往方面，在与本地人的交往上，一般的武汉人很少进入外来户人际交往的核心圈。绝大多数农民个体户和武汉人并未建立稳定的交往关系。他们与武汉人的交往，多为工作、业务上的往来，生活交往极少。研究同时指出，外来户在与武汉人及相邻生意伙伴关系淡漠的同时，其基于血缘和地缘的家庭和同乡关系得到空前强化，群体内向心力得到明显加强。同族、同乡成为其在城市生活中遇到困难时一支最强有力的社会支持力量。这具体包括：基本生活上的相互照顾，生意上的相互接济和扶持等。[1] 由此可以看出，随着时间的推移，流动人口中的个体工商户在发展过程中，其传统型的社会关系网络逐渐在式微蜕变，而新型的社会关系型在发育成长。

表 2 - 5　来本地做生意后，您最亲密的朋友是谁

	频数（人）	百分比（%）	有效百分比（%）
一同来做生意的老乡	245	29.4	31.6
来本地后认识的生意朋友	218	26.1	28.1
来本地后认识的本地人	90	10.8	11.6
一同来打工或做生意的老家亲戚	222	26.6	28.6
合计	775	92.9	100.0

　　这种变化并非预示着农民工中的自雇佣的个体农民工从"匿名社区"到"熟人社区"的转变，而恰恰预示着从传统农业社会关系到现代城市社会关系的转变，预示着社会结构的巨大变化，也预示着农民工中自雇佣的个体农民工经济融合能力的强化和提高。

三　经济融合中的社会保护

　　20 世纪 90 年代初期，有一本书在中国社会学界，尤其是在农村社

---

[1]　田凯、卫思祺：《外来农民工个体户城市适应性研究——来自新街的考察》，《中州学刊》1998 年第 3 期。

会学研究领域引起了不小的反响。这本书就是由法国巴黎第十大学社会学研究所所长、法国科学院中心农村社会学研究组负责人和法国应用社会学协会主席 H. 孟德拉斯所写的《农民的终结》。中国的改革最先从农村展开，经过十余年的改革发展，我国农村的社会结构、农业的生产结构、农民的职业结构这三个方面都发生了深刻的变化，弄清楚这样一个传统农业大国的深刻变迁，无疑具有十分重要的意义，同时国内学者以及实际部门的工作者希望学习了解并借鉴西方发达国家有关农村、农业和农民的研究成果。这本书就是响应时代的要求由中国社会科学院社会学研究所的李培林研究员引进翻译的。

该书开宗明义地指出，20 亿农民站在工业文明的入口处：这就是在 20 世纪下半叶当今世界向社会科学提出的主要问题。作者期望通过对西方发达国家已经完成飞跃的农民的思索，回答怎样使全世界的农民进入工业文明，并且使他们能够自己解决吃饭问题和走向繁荣。作者在第四章《一项变革：杂交玉米》中介绍了一个非常有意义的话题，即作为农民组织的农业组织的"政治"危险性。书中介绍了法国一个叫贝亚恩的地区，该地区的农民所做出的决定表面看起来是出于经济动机，但后来他们发现做出这些决定的动机并非完全是经济动机，还有来自被迫的一面。因为农民承认曾经代表他们真实利益的"农民组织"已经有了新的变化。

正如作者所指出的，贝亚恩地区的农业组织的政治史和联合会史会促使农业劳动者寻找杂交玉米背后的真正后果和隐秘企图。战前，下比利牛斯省的农业联合会运动是由个性很强的 M. 德·莱斯塔比领导的。他是个虔诚的天主教徒，造就了整整一代的青年活动分子，今天这些人在省城和巴黎担任着领导职务。特别是莱斯塔比的思想继承人成为玉米种植联合会的主席，同时也是比利叶尔产销合作社的创建人之一。自大战以来，基督教青年农业劳动者联合会也具有决定性的影响。不管人们是表示承认还是感到遗憾，一个农业劳动者可以不无理由地认为，在一切涉及农业进步，特别是杂交玉米的问题上，政治网络都起着决定性的作用。由此农业劳动者已变得越来越依赖于技术顾问和合作社以及行业联合会的领导人，对于他们来说，政治的危险表现在更直接的方面。因为那些如此迷恋技术和如此轻视政治的年轻人却在 1959 年的市政选举中提出了自己的候选人名单，并且在那些最具有现代意识的村庄里夺取了乡政府的大权，而乡镇政府是整个政治生涯的垫脚石。①

通过孟德拉斯的介绍，我们了解到西方国家，特别是发达国家，农民是有自己组织的，而且这个组织在代表农民利益的同时，足以影响政治。通过自己的政治影响为农民争取利益。尽管这些组织的政治危险反过来又足以控制农民。事实上，西方国家的工人也有自己的组织，即工会，西方社会，特别是发达国家的个人罢工都是由这个组织发起和支持的。而在中国，早期农民、工人都有自己的组织，后来农民的组织被取消了，即使存在工会，显而易见的是其发挥作用非常有限。但有一点值得肯定，一是工人还有自己的组织，二是至少工人还能够找到自己的组织，能够让工人觉得还有归属感。

再回到我们的主题个体工商户，个体工商户这个群体有自己的组织，即个体劳动者协会。个体劳动者协会是个体工商户联合组成的、依法登记注册的非营利性经济类社团法人。通俗地说是个体劳动者的"娘家"，在维护个体经济健康发展，维护个体工商户合法权益，发挥其作为社会主义市场经济重要组成部分的正向功能，促进我国社会生产力健康发展方面，个体劳动者协会发挥了极其重要的作用。在实际的经济生活中，个体劳动者协会为维护个体工商户的权益做了不少工作，这是值得肯定的地方。但是，当前个体劳动者协会力量还比较微弱，其作用还相当有限，并不能完全代表个体工商户的利益和意志。但不管怎样，一是这个组织还能够发挥一定的作用，二是这个组织让个体工商户能够找到自己的归属感。

流动人口中的自雇佣者的经济融合不仅体现在经济生产活动方面，

---

① 〔法〕H. 孟德拉斯：《农民的终结》，李培林译，中国社会科学出版社，1991，第 142～146 页。

还体现在劳动保护方面,即通过一定的组织代表并维护自己的利益。在调查中,有 26.3% 的个体业者参加了当地的个体劳动者协会(见表 2-6)。当然这个比例还不够大,这不仅与个体劳动者协会本身的发展有关系,另一方面与个体劳动者对这个组织的认可程度也有极大关系。

表 2-6　您是否参加本地个体劳动者协会或者某个行业协会

	频数(人)	百分比(%)	有效百分比(%)
参　加	212	25.4	26.3
没有参加	594	71.2	73.7
合　计	806	96.6	100.0

在问及个体工商户"当您遇到问题个体劳动者协会或行业协会出面解决过吗?"的问题时,回答解决了的占 27.8%(见表 2-7)。

表 2-7　当您遇到问题个体劳动者协会或行业协会出面解决过吗

	频数(人)	百分比(%)	有效百分比(%)
解决	203	24.3	27.8
没有出面	345	41.4	47.3
参加这些协会没有用	182	21.8	24.9
合计	730	87.5	100.0

当然这个问题设计本身有漏洞,应该设计为是否有问题向个体劳动者协会反映过,而反映过的又有多少得到了解决,这样才能最大限度地获得真实数据。但 27.8% 的占比已经在一定程度上能够体现协会所发挥的作用,并非如一部分个体工商户所认为的"形同虚设"。特别是当个体工商户反映的是一个比较普遍重大的问题时,如在税收减免方面、维护基本权益方面等,它的作用会凸显出来。

四　影响经济融合的因素分析

在对流动人口中的自雇佣者进行经济融合分析时,我们的一个重要假设就是家庭经济情况越好，其总体社会融合的程度就越高。反映在问卷中就是他们的经济收入越高，其城市的居留意愿就越强。由于在实际调查中，较难收集到被调查者有关经济收入的真实信息，我们最后用生活开支代替经济收入，以此反映收入的基本情况。我们会进一步追问，哪些因素影响自雇佣者群体的经济融合呢？

回答这一问题首先要回归自雇佣者群体自身特质方面来，并且这一特质始终是与农民工中务工人员相比较而体现出来的。自雇佣者群体由于处于雇佣状态，加之职业相对稳定，不像务工的农民工那样经常流动，他们基本上固定在一个地方从事经营。这就为他们的经济融合创造了非常有利的条件。因此，研究认为影响自雇佣的个体农民工经济融合主要因素有：第一，不断拓展的社会关系；第二，处于雇佣状态的地位；第三，相对稳定的职业；第四，相对较高且持续的收入。这些因素对其经济融合产生了重要影响，同时对社会关系、制度等方面的进一步融合也产生了不同程度的影响。

与此同时，研究认为自雇佣者群体经济融合与其外出及经营时间长短相关。关于自雇佣的个体农民工经济收入水平与从事经营年数的交互分析表明，在 0.05 显著水平下，自雇佣者的个体农民工的经济收入水平与从事经营时间长短具有相关关系。结合交互分析总体来看，从事经营时间越长，其收入水平越高，相反则较低（见表 2-8）。

表 2-8　在本地做这份生意的年数及家庭一个月所有花费支出

单位：%，人

经营年数	月花费支出					
	600 元以下	600~1000 元	1001~1500 元	1501~2000 元	2001~2500 元	2501~3000 元
1~2 年	14.0	31.8	22.9	16.2	6.7	2.8
3~4 年	12.1	25.8	20.7	13.1	8.6	7.6
5~6 年	13.5	26.3	18.7	13.5	7.6	5.3
7~9 年	3.6	20.5	27.7	20.5	6.0	7.2
10 年以上	4.3	20.0	22.6	14.8	5.2	12.2
人数	80	193	163	112	53	49

注：Pearson 卡方检验：P 值为 $0.003 < 0.05$（$a = 0.05$）

这表明，自雇佣的个体农民工从事经营的年数对其经济融合产生重要影响。在访谈中大量的实际个案也印证了这点。凡是在移入城市立足并得到发展的，基本上都是那些长期在移入城市从事经营的人，由于长期经营，其收入水平也不低，普遍承认要远远好于在家乡的农业收入，同时也承认比一般的务工人员收入高，尽管还有部分人仍认为他们地位与农民工没有什么两样。

小　结

经济融合是流动人口走向社会融合的第一步，具有奠基性的意义。对于农民工中的自雇佣个体农民工也不例外。前文研究表明，作为自雇佣者群体其职业的相对稳定性、经济收入相对较高和来源持续，以及居住及工作环境固定，决定了自雇佣者群体相对于务工人员具有优势地位，其经济融合水平也相对较高。为这个群体的社会融合奠定了重要基础。同时其相对较高的经济融合程度，进一步促进了这个群体在社会关系、制度等方面的融合。

对自雇佣的个体农民工经济融合的影响因素，除了与相对稳定的职业、处于雇佣状态的地位、拓展了的社会关系，以及与此相伴随的持续而稳定的经济收入等有关之外，也与自雇佣者在城市从事生产经营的时间长短具有相关性。总体而言，时间越长，其经济融合水平相对较高，反之，则经济融合水平相对较低。

第三章
社会关系融合：实现社会
融合的重要条件

中国人历来非常重视社会关系，而且社会关系非常发达。发达到什么程度？西方人与中国人打交道时都知道要运用关系，同时当在西方社会的语言中找不到能够准确表达中国特色的"关系"的词语时，干脆就用拼音"Guanxi"代替了。国外人士一看"Guanxi"这个词，大概与看到"Qigong"一词一样不难理解究竟是怎么一回事了。社会关系是指人们通过主观努力不断建构并发展起来的社会资源或资本及其形成的网络。自雇佣的个体农民工的社会关系融合则是指这个群体在转移到城市后，不断发展建构用来增加其适应及融合能力的社会资本及其网络。本章通过自雇佣的个体农民工社会交往空间的拓展、家庭团聚状况，以及作为社会关系融合的重要表征，即在移入地生产生活时间长度来考察这个群体的社会融合状况。

第一节　自雇佣的个体农民工的社会关系

研究自雇佣的个体农民工的社会关系融合，首先要认识何为社会关系，以及这个群体的社会关系的状况怎样，这是研究社会关系融合的基础，也是认识社会关系融合在社会融合中的位置及作用的重要出发点。

一 引言

本研究将自雇佣的个体农民工本身处于自雇佣状态视为获得社会融合的重要因素和环节。在社会分层中，最早将社会关系作为一种资源应用的有沃纳（W. Lloyd Warner）等人。他们在 1949 年出版的《美国社会阶级》一书中分析了社会网络、社会关系等对进入上层社会的重要作用。有研究将社会关系视为社会资本，1980 年布迪厄在其发表的《社会资本随笔》中指出，社会资本是"实际或潜在资源的集合，这些资源与由相互默认或承认的关系所组成的持久网络有关，而且这些关系或多或少是制度化的"①。科尔曼则认为："社会资本基本上是无形的，它表现为人与人的关系。"② 美国学者格兰诺维特指出，经济学家将个人的经济行动从社会关系中抽象出来，只研究"纯粹的""理想化的"的经济动机，而事实上，个人的经济行动深深"嵌入"社会网络的结构之中。③ 格氏在研究社会关系中将关系强度定义为"用以表现某一关系的有关时间长短、情感强度、亲密程度（互相信任）和互助服务等因素的组合"④。格兰诺维特对一个由专业人员、技术人员和管理人员组成的随机样本进行了研究，最后做出了求职者运用弱关系甚于强关系的推论。他还进一步发现运用弱关系找到工作的人与运用强关系的人相比，对他们的新工作更加满意。林楠在研究社会资源时将社会关系联系在一起。在他看来，社会资源是"与个体直接或间接相连的人们所拥有的财富、地位、权力，以及社会关系"。他认为社会资源的概念包括两个方面：社会关系和经这些社会关系而连接到的"位置"中所嵌入的资源，并提出了"拥有较多的社会资源与职业地位获得呈正相关关

---

① 李惠斌、杨雪冬：《社会资本与社会发展》，社会科学文献出版社，2000，第 3 页。
② 詹姆斯·科尔曼：《社会理论的基础》，社会科学文献出版社，1990，第 335 页。
③ Granovetter, Mark："*Economic Action and Social Structure：The Problem of Embeddedness*"，American Journal of Sociology. 91：481 – 510，1985.
④ Granovetter, Mark："*The strength of weak ties.*" American Journal of Sociology. 78：1360 – 1380，1973.

系"的命题。① 由此看来国外关于社会关系的研究更为精彩纷呈。

在中国关于社会关系方面的研究就更多了。因为在中国，自古以来社会关系就发挥着重要的作用，而且嵌入人们的日常生活之中。改革开放 30 余年来，由于中国社会结构的重大深刻变化，这方面的研究如雨后春笋般地兴盛起来。特别是在社会分层、职业获得等方面的研究中，其应用更为集中。因为在分层研究中，将社会关系视为一种分层依据；在职业获得研究中，又将其视为获得职业的一种能力。

李强在研究社会分层中，讨论社会资本、社会关系时提出了"熟悉人"的概念，在他看来，"熟悉人"涵括了所有具有中国特色的社会关系，而"熟人"仅仅是社会关系的一种。他指出"熟悉人"是特指在中国的场景下，因多种社会联系而形成的具有比较频繁的社会互动的社会关系群体。这些关系群体包括"亲属关系"、老同事、老战友、老首长、老部下、老乡、老同学等。他认为在中国，"熟悉人"是社会信任的基础，而社会信任是社会成员能够相互联结、社会得以正常运转的基础，并认为"熟悉人"与费孝通的"差序格局"是一致的，不过"熟悉人"更强调解释中国人相互联结的本质特征。研究认为，在转型时期社会关系对分层的影响同时存在于聚集财富或分散财富作用两个方面。尤其是在聚集财富方面，其手法更加隐秘。② 由此可以看出，社会关系在中国社会的研究中，既是作为社会分层的一个重要维度，同时，又是获得职业、财富等的重要方式，对于个人而言则是一种能力。

在大量关于农民工获取职业的研究中，社会关系是一个重要的研究视角。不过，在社会关系的研究中，更多的是从社会资本、社会网络或者社会支持的角度着手的。王奋宇、赵延东的研究不仅证明了人力资本对于个人经济地位获得的重要作用，同样也证明了社会资本在农民工经济地位获得中的意义。一方面认为当使用正式制度的成本对于农民工非

---

① Nan Lin, Walter M. Ensel, John C. Vaughn: Social Resources and Strength of Ties: Struture Factors in Occupational Status Attainment", American Sociological Review, Vol. 46: pp. 393 – 405, 1981.

② 李强：《社会分层十讲》，社会科学文献出版社，2008，第 17~18 页。

常高昂的情况下，他们最为理性的选择仍然是求助于社会网络和社会资本这种传统的非正式制度的方式；另一方面研究发现农民工的人力资本如能结合社会资本，将可以更充分地发挥作用。[①] 李路路在研究中指出，尽管流动人口在当地是"外来人口"，但他们并非是作为一个个体生活在城市中，各种社会网络构成了他们在城市中生存的基础和保障，支持他们在城市中生存下去，使那些即使在进入城市时还没有找到工作的流动人口来说，也能够容易地生活下来。[②] 李汉林在研究农民工的社会关系网络时，建构了"虚拟社区"的概念，在他看来"虚拟社区"主要是指在一个城市内，农民工按照差序格局和根据理性的结构所形成和构造出来的一个社会关系网络。其研究发现，从农民进城以后的社会互动和联系看，它实际上已经具有了虚拟社区的一些基本社会特征。同时发现农民进城以后，首先依赖的是初级的社会关系，并以此为基础和以"我"为中心来构造他们交往与互动的差序格局。研究最后指出，把关系强度视为农民工进入虚拟社区组织的一种特殊方式，能够触摸到农民工逐渐整合于城市社会的方式、步骤与过程。[③]

可见社会关系、社会网络、社会支持等对农民工进入城市并逐步融入城市是至关重要的。其中一些关于农民工融入城市社会的经验研究在一定程度上印证了这些研究结论或发现。

关于农民工社会关系的研究，多数研究注重农民工转移到城市前传统社会关系的构成，以及转移到城市后这种传统社会关系的作用，并在总体上认为农民工继续选择应用这种传统的社会关系网络，是考虑到降低交易成本理性选择的结果。而关于转移到城市后，传统社会关系的新变化、新的社会关系的重构，特别是新建构的社会关系对这个群体社会融合的贡献的相关研究，有待于进一步深化发掘。

---

① 王奋宇、赵延东：《流动民工的经济地位获得及决定因素》，《农民工：中国进城农民工的经济社会分析》，社会科学文献出版社，2003，第145页。

② 李路路：《向城市移民：一个不可逆转的过程》，《农民工：中国进城农民工的经济社会分析》，社会科学文献出版社，2003，第127页。

③ 李汉林：《关系强度与虚拟社区》，《农民工：中国进城农民工的经济社会分析》，社会科学文献出版社，2003，第112页。

二 作为自雇佣的个体农民工的社会关系

自雇佣的个体农民工从农村转移到城市后，一方面实现了雇佣状态的转变，另一方面要继续立足于城市并得以发展从而实现社会融合。在这个过程中，社会关系发挥了重要的作用。社会关系促进社会融合，社会融合反过来又进一步强化了社会关系，而社会融合的一个重要测量维度是社会关系的融合。

我们在前文关于经济融合与社会融合关系的研究中发现，个人的经济行动深深"嵌入"社会网络的结构之中，这表明在经济生产活动中，在原来的社会关系仍在继续发挥作用的情况下，新的社会关系在逐步被建构，而且已经显现出功效，即在流动人口中的个体工商户聚集财富方面发挥着重要的作用。上一章的案例已经充分表明了这点。

社会关系的融合一方面表明了这种状态是社会交往的结果，另一方面也表明了社会关系是在社会交往过程中逐步建立起来的。按照社会学的观点，社会交往的过程在某种意义上是一个同质性群体和异质性群体的交往不断扩大和相互作用及互动的过程。这种社会交往具有核心意义的变化是由单纯的与同质群体的互动逐步扩展为与异质群体的互动，并且在这种相互作用及互动的过程中人们扩大了交往，加深了相互理解。按照布劳的观点，异质型群体之间的交往，即使是不亲密的交往，也能够促进人们相互之间的理解，促进宽容精神的发扬。尤其是在现代社会，社会分工更加精细，人们之间更加需要相互协作，这样社会交往大大增加，同时人们交往所构成的广泛网络也能够提供各方面的支持，这样使得人们的社会关系最终突破了以往圈子，建立了新的关系，尤其是与异质性群体交往中所建立的新的社会关系。这一新的社会关系进而转变成这个群体的资源或资本。也就是说，随着农民工转移到城市，原来的社会关系逐步式微，而新的社会关系逐步被建构。新的社会关系成为转移到城市后的农民工发展的新型资源或资本。

科尔曼曾经指出，在现代社会中，家庭和社区所提供的"原始性的社会资本"有逐渐衰减的趋势，因此需要通过人工创建的社会组织等其他方式予以替代。有学者借用科尔曼"原始性的社会资本",将农民工所拥有的社会资本重新分类,将农民工在进入城市之前在乡土社会中所形成的社会资本称为"原始社会资本",将进入城市社区之后有意识或无意识地建立起来的社会资本称为"新型社会资本"。因为农民工在家乡所积累的原始社会资本,在新的城市环境中难以得到继续使用或者其使用的效用不再如以前那样显著,因此他们必须努力重新建立起符合新环境所需要的社会资本。

农民工中自雇佣的个体农民工群体,他们在流入城市前所建立的社会关系,成为他们转移到城市以及转移到城市初期发展的重要资本,但随着新环境的巨大变化,原来社会关系所发挥的作用不再如他们向城市转移以及转移到城市初期发展那样显著,这就需要自雇佣的个体农民工在利用已有社会关系的基础上,重新建构新的社会关系,这种新型的社会关系将成为其日后在城市发展的重要资源,也成为其实现社会融合的重要资本和能力。

第二节　自雇佣的个体农民工社会关系融合分析

根据上述文献研究及其相关分析,笔者认为,社会关系融合不仅是自雇佣者群体实现社会融合的重要资本和环节,同时还是一个可以利用多个具体指标测量的可操作化的概念。

一　交往空间的拓展

上一章在讨论经济融合与社会融合的关系时,其中有"您如果遇到业务上、资金上困难的时候,您首先想到谁帮忙?"和"来本地做生意后,您最亲密的朋友是谁?"这样两个问题。尽管讨论的是经济融合问题,但其根本仍然源于社会关系的融合,如果没有社会关系的融合,就谈不上亲密关系的建立,更缺乏经济互助往来所需的信任。这两个问题的调查数据表明,一方面经济融合有助于社会融合,另一方面也表明了经济融合是建立在社会关系融合基础上的。

如果我们这次调查的数据只是表明了社会关系融合有助于经济融合，却不能说明这种帮助的显著程度，那么我们与农民工社会关系融合做一比较可能会有新的发现。

1995 年李培林关于农民工问题的研究，在涉及同样的问题时，在回答"进城打工后最亲密的朋友是谁"时，55.7% 的进城民工认为是"一同来打工的老乡"，21.8% 的民工认为是"进城后认识的农民朋友"，另有 21.5% 的人认为是"进城后认识的城里人"。而且，在集体所有制单位打工的民工，其生活圈子更多依赖于"老乡"，认为最亲密的朋友是"一同来打工的老乡"的占 67.7%，而个体工商户这样认为的最少，占 40.1%。①

这一组数据与我们调查的数据对比表明：流动人口中的自雇佣者生活圈子中亲缘和地缘关系在弱化，而业缘关系、新的地缘关系在逐步强化。尤其是本调查数据也印证了"个体工商户认为最亲密的朋友是老乡占比例最少"的实际情况（见表 3－1）。这一差别与职业及收入水平有关，处于自雇佣状态的个体工商户生活圈子更广一些，具有较多的交往机会和交往选择，而收入较低的民工，则更容易局限于一个互识的文化圈子里。

表 3－1　来本地做生意后，您最亲密的朋友是谁

	频数（人）	百分比（%）	有效百分比（%）
一同来做生意的老乡	245	29.4	31.6
来本地后认识的生意朋友	218	26.1	28.1
来本地后认识的本地人	90	10.8	11.6
一同来打工或做生意的老家亲戚	222	26.6	28.6
合计	775	92.9	100.0

同样是关于"有困难首先想到谁帮忙"这样一个关于农民工的普遍问题，农民工与流动人口中的自雇佣者表现出不同的结果。当然，这

---

① 李培林：《流动民工的社会网络和社会地位》，《社会学研究》1996 年第 4 期。

里需要指出的是，尽管农民工与流动人口中的自雇佣者关于这个问题的具体细节不同，但总体的趋势不会有太大的变化。2006 年一项调查研究的数据表明，农民工求助对象是老乡和亲友的占 61.5%，所占比例为 5 个选项中的最高值，选择本地人的仅为 6.3%。[①] 2006 年一项关于江苏农民工的调查数据显示，农民工求助对象是老乡的占 55.3%，是 5 个选项中的最高值。[②] 2009 年的一项关于上海农民工的调查数据表明，46.4% 的农民工有困难首先求助于老乡和家人，而只有 2.1% 的人会找上海朋友帮忙。[③] 本课题的调查数据显示，流动人口中的自雇佣者求助对象为老乡的占 13.3%，远远低于以上调查研究数据，同时流动人口中的自雇佣者群体首先想到本地业务同行的为 6.4%（见表 3 – 2）。

表 3 – 2　您如果遇到业务上、资金上困难的时候，您首先想到找谁帮忙

	频数（人）	百分比（%）	有效百分比（%）
老乡	105	12.6	13.3
亲戚朋友	490	58.8	62.3
本地业务同行	50	6.0	6.4
私人借贷	78	9.4	9.9
其他	64	7.6	8.1
合计	787	94.4	100.0

　　以上数据对比表明，流动人口中的自雇佣者群体的社会关系不再像农民工群体那样，仅仅局限于地缘和亲缘的范围内，而是在地缘和亲缘基础上有了进一步的拓展，呈现出以业缘和新地缘为基础建立新的社会关系的动向，这充分表明了流动人口中的自雇佣者社会融合条件的改善，以及社会融合程度在不断提高。

　　单纯就流动人口中自雇佣者社会关系的建立，尤其是与本地人交往

① 王桂新、罗恩立：《上海市外来农民工社会融合现状调查研究》，《华东理工大学学报》（社会科学版）2007 年第 3 期。

② 邹农俭：《江苏农民工调查报告》，社会科学文献出版社，2009，第 34～35 页。

③ 陆康强：《特大城市外来农民工的生存状态与融合倾向——基于上海抽样调查的观察和分析》，《财经研究》2010 年第 5 期。

情况来看，调查表明，在被访的810名自雇佣者中，与本地人不来往的占16.4%，来往不多的占57.9%，经常来往的占25.7%。就"经常来往"的25.7%与前两者之和的74.3%比较，似乎比例并不高（见表3-3）。也就是说，流动人口中自雇佣者社会关系的建立还有很大的提高和发展空间。

表3-3 在您住的地方，您和本地人来往情况

	频数（人）	百分比（%）	有效百分比（%）
不来往	133	15.9	16.4
来往不多	469	56.2	57.9
经常来往	208	24.9	25.7
合计	810	97.0	100.0

然而，非常有意思的是，如果将自雇佣的个体农民工社会关系的建立与农民工群体进行比较，会发现这个比例并不低。农民工群体由于其流动性大以及工作的性质等原因，他们与本地人来往的机会很少，这就决定了他们与本地人建立社会关系几率也很低。2009年一项关于上海外来农民工的生存状态与融入倾向的调查数据显示，近6成的农民工虽然身在上海，但仍乐意与老乡打交道；只有9.8%的人乐意与本地居民交往。[①] 这一数据远低于我们的调查结果，即与本地人经常来往的25.7%的比例。表明流动人口中的自雇佣者与当地人交往不断增多，其社会融合程度与农民工相比有了很大的提高。

在当问及"您交往的人"具体类别时，回答"老乡"的占34.6%，回答"老同学"的占10.8%，回答"同行（一起做生意的人）"的占31.4%，回答"本地居民"的占10.5%，回答"在做生意中认识的其他人"的占6.9%，回答其他的占5.8%（见表3-4）。

这一组数据有两个发现：一是回答"老乡"的占34.6%，与前述

① 陆康强：《特大城市外来农民工的生存状态与融合倾向——基于上海抽样调查的观察和分析》，《财经研究》2010年第5期。

表 3 - 4　在您住的地方您交往的人

	频数(人)	百分比(%)	有效百分比(%)
老乡	266	31.9	34.6
老同学	83	10.0	10.8
同行(一起做生意的人)	241	28.9	31.4
本地居民	81	9.7	10.5
做生意中认识的其他人	53	6.4	6.9
其他	44	5.2	5.8
合计	768	92.1	100.0

问题 "来本地做生意后您最亲密的朋友是" 回答为 "一同来做生意的老乡" 的比例达 31.6% 基本接近。说明尽管面对不同方式的提问，其回答结果基本一致；二是这组数据清晰地表明，以血缘、地缘为纽带的社会关系在流动人口中的自雇佣者群体中不断式微衰减，而新型的社会关系在不断加强建立，尤其是由业缘关系和新地缘关系所构建的新型社会关系在不断强化，这使得自雇佣者群体的社会关系，与农民工群体始终以地缘和血缘关系占绝对优势地位的社会关系表现出明显的不同。

这其中的原因：

第一，职业的缘故。流动人口中自雇佣者从事工商经营，属于服务业，在他们转移到城市后，面对的是新的消费群体，而这个消费群体中的多数人对于个体工商户而言是相对固定的客户，随着时间的流逝，逐渐成为熟人，双方都有相互照顾的意愿和行动。这尤其体现在一些比较低端的服务业中，如我们大家经常来往的蔬菜市场，从事蔬菜水果经营的个体户，当老熟人来买菜、水果等，客户付了钱转身将要离去时，摊位有眼色的老板不忘热情地再搭上几根香菜，而老客户下次也不会忘记仍然到这家摊位来照顾生意。事实上，新型的社会关系在这样的长期交往中不知不觉逐渐确立起来。

第二，业务的缘故。流动人口中自雇佣者从事工商业经营，不仅要与客户来往，也要与同行之间往来。在经营过程中，并不是永远能够保持 "万事不求人" 的状态，在生意的照顾上、资金的支持上、信息的提供等方面同行之间本来就存在互通有无、守望相助的关系。随着时间的推移，最终使得他们由原来的相互陌生逐渐形成了新型的社会关系，这种新型的社会关系中，不仅有流动人口中自雇佣者与其背景相同、同属自雇佣者所建立的新型社会关系，也有与"本地"工商户所建立的新型社会关系。这两类社会关系的建立都具有质的变化意义，尤其是后者。

第三，雇佣状态的缘故。流动人口中自雇佣者从事工商经营，他们本身处于自雇佣状态，相对于农民工来说，在居住条件上相对固定，在收入水平上相对较高，在职业特点上相对自由。流动人口中自雇佣者其职业的特点也决定他们建立社会关系的必要性，更重要的是其自雇佣状态为其社会交往创造了有利的条件。而农民工处于雇佣状态，处处要受到雇主的限制，加上其工作以及居住的流动性特点，很难建立新型的社会关系，尤其是与本地人交往所形成的社会关系。

总之，流动人口中自雇佣者新型社会关系的建立和融合促进了社会融合，提高了这个群体的社会融合度。

二　家庭团聚状况

2008 年 12 月 1 日，《静寞夕阳：中国农村留守老人》研究成果与新书发布会在北京召开。发布会上，中国农业大学人文与发展学院叶敬忠教授展示了课题组历时两年对我国农村留守老人研究的重要成果。研究成果指出，当前很多留守老人的生活处境令人担忧，其中一个重要方面是劳动力外出务工导致留守老人隔代监护现象大量涌现，留守老人的教养负担不堪承受，留守儿童的监护质量令人担忧。事实上，叶教授指出的并不只是留守老人问题，与此同时还有留守儿童的问题。究其实质，留守老人和留守儿童是一个问题的两个方面，这个问题就是流动人口的社会融合问题。

"儿子在北京，女儿在重庆，孙子在东瀛，夕阳西下，断肠人与小孙女在甘肃会宁"，是对当代中国社会结构深刻变动情况下家庭结构变化以及留守老人、留守儿童现象的生动描述。20 世纪 80 年代以来，我国进入了快速的工业化和城市化发展阶段，农村劳动力大规模向城市流动的同时衍生出了留守儿童、留守妇女和留守老人等庞大的留守群体。根据叶教授初步推算，2008 年前后我国农村留守老人的数量近 2000 万，留守老人现象已经相当普遍。① 另据国家人口计生委主任李斌介绍，中国 2010 年流动人口已达到 2.21 亿，农村留守老人约 4000 万。② 如果按照后者计算，约占全国总人口的 3.07%，约占全国老年人口 1/4，是一个庞大的人群。

我国农村地区长期以来一直实行以家庭为主的养老方式，子女供养是老年人晚年生活的重要保障。但随着承担主要赡养义务的农村青壮年劳动力大量转移到城市务工经商，长期的两地分离使得他们无法为留守父母提供经常性的照料和关怀，家庭养老的基础受到了动摇，这在很大程度上影响到留守老人的经济供养、生活照料和精神慰藉。同时，农业生产、照看孙辈、人情往来等重负都压到了留守老人身上，导致很多留守老人的生活处境令人担忧。

2008 年 2 月 27 日，全国妇联发布了《全国农村留守儿童状况研究报告》，报告显示，根据 2005 年全国 1% 人口抽样调查的数据，可以确认 0~17 周岁留守儿童在全体儿童中所占比例为 21.72%，据此推断，全国农村留守儿童约 5800 万人，其中 14 周岁以下的农村留守儿童约 4000 万人。所谓"留守儿童"，是指父母双方或一方流动到其他地区，孩子留在户籍所在地并因此不能和父母双方共同生活在一起的儿童。

报告指出，改革开放以来，随着城乡经济体制改革的深入和我国现代化进程的推进，全国已有 1.4 亿农村劳动力进入城市打工。在这些农民工中，有相当数量是有孩子的父母，由于各种原因，他们中很多人将子女留在农村，从而形成了一个特殊且较为庞大的儿童群体——农村留守儿童。随着我国城市化、工业化进程的加快以及农村青壮年人口外出

---

① 叶敬忠：《中国农村留守老人面临九个问题》，http://www.counsellor.gov.cn/content/2008 - 12/02/content_ 1575. htm，2008 年 12 月 2 日。

② 中新社：《中国失能老人达 3300 万 农村留守老人达 4000 万》，《广州日报》2011 年 3 月 2 日。

数量的继续攀升，农村留守儿童的数量还有持续增长的趋势。儿童时期是人身体发育、性格养成、知识积累的关键时期，由于生活环境不稳定，缺乏父母亲的关爱，部分留守儿童成长发展受到一定影响，出现了一些值得关注的问题。尽管国家采取了一系列重要举措，解决农民工及其子女问题，留守流动儿童成长环境不断优化，但总体来看，影响农村留守儿童生存发展的深层矛盾和突出问题还没有得到根本解决。

报告介绍，中国农村留守儿童的分布十分集中，而且多数居住在中南各省。四川、安徽、河南、广东、湖南和江西6省的农村留守儿童在中国农村留守儿童总量中所占比例超过半数，达到52%。河南省是农村劳动力输出大省，也是全国农村留守儿童最多的省份之一。河南省14岁以下的留守儿童数量近300万人。

报告指出，在这个庞大的群体中，57.2%的留守儿童是父母一方外出，42.8%的留守儿童是父母同时外出。留守儿童中的79.7%由爷爷、奶奶或外公、外婆抚养，13%的孩子被托付给亲戚、朋友，7.3%为不确定或无人监护。[1]"父母在远方，身边无爹娘，读书无人管，心里闷得慌，安全无保障，生活没希望。"这则流传在江西农村的顺口溜，从一个侧面反映了农村留守儿童的现状。

事实上，留守儿童并不是最近几年才出现的，自20世纪80年代中期我国流动人口开始大规模出现以来，留守儿童就产生了。但作为一个突出问题而引起全社会关注的群体，留守儿童在2002年以后，特别是进入2004年以后通过多家媒体报道宣传才引起了社会的广泛注意。2002年4月9日《光明日报》刊登了题为《农村"留守儿童"教育问题亟待解决》的报道，报道指出这个规模庞大的"留守儿童"队伍中的很多孩子，因为家庭生活和教育的缺陷，无法享受同龄孩子的"花季""雨季"，生理和心理的成长都面临着问题。[2]2004年春季新学期开学之际，《人民日报》《光明日报》《中国青年报》等多家全国性报

---

① 全国妇联：《全国农村留守儿童状况研究报告》，2008年2月27日。

② 李陈续：《农村"留守儿童"教育问题亟待解决》，《光明日报》2002年4月9日。

刊更是大规模地报道了留守儿童在学业、生活及性格培养等方面面临的困难和问题，这才引起了全社会的普遍关注。

如前所述，不论是留守老人，还是留守儿童，其实质是一个问题的两个方面，即转移到城市的流动人口的社会融合问题。流动人口转移到城市从事非农业生产，如果自身无法融入城市社会，也就无法让老人或子女在城市与他们共同生活学习。流动人口能否让老人或子女在城市与他们共同生活成为社会融合的一个重要测量指标。

社会融合不仅体现在与本地人的交往所形成的新型社会关系的融合，也体现在家庭团聚状况方面。家庭团聚状况不仅体现在其经济实力方面，因为一个家庭的团聚意味着居住面积的增加、消费总量的扩大等；同时更加重要的是体现社会融合的程度方面。不论是对于农民工而言，还是对于流动人口中自雇佣者群体而言，如果对所移入的新城市认可接受程度很低，他们几乎不可能考虑与家人的团聚问题。

关于被调查者的子女居住情况，在有子女的 506 户自雇佣的个体农民工家庭中，其中和子女居住在一起的有 324 户，占 64%，而与家里老人在一起的占 31.6%（见表 3-5）。可见流动人口中自雇佣者群体的多数有能力，也有意愿让子女与他们在一起生活，其子女成为留守儿童的则为少数。这与该群体的经济实力及职业的相对固定有很大关系。

表 3-5 您的子女居住情况

	频数（户）	百分比（%）	有效百分比（%）
和您住在一起	324	58.2	64.0
和家里老人住在一起	160	28.8	31.6
其他	22	4.0	4.4
合计	506	91	100

与此同时，课题组也调查了流动人口中自雇佣者家庭老人的居住情况，其中接近 70% 的老人居住在老家。在所调查的 720 户自雇佣者中仅有 87 户老人与子女共同生活在所移入的城市，所占比重为 12.1%（见表 3-6）。

表 3 - 6 老人现在主要住在哪里

	频数(户)	百分比(%)	有效百分比(%)
老家乡村	501	60.1	69.6
老家城镇	107	12.8	14.9
和您在一起	87	10.4	12.1
其他地方	25	3.0	3.4
合计	720	86.3	100.0

为了印证这个数据的信度，问卷同时设计了另一个问题，即老人由谁来照顾的问题。问卷数据显示，老人由兄弟姐妹照顾或者老人自理的占主要地位，分别为35.1%和31.5%，而由流入城市的自雇佣者照顾的占20.6%，居第三位（见表3-7）。与前面数据大体接近。

表 3 - 7 老人主要由谁照顾

	频数(人)	百分比(%)	有效百分比(%)
兄弟姐妹	246	29.5	35.1
亲戚朋友	54	6.5	7.7
邻居	26	3.1	3.7
自己	144	17.3	20.6
其他	10	1.2	1.4
老人自理	221	26.5	31.5
合计	701	84.1	100.0

占12.1%的老人与子女共同生活在所移入的城市，以及老人由流入城市的自雇佣者照顾所占比重为20.6%，这两个数据大体反映出在所调查的自雇佣者中，大约有100户老人与子女生活在城市，占所调查700多户自雇佣者的1/7，这与我们的经验感受基本接近。

为了更加清晰地看到流动人口中自雇佣者在移入城市与家人团聚情况，我们将自雇佣者家庭的团聚情况与农民工家庭的团聚情况做一对比，是否会有新的发现呢？

邹农俭在《江苏农民工调查报告》一书中揭示，2006年江苏农村老人的居住情况，其中在老家乡村的占84.7%，在老家城镇的占

9.9%，和农民工本人在一起的仅占4.0%。与本课题调查数据对比，有两个重要发现，一是自雇佣者群体家庭老人住在老家乡村的要低于农民工群体家庭老人约15个百分点；二是与流动人口中自雇佣者居住在一起的老人要比与农民工家庭居住在一起的高8.1个百分点。表明自雇佣者家庭中老人与自雇佣者居住在一起的比例相对农民工要高一些。就是这8个百分点，表明了流动人口中自雇佣者在经济实力方面相对农民工而言要高一些，经济实力使得他们有能力将老人接来一起生活。

就经济实力而言，这些流动人口中的自雇佣者不仅要在城市中消费，同时更加重要的是要维持在移入城市的持续发展。因此，如果他们的生活成本高于收入时，也就不可能将老人接到城市一起生活居住。根据有关学者研究提供的数据，2004年农民工市民化的生活成本（包括在城市的水费、电费）东部沿海地区为3297元，内陆地区约1886元。我们所调查的四个城市北京、广州、太仓、兰州分别为5782元、9348元、4027元和3807元，远远高于平均水平（见表3-8）。由于没有太仓的数据，我们用其所在地苏州市的生活成本替代。这里面仅仅为水费、电费，如果加上住房成本，其生活成本更高。这对于一个普通的农民工而言，是一个非常高昂的成本，对于那些仅仅通过打工补贴家庭收入的农民工而言成本更高。而对于流动人口中的自雇佣者部分家庭，他们能够承担起相应的生活成本，生活成本对于他们而言不再是一个非常重要的部分，在维持或扩大生产规模以增加收入的基础上，实现与家庭团聚以提高生活质量，同样成为其生产生活的重要部分。提高生活质量其中一个重要方面就是家庭的团聚享受天伦之乐。

表3-8 农民工市民化生活成本

区域或城市	城市年人均生活成本(元)	区域或城市	城市年人均生活成本(元)
东部沿海地区	3297	广州	9348
内陆地区	1886	太仓	4027
北京	5782	兰州	3807

资料来源：张国胜《中国农民工市民化：社会成本视角的研究》，人民出版社，2008，第143~163页。

当然，流动人口中的自雇佣者将老人接到城市共同生活居住，不仅与其能够承担相应的生活成本相关，同时与其职业的相对稳定性密切相关。如果这个群体中的多数经常变动不居，处于长期的流动状态，必然对他们本身以及家庭老人的居住产生一定的影响，尤其是老人更不愿意过颠沛流离的生活。流动人口中的自雇佣者职业的相对稳定性恰恰满足了这点，而这一重要特点是普通农民工所一时难以达到的，因为普通农民工中的绝大多数是处于流动状态的，尤其是从事建筑业的大量农民工。

根据第一章所提供的自雇佣的个体农民工规模的保守数据 930 万人。① 如果按照本课题组中老人和自雇佣者共同生活在一起的调查数据 12.1% 来计算，大约有 113 万户老人与职业为自雇佣者的子女在一起居住生活。如果按照乐观的统计数据 3000 万~4000 万计算，有 363 万~484 万户老人与职业为自雇佣者的子女在一起居住生活。应该说这些家庭大多数会在城市沉淀下来，成为移入城市的常住居民。当然，他们仍然面临诸多的问题。这里不再展开，后文将专门阐述。

三 时间：社会关系融合的重要表征

社会关系融合的另一个重要表征是时间长度。流动人口移入城市后，当他们不能融入当地社会的时候，基本的选择有两条：或者转移到另一个城市发展；或者返回老家。根据本课题组所设计的问卷调查数据显示，1978~1980 年离开老家转移到城市的有 4.6%，1981~1990 年的有 16.9%，1991~2000 年的有 35.9%。这表明离开农村老家在 30 年、20 年、10 年左右的分别为 4.6%、16.9%、35.9%。到 2000 年以前，也就是在 10 年以上的总计占 57.4%（见表 3-9）。这里还有一个发现，越是接近七八十年代，统计数据越小，一个可能的原因是当初这些流入城市的流动人口由于年纪已大，已经退出了生产领域不再从事非农业生产，

---

① 国家统计局农村司：《2009 年农民工监测调查报告》，国家统计局网站，2009 年 3 月 19 日。

另一个可能的原因是这些流动人口已经返回农村老家。但是，不管怎样，在这些自雇佣者中占57.4%的人在所流入的城市已生活经商10年以上。这表明他们中的大多数在城市已站稳了脚，有了自己的一片天地。

表 3-9 您是下列哪个年代离开老家的

	频数（人）	百分比（%）	有效百分比（%）
1978~1980 年	37	4.4	4.6
1981~1990 年	137	16.4	16.9
1991~2000 年	291	34.9	35.9
2001~2009 年	346	41.5	42.6
合计	811	97.2	100.0

调查数据显示，被调查者中从事商业经营10年以上的仅占15.2%，这与他们离开农村老家到城市生活的时间长度有一定的差别（见表3-10）。对这个差别的可能解释，一是说明自雇佣者中的大部分在从事目前这份职业之前并非是自雇佣者，也许在此之前他们从事的是雇佣工作，也就是说"务工"。二是在从事目前这个职业之前在另外一个城市从事个体工商经营，后来辗转来到了目前就业的这个城市。这同样表明流动人口中的自雇佣者在流入城市能够生活生产10年左右，已经构建了自己的社会关系，达到了社会关系融合。否则可能出现两种情况，一是不断流动；二是返回农村老家，这与普通农民工没有什么区别。但是目前的调查数据反映，流动人口中自雇佣者在一个城市已生活居住并经营了足够长的时间，已经建立并形成了自己的社会关系网络。

表 3-10 在本地做这种生意已几年

	频数（人）	百分比（%）	有效百分比（%）
1~2 年	194	23.3	24.9
3~4 年	204	24.5	26.2
5~6 年	176	21.1	22.6
7~9 年	86	10.3	11.1
10 年以上	118	14.1	15.2
合计	778	93.3	100.0

小　结

　　社会关系融合是农民工和自雇佣者社会融合的重要内容和环节。社会关系的建立，尤其是社会关系的不断延伸拓展对于自雇佣者群体实现城市社会融合具有非常重要的意义，社会关系融合不仅为经济融合提供了重要支持，也为这个群体实现进一步的社会融合提供了可能。研究表明，自雇佣者社会关系的建构，突破了以往农民工仅将社会关系建立在以血缘、地缘为纽带的范畴，并呈现出与以业缘、新地缘为纽带的社会关系共存的新型社会关系。自雇佣者群体社会关系融合不仅表现在交往空间的不断拓展延伸上，家庭团聚同样是社会关系融合的重要体现。社会关系融合的一个重要衡量标准，是自雇佣者在移入地经营生活的时间长短。时间越长，表明其积累的社会资本越多，获得的社会支持越大，否则不可能在一个城市长期生活经营下去。

第四章
制度融合：社会融合的非经济因素

农民工的社会融合不仅取决于其经济融合、社会关系融合，同时制度融合在社会融合中也发挥着至关重要的作用。制度融合是指对流动人口社会融合产生持续影响力的政策、制度等客观的社会因素。合理的社会体制和制度，或者恰当的体制制度引导机制有利于促进社会融合，制度隔离则制约社会融合的顺利实现，强化了社会隔离。农民工的制度融合，是指影响农民工群体实现社会融合并具有持续影响力的社会政策或制度及体制性的安排。流动人口在移入城市享有的国民待遇，尤其是社会保障的状况，以及农民工子女在移入地接受教育的状况，是测量制度融合的重要维度。在具有中国特色城乡二元社会结构的体制下，以及由此派生的农民工体制下，研究农民工的制度融合具有非常重要的现实意义。

第一节　关于制度融合的考察

一　制度融合的意义

正如前文所述，社会融合的对立面为社会排斥，而社会排斥是指社会成员希望以公民的身份参与社会而被其不能控制的社会因素所阻止的社会问题。所谓不能控制的因素更多的是客观的政策、制度因素，尤其是指那些作为一个公民愿意参加诸如消费、生产、政治、社会活动，但是被他们所不能控制的因素阻止了。吉登斯指出，社会排斥有多种形式，如经济排斥、政治排斥和社会排斥。经济排斥中又可以划分为生产排斥和消费排斥等。其中社会排斥是指发生在社会生活和社群生活中，它表现为个人不能经常使用社区的公共设施，公共事务参与程度低，家庭中和家庭外的闲暇活动机会少以及弱社会网络导致的孤独等。① 当然，这里所说的社会排斥显然不是指作为社会成员不愿意参与，而是如前文所说，是由客观的不可控制的因素所导致的结果，即使有参与，可能会出现参与不足、参与不充分的情形。换句话说，由于这些不可控制的外在的因素，将部分社会成员排斥在某些领域之外，使这部分社会成员无法获得有效的社会融合。

王春光在研究巴黎的温州人时指出，初次通过非法渠道进入法国的温州人，开始基本上都是从打黑工起步并生存下去的，因为他们是非法移民。因此对于温州人而言他们首先必须获得的是身份的合法化。伴随合法化进程的推进，1981 年后法国政府放宽了当老板的资格限制（此前不是法籍的人不能当老板，后改为有 10 年期居留证的人可以当老板）。这样越来越多的温州人当上了老板，这就为后来者创造了更多的就业机会，后来者也就成为源源不断的廉价劳动力。现在，巴黎温州人社区内部已经形成一个供需相呼应的劳动力市场网络。② 这个国际移民的案例告诉我们，身份合法化和老板资格限制等是移民不可控制的客观因素，这些因素恰恰导致了社会排斥，同时也阻止了这个群体的社会融合。这些不可控制的客观因素就是政策性或制度性因素，这些政策性或制度性因素对于流动人口的社会融合将产生直接而深远的影响。

---

① Giddens, A., Sociology, Cambridge: *Polity Press & Blackwell Publishing Campany*, 2001.
② 王春光、Jean Philippe BEJA：《温州人在巴黎：一种独特的社会融入模式》，《中国社会科学》1999 年第 6 期。

二 国际移民制度融合的启示

对于当代中国农民工社会融合问题研究，或者本课题所针对的流动人口中自雇佣者社会融合问题的研究，都涉及制度融合的问题，这既是一个历史遗留问题，也是复杂的现实问题，因为制度的安排设计、政策的制定调整无处无时不影响移民的社会融合问题。并且这个问题又是千头万绪，解决起来似有"斩不断理还乱"之感。如果切实要解决这个复杂而紧迫的问题，既要考虑这个问题的实际情况，又要看是否有可借鉴的经验。事实上，国际移民会给我们以有益的启示。

国际移民中关于华人移民在美国的研究是较为典型的研究之一。"二战"后，在美国的华侨地位之所以得到了提高，从内因来看，最重要的一条是同美洲华侨一贯重视文化教育、努力提高自身的素质有密切的关系。同时也与中国在"二战"中的特殊贡献，提高了中国的国际地位有关，这是非常重要的客观因素。

早期前往美洲的华工大多数来自东南沿海一带，特别是广东和福建的破产农民、手工业者及在国内难以生存的起义者。一句话，他们都是出生在贫困的劳动人家，属于社会底层，所以大部分人目不识丁，只有少数人上过几年私塾。文化程度低下决定了早期赴美华工只能从事洗衣业、餐馆业和农业等低端劳动工种，绝大部分人从事的是体力劳动。

随着华人经济生活条件的变化，为了自身的生存、后代的发展，他们开始重视华侨教育事业，尤其是在美国，到1867年，仅美国旧金山华侨学龄儿童就达500余人。为了解决这些儿童的入学问题，一些热衷教育的华侨创办了十几家私塾和专馆，每家招生二三十人。

到20世纪初，中国清政府为了维持其统治，从1905年起在美成立学堂，以继承和光大中国文化统治。从此华侨学堂如雨后春笋般地在纽约、芝加哥、西雅图以及加拿大的温哥华等城市成立起来。之后美洲各地华侨纷纷仿效，创立华侨学校，到1930年，华侨在美国兴办中学6所，小学50多所，私塾20多所，华侨进行多方位办学，收到了积极的社会效果。

"二战"后，美国准许参加过大战的华侨青年享有进入高校学习的权利，美国华裔大批进入高等学校。美国大学里的华侨子女、华裔子女以及中国留学生日渐增多。随着华侨华人受教育程度的不断提高，华侨华人在美国学术界、艺术界、文化界中人数日益增多。据统计，1940年华人担任专家、工程技术人员、经理和管理人员以及办事员、推销员和秘书一类工作的已占华侨、华人总数的20%。1950年，已经提高到40%。1970年又进一步提高到50%以上。①

周敏在《族裔资本与美国华人移民社区的转型》的研究中，将纽约唐人街作为传统华人移民社区的典型，与以纽约的法拉盛地区和洛杉矶的蒙特利公园市作为新移民社区的典型加以对比，指出华人新移民与早期华人移民的人力资本和金融资本有着显著差别。其中受教育水平突出体现了人力资本的变化。法拉盛的华人新移民的受教育水平高于全美国平均教育水平。其中来自中国大陆的新移民中，每百人中大学毕业生所占比例是当地居民中大学毕业生所占比例的两倍；从台湾来的新移民中，每百人中大学毕业生所占比例是当地居民中大学毕业生所占比例的三倍。尽管在过去30多年中，法拉盛的白人中产阶层居住人口不断往外迁移，但大量来自第三世界的移民人口素质优良，使法拉盛仍然维持了较高的水准。在蒙特利公园市，华人新移民所受的教育水平也大大地高于整个洛杉矶地区的平均水平，到1990年，42%华裔成年人完成了4年以上的大学教育，而整个洛杉矶地区，仅有22%成年人完成了4年以上的大学教育。同时，蒙特利公园市接近40%的华裔拥有专业工作，而整个洛杉矶地区，仅有27%的人口拥有专业工作。正是因为许多华人拥有较强的人力资本，尤其是较高的受教育水平，所以他们可以不再像以往的华人移民一样，借助唐人街作为打入主流社会的跳板，也不需要较强的社会资本作为基础，而仍然能够积极地建造新华人移民聚居区和族裔经济，从而融入美国社会，并非消极地等待被同化。② 这充分表

---

① 陆国俊：《中国的华侨·美洲》，中国国际广播出版社，2010，第89～96页。
② 周敏、林闽钢：《族裔资本与美国华人移民社区的转型》，《社会学研究》2004年第3期。

明了文化教育对于移民融入当地社会的极端重要性。

对于早期的华人移民而言，他们大多是匆匆过客，其目的是把美国作为赚钱的暂时旅居地。随着时间的推移，现在的移民多以长期在美国安家立业为意向，其中体现他们成功的标志之一就是希望孩子能够考上美国的常春藤名校。[①] 华人移民多数希望自身，尤其是孩子通过接受良好的教育实现自己的美国梦。"在洛杉矶唐人街一个非营利性组织做义工的高中生告诉我们，'我的父亲总是大声地朗读有关优胜者获奖的新闻报道，每当他这样做时，我都全身紧张，我觉得他是在对我说，要我也去争取某些奖项'。"[②] 美国华人这种主观上的期望，客观上极大地促进了他们更加主动地融入当地社会。

再将眼光投向巴黎的温州人，对于移民父母这代人而言，"对子女的教育的重视，显然使下一代获得了比父母更好的教育，也使下一代在事业上比父母做得更好些，提高了他们在法国社会的融入程度"[③]。在法国接受一定程度的教育，特别是学习语言确实有利于温州人了解和融入法国社会。凡是在法国接受过几年教育的温州人，比其他没有接受过同样教育的温州人，不但对法国有更多的了解，而且更容易拓宽经济活动范围和门路，至少更容易与法国当地人进行交流。[④] 教育对温州人在法国的融合和跨社会建构来说，具有不可忽视的功能。[⑤]

法国的共和国移民理论把教育视为最重要的移民融合手段和方式。该理论认为，通过教育，使移民接受法国的语言、公共规则、文化传统甚至价值观念和生活方式，尽管他并不过分要求移民须完全接受法国的生活方式，甚至还主张允许移民保留自己多样的生活方式。因此，在法国，不论有没有合法的身份，所有年龄没有达到 16 岁的

---

① 周敏、蔡国萱：《美国华文媒体的发展及其对华人社区的影响》，《社会学研究》2002 年第 5 期。
② 周敏、蔡国萱：《美国华文媒体的发展及其对华人社区的影响》，《社会学研究》2002 年第 5 期。
③ 王春光：《巴黎的温州人》，江西人民出版社，2000，第 221 页。
④ 王春光：《巴黎的温州人》，江西人民出版社，2000，第 221 ~ 222 页。
⑤ 王春光：《巴黎的温州人》，江西人民出版社，2000，第 228 页。

孩子，都可以享受免费教育，如果不去上学，居住地的学校也会派人上门动员，如果有合法身份而不去接受教育，那么其父母就会受到法律的制裁。[①]

政策性或制度性因素导致的社会融合问题，并不是流动人口主观上缺乏参与的意愿，而是由于制度性的原因使流动人口参与不足、参与不充分所导致的结果。前文关于温州人的国际移民案例表明，并不是温州人不够努力或者没有能力，如缺少注册资本、经营场所等必备的经营条件，而恰恰是由于"不是法籍的人不能当老板"等类似的制度性障碍，使得在巴黎的温州人不能成为"合法"的老板，即使后来改为"有10年期居留证的人可以当老板"，仍然挡不住在巴黎的温州人成为事实上老板的趋势。移民美国华人的经历，不论是早期移民将美国视为赚钱发财的跳板，还是后来的移民将在美国的安家立业并实现向上的社会流动作为奋斗目标，同样表明这个群体主观上努力积极向上，能够吃苦耐劳，希望通过努力实现自己的目标。在这些移民实现自己的奋斗目标时，其中移入国在制度上提供了重要保障，而这些制度在不同的国家表现不同，如法国给予移民合法化的身份以及接受教育的权利。其中作为移民能够在移入国接受教育是一个重要的制度保障，也是移民能够融入移入国的主要制度保障。

国际移民给我们的重要启示是：第一，制度融合是社会融合的重要因素和基本方面。第二，制度融合影响流动人口的社会融合，是指某些制度安排或设计完全排斥了流动人口在某些领域的参与，或者使流动人口在某些社会领域参与不足。完全排斥、制度上的排斥和事实上的参与不足均是制约流动人口社会融合的重要因素。

关于自雇佣的个体农民工城市社会融合考察，其中一个重要方面是制度的融合。流动人口政策的变化本身体现了关于流动人口社会融合制度安排的变化。众所周知，我国在新中国成立初期曾经一度允许人口流动，但是到1958年以后，由于各种原因，严格禁止人口流动。

---

① 王春光：《巴黎的温州人》，江西人民出版社，2000，第209页。

尤其是 1958 年全国人大通过的《户口登记条例》，严格控制流动人口，特别是严格限制农民向城市转移。1958～1978 年，逐步建立并形成了城乡分割的二元户籍制度，实行有差别的社会福利待遇政策。1978～1983 年，随着改革开放的不断推动，尽管部分农民从土地上脱离出来并流入城市，但这个阶段对于农民采取了控制流动的政策。如 1982 年国务院下发的《关于严格控制农村劳动力进城务工和农业人口转为非农业户口的通知》，要求严格控制从农村招工，认真清理企业、事业单位使用的农村劳动力，以及加强户口和粮食管理等规定，明显体现了对农村劳动力转移的严格控制。随着改革开放政策的不断推进，农村劳动力大量流动已成为不可阻挡的历史潮流，从 1984 年到 1988 年国家允许农民流动。再到 1989～1991 年控制盲目流动，以及后来的鼓励流动、自由竞争；2000 年后的有序流动、公平引导、服务管理。2006 年国家出台了《国务院关于解决农民工若干问题的意见》，《意见》明确要求"积极稳妥地解决农民工社会保障问题""切实为农民工提供相关公共服务"，并要求健全维护农民工权益的保障机制。应该说 2006 年的文件与以往任何关于农村剩余劳动力的文件相比都有了很大的变化，其中之一就是在国家政府层面的文件第一次用了"农民工"这个概念，这在以往是从未有过的；另一个重要变化是要求从体制机制上解决农民工问题，这与以往单从某个方面解决问题更有力度，也更具综合性。当然，出台的毕竟是"意见"，在具体落实过程中涉及一些深层次的体制机制问题，尤其是长期以来实行的城乡二元分割体制，还涉及诸多部门利益，所以，在实际操作中，关于农民工问题还有大量工作要做。总之，每个阶段针对流动人口的政策变化，对大量农村劳动力的转移本身，以及对已经移入城市的农民工的生活、工作等都产生了不同程度的影响。

第二节　当前我国农民工制度融合中存在的问题

众所周知，大量农村剩余劳动力转移到城市，在谋取职业方面，政府几乎是无所作为的，这个庞大群体的就业还是依靠传统的办法，通过亲朋好友、老乡亲戚等的介绍，获得了就业信息，甚至实现了就业。当获得职业之后，他们紧接着就面临一系列的问题，而这些问题尤其是一些制度性问题，对这个群体能否融入城市社会将产生重要的影响。

一 农民工的社会保障问题

早期转移到城市的农民工在城市长期生活工作，他们几乎都没有什么社会保障。对于他们而言，能够按时领到工资，尤其是在春节返乡之前能够顺利拿到工资已经很幸运了，并不奢望获得什么社会保障。这个庞大群体转移到城市目标很明确，就是希望在城市能够通过务工获得比家乡务农更高的收入，加上他们工作流动性很强的特点，社会保障对他们而言，一方面增加了他们的负担，减少了他们的收入；另一方面，由于社会保障无法接续转移，他们所交纳的部分最后是不了了之，白白浪费。后来，随着各类工伤事故的不断出现，农民工致伤致残的事故屡有发生，在农民工权益无法保障的情况下，政府要求企业为农民提供社会保障，最低限度给农民工提供工伤保险、医疗保险。这样至少当农民工遇到工伤风险时，能够得到基本的保障，同时也减轻了企业的负担。但在实际执行过程中，往往是大打折扣，真正能够按照政府规定要求做到的企业或部门还是很少的，这与政府的期望和要求还有很大的差距。

如广东省、深圳市从1994年开始将农民工纳入统一的城镇职工社会保险体系，1998年又要求农民工与城镇职工一样参加各项社会保险。这种捆绑式参加保险的办法一方面抬高了门槛，加大了参保难度，加上无法接续转移，出现农民工主动退保现象成为必然结果；浙江尽管实行的是"低门槛进入、低标准享受"的参保办法，但将来政府和社会保险基金支付压力过大，也可能面临不可持续的问题。上海、成都等地实行了农民工综合保险制度，包括老年补贴、工伤和住院医疗三项保险待遇，但保障水平过低，并且与现行的社会保险政策规定相冲突，也面临许多问题。

按照党的十七大确定的老有所养、病有所医、人人享有基本生活保障的目标，要求加快扩大基本社会保障的覆盖面，逐步将各类人员纳入社会保障覆盖范围，实现城乡统筹和应保尽保。这其中包括关于农民工的社会保障问题。但这些年只有在工伤保险领域相对取得了一定的进展。根据有关统计，全国工伤保险的参保人数 2010 年年底达到 1.57 亿，其中参保的进城农民工仅为 6000 多万，[①] 仅占农民工总数的 1/4 强点。

近年来，随着政府加大了推进农民工社会保障制度的力度，以及农民工权益意识的觉醒及增长，全社会对农民工社会保障制度的建立有了很深的认识，提出了积极稳妥地解决农民工社会保障问题的要求。根据我国发展的实际情况，以及农民工的实际状况和特点，要求坚持分类指导、稳步推进，优先解决工伤保险和大病医疗保障问题，逐步解决养老保障问题。但是，这些问题或者是还停留在研究探讨阶段，或者是由于不具备操作性，几乎很难执行。如针对农民工养老保险与现行养老保险的衔接问题、农民工养老保险关系异地转移与接续办法的问题，正在加紧研究可行的办法。而现实的状况又是怎样呢？下列两则新闻报道给我们以清晰的回答。

《广东农民工去年参保 421 万人退保 142 万　引人关注》

中新网 2005 年 9 月 22 日电，据《羊城晚报》报道，截至 2004 年末，广东全省农民工参保人数达 421.64 万人，而去年全年农民工退保人数为 142 万人次；截至今年一季度，全省农民工养老保险参保人数达 499.65 万人；而单是今年第一季度，广东全省就办理农民工退保 41.76 万人次！

另据广州市某区劳动部门统计，今年 6 月，在停保农民工中，退保比例最高达 52.36%！去年底今年初的平均比例也在 40% 左

---

① 本书编写组：《中共中央关于制定国民经济和社会发展第十二个五年规划的建议》，人民出版社，2010，第 224~225 页。

右。甚至一有些"风吹草动"，就会触动农民工要退保的神经。今年年初，广州市按国家和省政策，实行农民工一次性退保只退个人账户的个人缴费部分（个人缴费基数的8%）的政策调整，结果引发了不小的退保潮，并波及珠三角邻近地区。据称深圳某社保中心最高峰时一天内竟有600人排队退保。

按政策，农民工只要在当地连续缴费累计满15年（1998年7月1日前参加工作的，累计满10年），就可以和城镇职工一样退休后按月领取养老金。这样的好事，农民工为何不领情？是对社保"不放心"，还是缴费太高难承受？（中国新闻网：http://news.sina.com.cn/s/2005 - 09 - 22/17077011158s. shtml）

《深农民工参保人数净增83.56万》

本报深圳讯（记者刘启达、通讯员王彤、祝云才摄影报道）针对目前部分媒体报道深圳农民工出现的"退保潮"，昨日下午，深圳市社会保障基金管理局召开新闻发布会辟谣：目前深圳农民工在社保方面不仅未出现"退保潮"，而且农民工养老保险参保人数还稳中有升，至今年10月，深圳农民工参保人数同比净增83.56万人。退保人数的增加属正常范围。

深圳毗邻港澳，辖区内聚集了大量"三来一补"企业，在这次世界金融危机中深圳也受到正面冲击。对此，多家媒体报道了深圳出现"倒闭潮""返乡潮"，最后引发农民工在返乡前纷纷退出养老保险的"退保潮"。

该局副局长杜斌昨日指出，金融危机对深圳农民工就业确有影响，退保同比确有上升，但退保人数的增加属正常范围，不存在所谓"退保潮"情况，目前涉及的相关报道均没有进行宏观、总体的了解，时近年关，深圳关外某一个退保点、某一天退保集中是有可能的，但总体影响并不大，与传说恰恰相反，深圳农民工养老保险参保人数稳中有升，年终岁末正常退保返乡。

据杜斌介绍，深圳去年1～10月退保农民工共有68.2万人，退保金额 27 亿元。今年 1~10 月退保农民工 74.4 万人，退保金额为 20 亿元。通过这组数据显示，深圳今年农民工退保同比增加 6.2 万人，增加 9.1%，但退还数额减少 7 亿元，这说明退保人员以在深圳打季节性的短工、参保时间 1~2 年的年轻人员为主，他们的流动性相对较强。

杜斌指出，针对这些年轻农民工的退保行为，除去宏观经济方面的因素之外还有几个原因：一是年终岁末，每年这个时候农民工返乡过年，退保人数相对较为集中，这是深圳"惯例"；二是农民工总体上是个年轻的群体，流动性较强，选择"跳槽"到异地或返乡务农的随意性较大；三是农民工养老保险关系目前不能自由转移，多数农民工因不能转保自然选择了"落袋为安"。

对于 9.1% 的退保增量，杜斌指出退保人数的增加仍属正常，属于可调控范围，特别是进入 11 月以来，最新的数据显示，退保人数比去年同期仅增加 4.4%，比 10 月已有大幅降低。特别是截至今年 10 月，深圳农民工养老保险参保 565.44 万人，同比净增 83.56 万人，增幅达 17.3%，养老保险参保人数大幅增长。(《广州日报》：http://gzdaily.dayoo.com/html/2008-11/20/content_382356.htm)

广东是我国改革开放的前沿，是农民工集中的地方，有的地区农民工退保率高达 95% 以上。[①] 而深圳、广州更是前沿的前沿，不仅是农民工集中的地方，也是关于农民工政策制度体现最明显的地方。通过这两则新闻，透露出如下信息：第一，总体而言，从农村转移到城市的流动人口被排除在现行的社会保障体系之外。第二，当前针对包括农民工在内的流动人口的养老保险制度设计还存在问题，讲求实惠的农民工并没有看到这个制度所带来的真正实惠。第三，"退保"问题是部门利益导致的结果，否则这个制度还会执行得更好一些。农民工退保这种状况，

---

① 国务院研究室课题组：《中国农民工调研报告》，中国言实出版社，2006，第 250~251 页。

"损害了政府形象，有媒体称一些地方将农民工强制性社会保险变成城市社会保障基金的提款机，负面影响非常明显"①。总之，当前社会保障制度供给不足直接制约了转移到城市的流动人口融入当地城市，使这个群体无法享受与本地人一样的社会保障政策，无法实现有效的社会融合。

二　关于农民工公共服务的问题

改革以来，大量农村剩余劳动力转移到城市后，社会保障制度的供给不足，大大制约了这个群体的社会融合。在公共服务方面同样没有得到应有的支持，未能给流动人口提供有效的公共服务，这与地方政府的发展观念有很大关系。地方政府认为政府的责任就是为本地户籍人口做好公共服务，并认为这样就尽到了责任，至于外来的流动人口不在他们服务范围之内。因此，地方政府在做各类规划的时候，尤其是公共服务设施，如马路、医院、学校等的建设，以及管理人员、服务人员数量的设定等完全是以本地户籍人口的规模为依据的，一些大城市或者发达地区的城市这种情况尤其明显。

下列数据可以清晰地展示出五省市人口中常住人口与外来人口的分布状况：

——北京市最新人口统计近 2000 万人，而常住人口中外省市来京人员为 704 万多人，占常住人口的 35.9%。

——上海市 2300 万常住人口中，外省市来沪常住人口为 897 万多，占上海总人口的 39.00%。

——广东省 1.04 亿常住人口中，流动人口为 3128 万人，占常住人口的 30.00%，其中属于省外的流动人口为 2149 万人，与 10 年前相比，省外人口增加 643 万多人。

——深圳市常住人口为 1035.79 万，其中约有 798 万人是非户籍人口，占常住总人口的 77%，占 3/4 强。

①　国务院研究室课题组：《中国农民工调研报告》，中国言实出版社，2006，第 251 页。

——东莞市常住人口为 822 万人，其中本地户籍人口为 170 多万人，外来常住人口达 652 万人，外来常住人口占总人口的 79.3%。

以上数据表明，一些城市，尤其是发达地区流动人口集中的城市，在制定各类发展规划、建设规划，特别是一些公共服务设施的建设和配备，基本上是以本地户籍人口为基数的，外来流动人口并没有纳入其中，因此，这些地方出现了大量由流动人口引发的社会管理问题，如拥堵的交通、不断涌现的打工子弟学校、人满为患的医院、城乡接合部居高不下的治安、刑事犯罪案件等。基于这种理念为出发点的规划，事实上无法提供有效的公共服务。

当前已经发生巨大变化的人口结构与远远滞后的管理体制，已经难以适应新的变化。如深圳市龙岗区下有一个街道名为布吉街道，辖区总人口已经膨胀到 96.7 万人，其中户籍人口仅为 9.2 万人。外来流动人口与本地户籍人口比例为 10.5：1，本地户籍人口与外来流动人口倒挂严重。再如 2011 年发生 6·11 群体性事件的广东省增城市新塘镇大敦村，外来人员 6 万多人，本地人仅 7000 人。本地户籍人口与外来流动人口比为 8.57：1，本地户籍人口与外来流动人口倒挂严重。并且本地人多数离村居住，房子都租出去了，村干部只有 9 人。一个街道已经接近 100 万人、一个村已达到 7 万人，还是原来一个街道、一个村的管理办法，这样的管理办法，如果能够维持正常运转已属不易。可以设想，偌大人群的一个行政村仅仅依靠 9 个村干部管理，不出现管理问题反而不正常，更别说提供公共服务了。即使能提供了公共服务，其服务数量和服务水平也必然有限。

以上材料及分析表明，一方面，当前我国社会结构转变的人口规模之大、速度之快和程度之深，这在世界现代化历史上也是空前的；另一方面，当前一些城市，尤其是大城市、发达地区的城市管理面临巨大挑战。这个挑战是当初城市规划、公共服务规划未将流动人口纳入其规划范畴造成的结果。

流动人口子女移入城市上学是政府提供公共服务的一个重要方面，也是体现流动人口社会融合的一个重要指标。根据当前我国社会管理体制和教育管理体制，义务教育阶段的学龄儿童及青少年应该在户籍所在地接受教育，因为其本人接受教育所需的教育资源已经被划拨到户籍所在地的教育部门。这也就意味着当这个群体转移到其他城市，其他城市没有义务为他们提供相应的教育。正是因为这样，大量流动人口的子女在移入地城市无法接受教育，如果确实要接受教育，要么缴纳对他们而言近乎天文数字的昂贵学费，要么只能选择去打工子弟学校上学。打工子弟学校就是在这样的形势下应运而生的。

打工子弟学校的产生，一方面是现行社会管理体制、教育管理体制作用的结果；另一方面是当前城市发展并没有将流动人口纳入其发展规划中的结果。一些城市，特别是大城市在规划建设学校以及制订招生计划时，进入决策者视野的只有本地户籍学生，而没有外来的流动人口。因此，当大规模的流动人口涌入城市，数字不小的流动儿童进入城市时，移入城市的教育资源的确显得十分紧张。所以就出现了这样一种情形，一方面全社会，甚至政府呼吁当地公立学校接纳农民工子弟，另一方面公立学校抬高入学门槛甚至拒绝接受农民工子弟，一些农民工子弟入学要提供多种证明（包括户口簿、暂住证、务工证明、居住证明、户口所在原籍无人监护证明等），甚至一些地方爆出农民工子弟入学要备齐"十种证件"的新闻，① 这些证明并不是所有的人都能够提供或者办理到的，即使办理到，由于办理周期过长，多数流动儿童已经流动到另一个地方了。曾经在宁波出现了即使有这样那样的证明，也只是入学条件的一个部分，还要缴纳非常昂贵的各种借读费、赞助费等，这对于收入本来很低的农民工而言，几乎是一个不可跨越的门槛。因此，即使公立学校愿意接受农民工子弟入学，也只是提供了一个"玻璃门"样的准入政策。所以大多数农民工子弟还是流向了打工子弟学校。

打工子弟学校的出现无疑是对政府提供公共服务的一个讽刺。政府的职责是提供公共服务，而面对这样一个群体的需求却无能为力、无所作为，甚至乱作为。改革开放30多年来，随着大量农村剩余劳动力转

---

① 张舵、王恒志：《代际更替中的农民工教育困境》，《瞭望新闻周刊》2009年8月3日。

移到城市，一些农民工子女也随父母转移到城市，成为所谓的"流动儿童"。根据相关统计，2009年我国流动儿童为2000多万。[①] 如此庞大的流动儿童群体，在公立学校接受教育受到限制的情况下，绝大多数只能在打工子弟学校就读。因此，在一些发达地区的城市打工子弟学校如雨后春笋般涌现，这些打工子弟学校的出现在一定程度上解决了农民工子弟无法入学的急迫问题，同时也缓解了公立学校教育资源不足的问题。应该说，其产生及生存有其合理的一面。

以北京为例，中央教科所教育发展研究部课题组提供的《北京市海淀区打工子弟学校调研报告》显示，截至2006年暑假前，全市流动人口中适龄儿童少年共计366067人，其中在公办中小学借读的有22.8万人。未经批准自办的、专门接收流动儿童少年的学校有239所，在校学生95092人。尽管公办学校不断扩大接收能力，但在未经批准的打工子弟学校就读的农民工子女人数仍在不断攀升，且呈现出无序增长和蔓延的趋势。[②]

另据《2010年北京打工子弟学校现状分析报告》显示，2010年北京有打工子弟学校200多所，就读学生近20万名。2006年北京市政府的统计是380多所，除了50多所有办学许可证的学校以外，其余200多所均处于一种所谓的"非法"状态，打工子弟学校大都地处城市的边缘，北京郊外的城乡接合部。例如，农贸市场、批发市场、城中村，以及外来人口聚居区，利用当地废弃的学校或厂房、四合院等场所，进行修复与扩建成简易教室，环境简陋，教学设备差，同时还游离于被拆迁与搬迁之中。[③] 其实北京市究竟有多少打工子弟学校，无论官方还是民间，都不能把这个数字统计准确。无论数量多少，多数打工子弟学校被视为"非法办学"。2006年7月初，北京市海淀区教委下文通知，全

---

① 苏婷：《针对我国流动儿童规模较大的现状，专家建议——把流动儿童纳入城市人口管理体系》，《中国教育报》2009年6月11日。

② 中央教科所教育发展研究部课题组：《北京市海淀区打工子弟学校调研报告》，2006。

③ 《2010年北京打工子弟现状分析报告》，资料来源：北京打工子弟学校公益网站，http://www.dgzd.org.cn/info.asp? newsid=1721。

区不合法的 37 所打工子弟学校将全部关闭。这在社会上引起了不小的反响，甚至有专家认为北京市打工学校取缔风暴操之过急，并发出了令人震撼的警告："今天关闭一所打工子弟学校，未来就要兴建一座监狱！"近年来，全国各地打工子弟学校被关闭取缔的消息时有传出，可见打工子弟学校处境异常艰难。

事实上，近年关于农民工子弟在城市犯罪的问题愈发突出，这些犯罪从根本上说与他们无法在城市接受教育、无法融入城市社会密切相关。现有资料显示，2000 年在上海市全部未成年犯总数中上海籍与外省籍未成年犯之比大约为 6∶4，这个比例持续到 2002 年，但是从 2003 年开始，这个比例开始倒置，即 4∶6，并持续到 2004 年，而 2005 年的比例已经是 3∶7，也就是说在 10 个少年犯中有 3 个属于上海籍、7 个是外省籍的。在随机调查中，83 名外省籍未成年犯，其中有 18 人曾就读过上海的农民工子弟学校，所占比例为 21.69%，这些少年来沪时间最长的 14 年，最短的半年，平均来沪时间为 6.5 年。[①] 2006 年北京少管所里的孩子 90% 是农民工子女。[②] 在有近 100 万外来务工人员的福建省晋江市，近年来未成年人犯罪呈多发态势。据晋江市法院统计，2005 年至 2010 年 6 月，全市未成年人犯罪 1227 起，涉案人数 1656 人，其中以外来务工人员子女为主的"农民工二代"占九成左右，平均年龄在 16 岁左右。[③] 这一连串触目惊心的数字充分显示，保障农民工子弟接受教育的制度对于农民工子弟融入城市社会是极端重要的。

打工子弟学校的产生及其尴尬的生存处境，是政府无法为流动人口提供公共服务或者农民工接受公共服务受到阻碍的结果。一方面流动人口移入地政府不愿，也无法在短时间内提供足够的资源给打工子弟，另一方面又认为这些打工子弟学校非法办学，不具有办学资格、办学条件

---

① 肖春飞、苑坚：《农民工子女犯罪率上升 难以融入城市致心理偏差》，《瞭望新闻周刊》2006 年 10 月 17 日。

② 李婧、房宜萍：《一个穷困妈妈的呼唤：帮帮那些活在夹缝里的孩子们》，《中国青年报》2006 年 6 月 1 日。

③ 郑良：《透视福建晋江"农民工二代"未成年人犯罪现象》，http://news.youth.cn/qnxw/201009/t20100922_1343839.htm。

太差等，想方设法予以取缔。总体而言，打工子弟学校与政府之间是一个非常尴尬的互动关系，这种尴尬的互动关系足以体现当前政府给流动人口提供的公共服务的有限性和局限性。

教育只是体现为流动人口提供公共服务的一个方面，移入地政府将流动人口拒斥在公共服务之外，还体现在医疗保健方面。近年来，为了加强疾病的控制预防，经常可以看见这样的公告，通知本地户籍居民接种疫苗等，而流动人口及其子女不在范围之内。因为这些城市并没有将农民工疾病预防控制和适龄儿童免疫工作纳入当地卫生防疫和免疫规划，出现了这样令人难以接受的尴尬通知。难怪有些农民工调侃说"我们的娃不是中国娃"。

总体而言，当前我国为流动人口提供的包括社会保障、公共服务等在内的制度，并没有从根本上促进城乡融合，或者是由于这些制度本身的问题，或者是由于制度供给不足的问题，进一步加剧了城乡分割，从而导致不能为流动人口提供相应的制度保障，制约了流动人口的社会融合。

第三节　自雇佣的个体农民工制度融合分析

正如上述分析，政府提供制度上的保障是农民工融入当地社会的重要条件。关于自雇佣的个体农民工城市社会融合方面，同样涉及社会保障及其子女入学接受教育等制度融合的问题。

进入本研究视野的考察对象是流动人口中的自雇佣的个体农民工，并且是以从农村转移到城市后从事个体经商者为研究对象，他们的户籍依然为农村户籍。众所周知，在我国，每个社会成员的身份地位以及社会福利等与其户籍身份有着密切的关系，如果是城市户口，则享有与城市户口相配套的社会福利制度；如果是农村户口，则享有与农村户口相配套的社会福利制度，前者明显优于后者。在过去的几十年，广大的农村人口，为了能够享有与城里人一样的社会福利待遇，通过各种渠道，不断努力，然而对于多数农民而言这只是难以实现的奢望。对于广大的农村人口，尤其是年青一代，远离面朝黄土背朝天的单调艰苦生活并走出农村，是他们不懈追求的梦想。

改革开放初期，离开农村的途径相对有限，主要有这样几条：第一，年轻人参军入伍，这些吃苦耐劳的农村青年，在部队一般表现都很好，希望通过提干最后留在部队，这样就改变了户口，也就改变了身份，这对于年轻人而言，不仅是自己的荣耀，更是家庭甚至是一个村的荣耀。当然，幸运能够光顾的毕竟是少数。第二，通过参加高考改变自己的命运，这条道路竞争更加激烈更加悲壮，千军万马争过独木桥。农村家庭为了使自己的孩子通过高考改变命运，几乎全家老小省吃俭用，将有限的所有农业收入都用于供学生上学。当他们高考被录取后，再经过四年的学习并找到自己满意的工作，也就改变了自己的身份，真正跳出了"龙门"。第三，改革初期，全国各地还有招工招干一说，一些地方的工厂和企业，需要劳动力，特别是体力劳动力时，就到广大的农村去招考，这对于广大的农村青年来说是一个非常宝贵的机遇。一方面，这样的机遇并非每年都有，是可遇而不可求的；另一方面，如果能够获得这样的机会，将农村户口转变为城市户口，也就成为"吃皇粮"拿工资的人，个人的身份和命运从此得到改变。应该说，在1985年之前，以上三条途径是农村人转变为城市人仅有的三条道路，如果没有这三条道路，广大的农村人口基本上都被禁锢在土地上，无法实现向上的社会流动。

1985年后，广大的农村剩余劳动力开始向城市转移，并且随着经济社会的发展，这个数字逐年攀升，由1985年的约5000万人发展到2010年的2.2亿，增加了4倍多。这么庞大的一个群体谋求通过空间的流动，实现自己向上的社会流动。事实上，广大的流动人口在空间上的流动，并没有从根本上改变自己的身份、社会地位，但总体而言，与农村相比，其经济收入、接受现代文明的程度等都有了很大改变和提升，其社会地位虽然与城里人不能比较，但与还在农村的农民相比，甚至与转移前后的自己相比，都有了很大的提升。当然，这个群体在城市受到这样那样的歧视和不公待遇，与当前的社会体制和制度改革滞后有着极其密切的关系。

本研究关于制度融合方面，将目标定位在社会保障制度和流动人口子女入学接受教育两个方面予以考察分析。

一　社会保障制度融合

社会保障不仅是制度融合的重要内容和体现，而且是实现社会融合的重要条件。当问及自雇佣的个体农民工是否参加了保险时，在 786 个有效样本中，回答有"社会保险"的占 19.1%，回答"没有参加社会保险"的占 41.7%，回答"想参加却没有能力"的占 27.1%，参加"商业保险"的占 12.1%（见表 4-1）。

表 4-1　您是否参加了以下保险

	频率（人）	百分比（%）	有效百分比（%）
社会保险	150	18.0	19.1
没有参加社会保险	328	39.3	41.7
想参加却没有能力	213	25.5	27.1
商业保险	95	11.4	12.1
合计	786	94.2	100.0

总体来看，参加社会保险的自雇佣的个体农民工不到 19.1%，也就是说不足 1/4，可见这个群体拥有社会保险的还很少。这不仅与参加保险的意识、参加社会保险所承担义务的能力有关，更重要的是与当前社会保险制度本身有着密切的关系。值得指出的是，在这些自雇佣者群体中，27.1% 的有意愿参加社会保险，但由于当前的户籍管理制度的原因，只能在户籍所在地办理，所以他们只能在老家办理社会保险。目前正在扩大试点的新型农村养老保险依然如此。根据访谈，他们中的一部分对于参加养老保险有很高的积极性，希望到 60 岁后能够得到养老保障。

在我们的印象中，农民工参加社会保险的比例要低于个体工商户，但在调查中却出现了相反的情况。一项针对上海农民工参加社会保险情况的调查显示，在参加社会保险方面，上海的农民工总体参保率不高。

农民工参加最多的险种是外来从业人员综合保险，占被访者的 53.8%，而有 29% 的受访者没有参加任何形式的社会保险。参加其他形式保险的比例相对都要小得多。如参加工伤保险的占 9.5%，参加医疗保险的占 18.7%，参加养老保险的占 10.7%。[①] 这与没有参加保险接近 70% 的自雇佣者群体相比较，要低 40 个百分点。

关于江苏农民工的一项研究显示，在所调查的农民工中，高达 64% 的农民工未参加任何保险，即仅有 36% 的农民工至少参加了其中一项社会保险。分别有 19%、17%、16% 的农民工参加了医疗保险、工伤保险和养老保险。参加失业保险的占 9%，参加综合保险的占 3%，参加生育保险的占 1%。统计数据还表明，参加社会保险的大多是中青年，年轻人比例更少。[②] 这项调查所显示的 64% 未参加任何社会保险的农民工，与本研究所调查的结果，即近 70% 的自雇佣者未参加社会保险，基本接近，但还是高出了 6 个百分点。

总体来看，自雇佣的个体农民工参加社会保险的比例低于农民工群体。分析其中原因：

一是对社会保险的不同理解。农民工也好，自雇佣者也好，他们对社会保险的理解不同，有将社会保险仅仅看作医疗保险，有将社会保险仅仅视为养老保险，有将社会保险仅仅理解为意外伤害保险，更多的是将社会保险仅仅视为工伤保险。正是这样，农民工中多数有工伤保险，所以他们就认为自己参加了社会保险，这样其比例就明显高于自雇佣者群体。

二是由于雇佣状态不同，就出现了参加社会保险的不同情形。一般农民工处于被雇佣状态，随着这些年用工制度的逐步严格规范，要求用人单位一定要给农民工缴纳工伤保险。同时工伤保险由用人单位承担，个人不承担义务，提高了农民工参加工伤保险的比例，所以农民工一般情况下多数是有工伤保险的。来自中国社会科学院社会学研究所开展的 2008 年度"中国社会状况综合调查"（CGSS2008，CASS）数据印证了这

① 王桂新、罗恩立：《上海市外来农民工社会融合现状调查研究》，《华东理工大学学报》（社会科学版）2007 年第 3 期。

② 邹农俭等：《江苏农民工调查报告》，社会科学文献出版社，2009，第 23～24 页。

一观点，在被调查的农民工所享有的社会保障待遇中，参加工伤保险的人数占样本数的 23.1%，高于基本养老保险（9.0%）、医疗保险（17.4%）、失业保险（8.0%）、生育保险（3.0%）[①]。而自雇佣的个体农民工处于自雇佣状态，是否参加保险完全是个人行为，加之当前社会保险制度还不健全，尤其是城乡不同的社会保险制度，使得自雇佣者群体在城市参加社会保险受到阻碍，导致这个群体参加社会保险的人数比例与农民工相比较低。

可见，目前流动人口中的自雇佣者的社会保险覆盖面不容乐观，而一旦面临伤病意外，其承受能力的脆弱性便很容易表现出来，进而对其个人和家庭生活带来困难，也容易引发一系列社会问题。然而，这个群体本身意识到社会保险对他们很重要，参加社会保险的意愿还是比较高的。

另外，需要指出的是，在自雇佣者群体中参加商业保险占一定的比例，调查数据显示为 12.1%，这一数字远高于以往任何关于农民工参加商业保险的比例。客观地分析，这一数字是可信的。因为当前在流动人口的社会保障制度尚未有效建立起来的情况下，多数人无法参加社会保险，为了化解现代社会的各种风险，只能转向比较成熟的但费用相对较高的商业保险，而自雇佣者群体在经济实力方面相对农民工总体上优越一些，这恰恰为他们参加商业保险提供了经济条件和可能。

社会保障制度是现代社会的重要标志之一。如果说我们在很多方面实现了现代化，但社会保障还不健全，这样的现代化社会还是不够成熟的，还有待于进一步发展。随着工业化、城市化的快速推进，数以亿计的农民离开土地向非农产业迅速转移，乡村人口向城市大量集中，这一方面为中国的社会结构转型带来了强大动力，极大地改变了人们的生活方式、就业方式和整个社会面貌；另一方面给我国的社会保障制度的建立带来了巨大挑战，因为，为数以亿计原来并没有社会保障的农民工建立新的社会保障制度实属不易。如果我们在推动现代化的过程中，为数以亿计的农民工建立符合现代化要求的现代社会保障制度，那将不亚于

[①] 李培林等：《当代中国民生》，社会科学文献出版社，2010，第 202 页。

改革开放 30 多年来扶贫开发工作所取得的"史无前例"的成果。[①] 因为社会保障的建立将从制度上保障数以亿计的农民工这个庞大的群体从此不会陷入贫困状态。

客观地说，由农民转化而来的农民工，其收入由过去的非常低且不稳定转变为相对较高且比较固定，为社会保障制度的建立创造了基本条件。而自雇佣者群体更加优越的经济实力，为社会保障制度的建立创造了更加有利的经济条件。这一重要发现，要求我们在建立流动人口社会保障制度方面，需要分群体、分阶段逐步有序推进，从而实现全国城乡一体的社会保障制度。创建有利于包括自雇佣者群体在内的农民工发展的社会保障制度，是"实质性意义层面上的社会保障"，[②] 也就是说这个制度能够保障个人在失业、年老以及遭受意外风险时依然有能力在城市中生存下去。

二　教育制度融合

前文列举并论述了国际移民之所以能够融入当地社会，其中一个重要的机制就是移民的下一代能够在移入地顺利接受教育，这是他们能够融入移入地的一个非常重要的条件。对于农民工和自雇佣者群体而言，教育制度的融合是其实现制度融合和社会融合的重要内容和组成部分。前文已经描述并分析了当前农民工子弟上学难的问题，这是一个全国性的普遍性的问题。就本课题调查的自雇佣者群体子女上学的问题，从根本上说是没有变化的。也就是说，当前与户籍制度挂钩的教育资源配给制度对这两个群体的影响是相同的。

1. 自雇佣者子女入学受教育问题现状

调查数据显示，在自雇佣者群体中，小学到初中年龄阶段上学子女

[①] 改革 30 年来中国扶贫工作取得了巨大成就，农村贫困人口从 2.5 亿减少到 1400 万，贫困发生率由 30.7% 降至 1.6%，世界银行认为中国"为世界反贫困事业做出了杰出贡献"（估算约占同期国际反贫困成果的 67%）。资料来源：《胡锦涛〈在纪念党的十一届三中全会召开 30 周年大会上的讲话〉学习读本》，人民出版社，2008。

[②] 刘传江、徐建玲等：《中国农民工市民化进程研究》，人民出版社，2008，第 213 页。

在"本地公立学校"的占 34%；在民工子弟学校的占 13.4%；在民办学校的占 13.3%；在老家学校的占 28.7%；失学及其他情况占 10.6%。以上数据大体反映了 3 个"1/3"：在本地公立学校的占 1/3 多；在老家学校的接近 1/3，在民工子弟学校或民办学校的大约占 1/3（见表 4 - 2）。就数据本身看，并没有多大的实际意义。如果与农民工调查数据相比较，其意义就明显体现出来。

表 4 - 2 小学到初中年龄阶段上学子女入学情况

	频数（人）	百分比（%）	有效百分比（%）
本地公立学校	236	28.3	34.0
民工子弟学校	93	11.2	13.4
民办学校	92	11.0	13.3
老家学校	199	23.9	28.7
失学	8	1.0	1.2
其他	66	7.9	9.4
合计	694	83.3	100.0

一项关于江苏农民工的调查报告数据显示，2006 年农民工子弟就学情况，在调查的 1541 个样本中，32.8% 在输入地公办学校；9.9% 在输入地农民工子弟学校；51.8% 在家乡学校，还有 5.6% 处于失学状态。[①]

另一项关于上海农民工的研究数据显示，2006 年，在农民工子女中，只有 22.4% 的受访者子女有机会进入公办学校读书；6.4% 在上海民办学校；16.6% 在农民工子弟学校读书；有 47.1% 的被调查者子女在家乡学校就读；另有 3.9% 处于失学状态。[②]

还有一项关于北京农民工的研究数据表明，2005 年北京市的农民工子女中适龄儿童少年约为 34.5 万人，其中在公办中小学借读的占

---

① 邹农俭等：《江苏农民工调查报告》，社会科学文献出版社，2009，第 27 页。
② 王桂新、罗恩立：《上海市外来农民工社会融合现状调查研究》，《华东理工大学学报》（社会科学版）2007 年第 3 期。

63％，在民办中小学借读的占 8.4％，在"打工子弟学校"就读的占 28.6％。[①] 也有研究报告显示北京市的农民工子女中，在公办学校就读的比例为 53％（见表 4 - 3）。[②]

表 4 - 3　农民工与自雇佣者子女入学比较

单位：％

群体类别	地　区	流入地公办学校	流入地民办学校	打工子弟学校	家乡学校
农民工	上　海	22.40	6.40	16.60	47.10
	江　苏	32.80	9.90		51.80
	北　京	53～63	8.4	28.60	—
自雇佣者	四城市	34	13.30	13.40	28.70

以上数据给我们如下信息：

第一，农民工子女在家乡学校就读的明显高于自雇佣者群体的子女，高出 20 多个百分点。这一数据反映出多数农民工子女还在家乡学校接受教育，这就是我们通常所说的留守儿童。有报告显示，根据 2005 年全国 1％人口抽样调查的数据，可以确认 0～17 周岁留守儿童在全体儿童中所占比例为 21.72％。据此推断，全国农村留守儿童约 5800 万人，其中 14 周岁以下的农村留守儿童约 4000 万人。他们中的绝大多数为农民工子女。这一较高的比例同时反映出农民工群体的多数还没有能力将子女转移到城市去就读。

第二，总体而言，自雇佣者子女在公办学校就读的比例要高于农民工子女的比例，高出 2～10 个百分点。同时，调查数据反映，越是发达地区，越是大城市，流动人口子女就读公办学校的数量反而越少，如在所调查的四个城市中，太仓、兰州分别达到 38.4％和 36.0％，而北京、广州均低于 25 个百分点。这集中反映了这样几个方面的信息：①自雇佣个体农民工的子女和农民工子女对于学校而言都是外来流动人口，在户籍制度、教育资源配给制度都一样的情况下，自雇佣者群体相对较为

① 国务院研究室课题组：《中国农民工调研报告》，中国言实出版社，2006，第 372 页。

② 冯晓英：《北京社会服务管理创新》，社会科学文献出版社，2011，第 65 页。

优势的经济能力，使得这个群体的子女更有机会就读公立学校。因为从事个体经营的自雇佣者相对农民工而言，更有能力缴纳数额不低的赞助费、借读费等。②自雇佣者群体相对稳定的职业决定了他们的子女更有机会就读公办学校，而农民工子弟由于其父母职业的流动性特点，决定了他们不可能花费很昂贵的代价去上公办学校。③北京、广州等农民工规模大且较集中的地方，由于公办学校教育资源有限，无法为这样庞大规模的学龄儿童提供教育机会，所以在公办学校就读的比例相对较低。相反，城市规模不大，并且农民工数量不是过于集中的地方，流动人口子女就读公办学校的比例相对较高，因为这些地方还有余力解决外来流动人口子女入学问题。

第三，自雇佣者群体子女就读于流入地民办学校的比例高于农民工子弟的比例，平均高出约6个百分点。正如第二点分析的那样，自雇佣者群体经济能力相对较强、职业相对固定的特点，决定了这个群体更有能力将子女转移到城市读书。同时，当他们的子女的确无缘去公办学校时，他们有能力也愿意将孩子送到教学质量比打工子弟学校更好的民办学校去读书，这样至少给家人和孩子都是一种心理安慰。

第四，农民工子女在打工子弟学校就读的比例高于自雇佣者子弟的比例，高出3~15个百分点。这一数据与实际状况是基本吻合的，也反映了农民工相对较弱的经济实力、较弱的社会关系和流动性大的职业特点。在调查中，多数自雇佣者想方设法也要让孩子到公办学校读书，如果公办学校确实上不了，退而求其次，也要上民办学校。这也就是自雇佣者子女在打工子弟学校就读的比例相对较低的原因。

值得一提的是，在调研中，一些农民工也好，自雇佣者也好，他们并不是为了打工而打工，也不是为经商而经商，其目的就是举家转移到城市，为了让孩子在城市接受较好的教育。即使多数孩子无法去公办学校就读，他们也选择在民办学校就读，甚至选择打工子弟学校读书。在他们看来，即使是打工子弟学校，其教学质量也比家乡学校的教学质量好。可见，我国教育发展的不平衡状态，尤其是偏远地区农村学校的教学质量令人担忧，教育公正性的问题也值得高度关注。

在访谈中，一些个体经营者道出了心声：他们普遍认为即使打工子弟学校教学质量与家乡教学质量没有多大的区别，还是走出来好，至少让孩子见了世面，孩子留在家乡，太偏远太闭塞，苦了孩子。他们把自己的希望都寄托在孩子身上，希望孩子在将来比自己有出息，见更大的世面，过更体面的城市生活。

2. 上公立学校难的问题

关于自雇佣者群体子女入学遇到的具体困难，统计数据显示，选择"公办学校进不去"高居第一位，占样本数的 24.9%，其次是"学费太贵"的占 23.8%，再次是"将来升学问题"的占 23.6%。而选择"上公办学校手续太复杂"的仅占 20.7%（见表 4－4）。

表 4－4　目前子女在本市上学遇到的困难

	频数	百分比（%）	个案百分比（%）
学费太贵	214	23.8	35.5
公办学校进不去	224	24.9	37.1
上公办学校手续太复杂	186	20.7	30.8
将来升学问题	212	23.6	35.2
附近没有合适的学校	62	6.9	10.3
总计	898	100.0	148.9

注：有效样本数为 603 个。调查为多项选择。

这一组数据大体上反映了我国城乡二元教育制度，对流动人口子女在输入地接受教育的直接影响。"公办学校进不去"意味着这些学校就是给城里孩子的，没有义务接纳流动人口的子女就学；"学费太贵"意味着如果实在想上，拿借读费来，借读费本身就是一个门槛，是针对流动人口设置的门槛；"将来升学问题"表明，即使今天到城里上学，将来这些流动人口的子女还得回到户籍所在地学校去考试，因为他们的学籍以及将来入学考试的指标都在户籍所在地。

一项关于上海农民工子女就学难的调查数据显示，在 810 个选择结果中，选择前三位的是"学费太贵""公办学校进不去"和"在上海不能参加中考、高考"，分别为 61.4%、18.9% 和 14.2%。[①] 与本研究前组数据对比，"学费太贵"成为制约农民工子女到公办学校读书的首要因素，而在自雇佣者群体中，这个因素已经退居第二位。一方面表明自雇佣者群体比农民工拥有更强的经济实力，另一方面表明自雇佣者群体为了保证孩子在城市接受优质的教育，通过自己的经济实力来消弭制度上的不足。通俗地说，制度上的问题，花钱来解决。

小　结

制度融合是外来流动人口实现社会融合的重要内容和环节，在某种程度上决定了流动人口能否实现完全的社会融合。国际移民理论研究和现实表明，由于某些不可控制的外在因素，将部分社会成员排斥在某些领域之外，使得这部分社会成员无法参与，即使参与也可能出现参与不足、参与不充分的情形，进而影响其社会融合。在中国特色城乡二元社会结构及其派生的农民工体制下，制度融合对于流动人口而言具有非常重要的现实意义。

当前我国流动人口普遍制度融合不足。对于自雇佣者群体而言，有效的制度供给不足，成为影响其社会融合的重要因素。社会保障制度和教育制度是影响流动人口社会融合的重要制度。现阶段自雇佣者群体享有社会保障不足，甚至低于务工人员。在教育制度方面，自雇佣者群体通过其相对优越的经济实力消解制度上的硬约束，尽可能地让其子女获得上公立学校的机会，以便接受更好的教育。这既是他们成功的重要标志之一，也是融入当地社会的重要基础。

自雇佣者群体通过经济实力消解教育制度的硬性约束，为其实现制

---

① 王桂新、罗恩立：《上海市外来农民工社会融合现状调查研究》，《华东理工大学学报》（社会科学版）2007 年第 3 期。

度融合提供了重要契机，有利于促进其社会融合。

目前社会保障制度的缺失，一方面表明自雇佣者群体在制度融合方面还存在诸多的制度障碍，另一方面也表明目前依然缺乏建立针对流动人口的引导机制。如果这种引导机制能建立起来，必将激发自雇佣者群体所具优势的活力，促进制度融合，进一步加速实现社会融合。

第五章
心理融合：社会融合的
重要环节

通过对城市流动人口中自雇佣者群体的经济融合、社会关系融合和制度融合的分析论述，对自雇佣的个体农民工的社会融合状况有了一定程度的认识。自雇佣的个体农民工的社会融合状况受到诸如经济要素、社会关系、社会制度等客观因素的影响与制约。社会融合研究结果显示，心理融合是测量社会融合的重要维度和指标，也是实现社会融合不可或缺的重要环节。心理融合不仅能衡量社会融合的程度，还可以直接体现社会群体的主观感受，甚至未来发展的前景预期等。因此，分析研究自雇佣个体农民工的心理融合状况，对于全面认识和把握这一群体的社会融合具有非常重要的意义。

第一节　作为社会融合重要维度的心理融合

国内外研究以及实践表明，心理融合在社会融合中发挥着非常重要的功能，心理融合是实现社会融合的重要环节。同时，心理融合也是测量社会融合的重要指标体系。

一　心理融合是测量社会融合的重要维度

目前，国内外的研究对于流动人口社会融合中的心理融合问题也取得了多种成果。国外有关流动人口的社会融合理论主要有两种观点：一种是"同化论"，认为流动人口在流入地一般要经历定居、适应和同化三个阶段，对流动人口来说就是学习、适应、接受所在地的生活方式和文化价值观念，抛弃原有的社会文化传统和习惯才能实现同化和融合。第二种是"多元文化论"，这一理论认为，流动人口将其不同文化背景、不同社会经历和价值观念进行重新塑造，有助于建构多元化的社会和经济秩序。[①] 同化论研究者认为，社会融合的目的是外来人口完全认同和接受流入地的文化价值观念，适应该地的地域文化并以新的价值观念作为其日常行动准则。多元文化论者认为，流动人口有权利保持其原有生活行为方式，外来人口和本地人口应该相互理解和包容，以构成多元化的社区文化。这两种观点都认为，外来人口要融入当地社区最终都有赖于外来人口的心理融合状况，外来人口如果不能尊重或接受流入地居民长期形成的文化价值观念，不能在流入地建立新的人际交往网络、形成新的社会关系，那么他们就不会产生对新身份的认同感，也就谈不上心理归属感和真正意义上的社会融合。

国内关于社会融合的研究，也将心理融合作为社会融合的一个重要指标。田凯指出，流动人口适应城市生活的过程实际上是再社会化的过程。他认为，流动人口适应城市生活必须具备三个基本条件：第一，在城市找到相对稳定的职业。第二，这种职业带来的经济收入及社会地位能够形成一种与当地人接近的生活方式，从而使其具备与当地人发生社会交往，并参与当地社会生活的条件。第三，由于这种生活方式的影响和与当地社会的接触，使新移民可能接受并形成新的、与当地人相同的价值观。因此，流动人口的社会融合包括三个层面：经济层面、社会层面、心理或文化层面。[②] 朱力认为，社会融合的经济、社会和心理或文化层面是依次递进的，经济层面的适应是立足城市

① 王章华、颜俊：《城市化背景下流动人口社会融合问题分析》，《江西农业大学学报》（社会科学版）2009 年第 4 期。

② 田凯：《关于农民工的城市适应性的调查分析与思考》，《社会科学研究》1995 年第 5 期，第 90～95 页。

的基础；社会层面是城市生活的进一步要求，反映的是融入城市生活的广度；心理层面的适应是属于精神上的，反映的是参与城市生活的深度，只有心理和文化的适应，才能使流动人口完全融入城市社会。因此，"融合与适应不是简单地等同于同化，它比同化具有更加主动积极的意义"。① 马西恒、童星通过对上海市社区的调查研究，认为外来新移民与城市社区的融合要经历"二元社区""敦睦他者""同质认同"三个阶段。② 根据这一观点，城市自雇佣者要达到真正的心理融合，首先是在交往上尊重城市居民并在观念上认同城市文化，然后才能认同自己的城市人身份，这是逐渐深入的过程。对于城市流动人口的社会融合问题，王春光提出了"半城市化"的概念，他认为虽然城市流动人口已经进入城市并找到工作，但是他们在体制层面、文化层面和心理层面并未完全"嵌入"城市的社会、制度及文化体制当中，在城市的生活、行动得不到有效的支持，在心理上产生了一种疏远乃至不认同的感受。③ 杨菊华认为，国内流动人口的城市社会融合问题至少包含四个维度：经济整合、文化接纳、行为适应和身份认同。这四个维度既有递进关系，又相互交融，并认为身份认同是社会融合的最高目标。④

综合国内外的研究结论不难看出，众多研究流动人口社会融合问题的学者都认为心理融合是衡量群体社会融合程度强弱的一个重要维度，而且是个体社会融合的高级表现阶段，在一定程度上决定着流动人口能否真正融入迁入地，决定着他们能否真正作为城市生活主体而存在，而不是处于被边缘化的尴尬境地。正是在这种意义上，本课题将心理融合作为社会融合的重要环节加以考察。

① 朱力：《论农民工阶层的城市适应》，《江海学刊》2002 年第 6 期，第 82~88 页。

② 马西恒、童星：《敦睦他者：城市新移民的社会融合之路——对上海市 Y 社区的个案考察》，《学海》2008 年第 2 期，第 15~22 页。

③ 王春光：《新生代农村流动人口的社会认同与城乡融合的关系》，《社会学研究》2001 年第 3 期，第 63~76 页。

④ 杨菊华：《从隔离、选择融入到融合：流动人口社会融入问题的理论思考》，《人口研究》2009 年第 1 期，第 17~29 页。

二 心理融合的内涵及测量

关于心理融合的概念及测量标准，学者们已经提出了许多可供借鉴的观点。格雷夫斯认为，心理融合是指："个体通过与其他文化群体的实际接触所导致的心理与行为上的变化。"[①] 美国心理学家扎罗斯提出低度心理融合的四条标准：长期性、显著的心里不快；对环境事态认知不全面；身心组织的损伤乃至功能障碍；脱离社会规范。西蒙则提出高度心理融合的七个标准：统一性，自我成熟，接受现实，具备表达情感控制情绪的能力，具有相互信任的社会关系和人际关系，对自我负责、有自我控制能力、身心健康。[②] 以上关于心理融合的认识对于本课题具有建设性的启示。

本课题认为，心理融合是指外来的个体在移入城市生产生活过程中，所表现出来的对城市事物和居民、城市文化价值观念的排斥、接纳或认同，及对自身身份认同等方面的心理活动状况的综合。农民工中的自雇佣者群体作为城市社会发展建设中的一支重要力量，其在城市生活过程与广大的农民工一样，同样面对现存的种种制度障碍，以及在经济资本、社会资本、文化适应方面的现实困难。如何最大限度地融入城市社会，对于自雇佣者群体来说无疑是一个巨大考验。自雇佣者要实现真正的社会融合，需要在心理上对城市社会产生较强的认同感。

国内学者借鉴欧盟社会融合指标和移民整合指数，提出了一套农民工城市融合度的评价指标体系。在这个体系中，将心理和文化融合作为城市融合的主要维度之一。考察这个维度的低一层次的指标包括身份认同、文化适应和城市评价，并且指出心理和文化融合属于主观评价指标。[③]

心理融合是考察流动人口社会融合的重要维度，同时需要通过可操作化的指标予以考察。从已有文献来看，心理融合问题的测量标准并不

---

① Graves TD. Psychological acculturation in a tri-ethnic community. Southwestern Journal of Anthropology，1967，23：337－350.

② 徐光兴：《跨文化适应的留学生活——中国留学生的心理健康与援助》，上海辞书出版社，2000，第46页.。

③ 黄匡时：《流动人口"社会融合度"指标体系建构》，《福建行政学院学报》2010第5期。

是单一的，而是多种指标的综合，如身份认同（本地人还是外地人）、本地语言掌握程度、城市评价（对所在城市的感受和评价、对本地人的评价），以及将来的居留意愿等。这为本课题测量自雇佣的个体农民工的社会融合提供了重要借鉴。

第二节　自雇佣的个体农民工心理融合考察

心理融合本身是一个内涵丰富的概念，因而对它的测量也是多维度多指标的综合测量。本章试图从自雇佣的个体农民工的社会关系网络、对移入城市的习惯程度、社会地位及身份认同等方面全面考察，分析其心理融合状况。

一　社会关系网络促进心理融合

前面的分析认为社会关系是嵌入社会生活之中的，社会关系促进社会融合，同时社会融合又进一步强化了社会关系。这是将社会关系单独从社会融合影响因素中抽离出来进行的分析。社会关系是否会对心理融合产生影响呢？答案是肯定的，社会关系网络既是用于衡量个体社会资本的重要指标，也从侧面反映个体的心理融合状况。有研究认为，个体只有通过社会层面的交往才可能达到观念的转变、文化认同以及心理上的归属感。[①]

社会关系网络作为城市流动人口中自雇佣者群体的一种社会支持系统，是获取行动上帮助和心理上慰藉的稳定来源，因此从影响心理融合因素的角度研究社会交往，无疑对深入了解这一群体的心理融合状况大有裨益。现实情况表明，自雇佣的个体农民工本身来自农村，却常年工作在城市，这一群体自然会在农村社区和城市社区形成两种不同的社会关系网络，其中在农村社会的人际关系网络往往建立在"强关系"之

---

① 田凯：《关于农民工的城市适应性的调查分析与思考》，《社会科学研究》1995 年第 5 期，90～95 页。

上，即以血缘和亲缘为主的关系网络，这种关系网络具有较强的稳定性。而在城市社会，人们的相互交往关系建立在"弱关系"之上，即以业缘关系和新地缘关系为主的关系网络，这种关系网络结构较为松散。但对于城市社会中的自雇佣者群体来讲，这种新型关系网络却在他们聚集财富、获取经济资本方面发挥着至关重要的作用。城市中的自雇佣者群体在工作生活中如何构建新型关系网络，以及这种新构建的关系网络状况怎样，都反映了自雇佣者群体的心理融合情况。

社会关系网络既包括与各类社会组织互动所形成的支持网络，也包括与他人个体的互动所形成的支持网络。

（一）对行业协会的认同

加入行业协会等各类社会组织是构建社会交往网络的重要体现，是反映和体现其成员对该组织认可程度的重要标志，同样也是反映心理融合的重要指标。在问及自雇佣者群体"是否参加本地个体劳动者协会或某个行业协会"时，调查数据显示（见表5-1、表5-2）仅有26.3%的被调查者参加了劳动协会或行会组织，没参加此类组织的占调查总样本的73.7%。

表5-1 自雇佣者群体参加协会行会情况的频率

	频数	百分比	有效百分比
参加	212	25.4	26.3
没有参加	594	71.2	73.7
合计	806	96.6	100.0

表5-2 关于是否参加社会组织的相关研究对比

单位：%

	是	否
王桂新等-2006年数据	18.30	81.70
邹农俭等-2006年数据	9.00	91.00
本课题2008年数据	26.30	73.70

资料来源：王桂新、罗恩立《上海市外来农民工社会融合现状调查研究》，《华东理工大学学报》（社会科学版）2007年第3期；邹农俭：《江苏农民工调查报告》，社会科学文献出版社，2009，第31页。

如果用自雇佣者参加行业协会等社会组织的调查数据，与农民工参加工会组织的相关调查数据进行比较，结果显示自雇佣者参加自组织的比例，高于农民工参加自组织的比例8~17个百分点。这表明自雇佣者希望参加并通过社会组织保护其合法权益，而且自雇佣者群体比务工人员群体从心理上更倾向于认同并接纳各自的社会组织。

当问及"当您遇到问题，个体劳动者协会或行业协会出面解决过吗？"时，回答结果显示，有24.3%的被调查者遇到问题时，行业协会出面解决过；有41.4%的被调查者在遇到问题时，协会没有出面解决（见表5－3）。

表5－3　个人遇到问题时协会、行会出面解决情况频率

	频数	百分比	有效百分比
解决	203	24.3	27.8
没有出面	345	41.4	47.3
参加这些协会没有用	182	21.8	24.9
合计	730	87.5	100.0

值得注意的是，21.8%的被调查者认为"参加这些协会没有用"。这一调查结果，一方面说明城市流动人口中的自雇佣者充分利用社会组织的能力有所欠缺，以及这个群体对于个体劳动者协会和行业协会认识上存在偏差；另一方面还需要进一步认识，作为社会组织的个体劳动者协会和行业协会，究竟扮演怎样的角色以及能够发挥多大的作用。

个体劳动者协会和行业协会作为个体经营者维权的重要社会组织，在自雇佣者群体进行生产经营活动，尤其遇到一些体制性的问题或者制约其正常生产经营活动的具体问题时，扮演着提供社会支持和劳动保护的重要角色。流动人口中自雇佣者群体对于这类社会组织的参与程度和认可程度，反映了他们在心理上对于这类组织的接纳水平，而他们对于这种由同行同业人群构成的社会群体的心理认知，又会对其经营交往活动产生重要影响，进而影响这一群体的社会融合状况。

从当前情况看，自雇佣者群体对于行业内存在的自组织的认同程度

不高。这与该群体对其行业组织的认同度有关，更重要的是与这些协会组织本身在具体功能发挥上的作用有限密切有关。

农民工是改革开放以来日益壮大的劳动者群体，也是城市中相对困难的弱势群体，农民工在城市生产生活中遇到了诸多的困难和问题，其合法权益常常得不到保障。尤其是在维权工作中遇到诸多问题，其原因众多，而其中一个重要原因是，维护农民工权益的工会组织不健全，或者作用极其有限，即使是法律援助组织等，由于"法律援助及相关部门的协调配合机制上不健全、执法力度有待加强"① 等重要原因，使得农民工权益保障大打折扣。因为维护权益是一项社会系统工程，需要相关部门的共同参与和紧密合作，尤其是作为维护农民工权益的法律援助及相关部门要发挥主导作用。这些年来农民工的维权组织在维护农民工权益方面做了大量工作，为维护社会稳定做出了重要贡献。

我们的调查结果中，同样不乏自雇佣者群体的自组织如个体劳动者协会等帮助自雇佣者维护其权益，以及提供各种支持的案例。如在甘肃省兰州市的调查中，一小商品市场中的个体工商户联合起来，请求个体劳动者协会、个体工商业者协会解决孩子入托问题。江苏省太仓市的一个体茶楼在个体劳动者协会、个体工商业者协会的牵线下，与该地区的文化部门和对外联络部门建立关系，不仅提升了该个体茶楼的知名度，也宣传了太仓的文化，达到了双赢的局面。在访谈中可以感受到该个体劳动者对其自组织非常认可和接受。当然在问及自组织在个体工商户发展中的作用时，许多人认为其作用是有限的。

这在以往的调查研究中也有类似发现。如深圳市一个典型的案例表明了这点。深圳市一些大企业为了自己的利益，置个体工商户的利益于不顾，随意解除或停止个体工商户经营合同，将个体工商户从其经营场所中驱赶出去。

在20多年前，有几十家个体工商户同深圳市建筑股份有限公

---

① 国务院研究室课题组：《中国农民工调研报告》，中国言实出版社，2006，第196页。

司形成了租赁关系，在该公司开设的罗湖区永新市场承租铺位，量照经营。但是，由于深圳地铁开工，而永新商业城恰恰处在地铁施工范围内，这些个体工商户的经营受到了很大的影响。但是大家希望地铁开通后，利用地段优势，继续经营，所以没有提出退租转移的想法。好不容易盼到地铁开通了，却盼来了停止续签合同的通知，这对于个体工商户来说是一个不幸的消息。因为这家公司也是一个有资质、讲信用的国有企业。他们从自己经济效益出发，做出了这样的决定（资料来源：据深圳调查资料整理）①。

后来，这些个体工商户联合起来投诉到个体劳动者协会、个体工商业者协会，请求帮助维护其合法权益。个体劳动者协会、个体工商业者协会是个体工商户联合组成的、依法登记注册的非营利性经济类社团法人，通俗地说是个体劳动者的"娘家"。这件事在包括个体劳动者协会、个体工商业者协会在内的诸多部门和机构的共同协调下，得到了圆满解决，维护了自雇佣者群体的合法权益，也大大增进了自雇佣者群体对自组织的接纳认可程度。

总体而言，当前自雇佣者群体所属自组织、协会由于各种原因，其作用仍然有限，但这并不意味着这个群体无所作为，也并不影响自雇佣者群体对其自组织的心理接纳程度。

（二）社会关系网络

社会交往网络不仅体现在个体参与相关社会组织的积极性上，还直接体现在个体生活工作中与周围群体建立的社会关系网络。社会交往的对象及社会关系的亲密程度可以称之为社会交往结构。城市流动人口中的自雇佣者与当地人之间的人际互动状况，决定着自雇佣者群体的心理融合程度，从而影响到这一群体的社会融合情况。因为人们在交往中才能彼此把自己的情感、意愿、目的等信息传达到对方，使

---

① 宋国恺：《当前我国个体工商户的阶层关系处境》，见陆学艺主编《当代中国社会阶层关系研究报告》，该研究为福特基金会资助项目，2007 年完成的内部研究报告。

双方能相互沟通，相互了解，相互谅解，消除矛盾，达成共识，使交往双方协调合作。① 因此，从自雇佣者群体的社会交往情况入手分析他们的心理融合问题，是一个有效的考察途径。

调查数据显示，在问及城市流动人口中的自雇佣者群体来本地后最亲密的朋友是谁时，有 26.1% 的人选择了"来本地后认识的生意上的朋友"，另有 10.8% 的被调查者选择了"来本地后认识的本地人"，29.4% 的被调查者选择了"一同来做生意的老乡"（见表 5 - 4）。

表 5 - 4　自雇佣者来本地最亲密朋友频率分布

	频数	百分比	有效百分比
一同来做生意的老乡	245	29.4	31.6
来本地后认识的生意上的朋友	218	26.1	28.2
来本地后认识的本地人	90	10.8	11.6
一同来打工或做生意的老家亲戚	222	29.4	28.6
合计	775	95.7	100.0

当问及"在您住的地方，您和本地人的来往情况"时，选择"来往不多"和"经常来往"的分别占总调查样本的 56.2% 和 24.9%（见表 5 - 5）。

表 5 - 5　自雇佣者与居住地居民的来往情况

	频率	百分比	有效百分比
不来往	133	15.9	16.4
来往不多	469	56.2	57.9
经常来往	208	24.9	25.7
合计	810	97.0	100.0

另外，我们对自雇佣者群体平时社交对象的调查数据显示，他们主要以"老乡"和"同行"为交往对象，与"老同学、本地居民和做生意认识的其他人"也有所往来。其中与"同行""本地居民"和"做生

① 杨鲜兰、陈明吾：《和谐社会视域下的社会交往分析》，《湖北大学学报》（哲学社会科学版）2011 年第 3 期。

意中认识的其他人"三者之和为 48.8%，接近 50% （见表 5 - 6）。从这个角度看，自雇佣者群体的交往圈与农民工的交往圈对比已发生了很大的变化，即在保持血缘、地缘关系的基础上，交往圈在扩大，尤其非血缘、地缘关系的交往圈逐步在扩大，并在逐步强化。

表 5 - 6　自雇佣者群体交往对象的频率

	频数	百分比	有效百分比
老乡	266	31.9	34.6
老同学	83	10.0	10.8
同行(一起做生意的人)	241	28.9	31.4
本地居民	81	9.7	10.5
做生意中认识的其他人	53	6.4	6.9
其他	44	5.3	5.8
合计	768	92.2	100.0

统计结果显示，城市流动人口中的自雇佣者群体的社会交往结构并非一成不变，他们的社会交往正在从以血缘、亲缘关系为基础的相对封闭的结构向以业缘、新地缘关系为基础的开放结构转变。他们在本地的社会交往范围正在逐渐扩大，在原有的农村旧关系的基础上逐渐建立起自己的新型社会关系网络。这种变化对于农民工群体而言是微乎其微的，这是自雇佣者群体区别于农民工群体的一个重要特征。虽然这种交往范围的扩大趋势并不十分显著，但这一变化趋势也说明了自雇佣者群体在扩展自己社会交往圈子的同时，心理上也在缓慢适应和接受自己新的社会身份。

二　空间认同

有研究者在研究农民工的城市认同与迁移意愿时指出，"空间认同是指城市农民工通过在城市的工作和生活，以及与周围的人群产生的社会交往过程中对自己所处社会空间的综合判断"[①]。这一概念的重要意

---

① 蔡禾、刘林平、万向东等：《城市化进程中的农民工：来自珠江三角洲的研究》，社会科学文献出版社，2009，第 239 页。

义在于，让农民工认识到自己在空间上已经发生了重要的变化，即从"生于斯、长于斯"的传统农村社会，转移到陌生而充满现代气息的城市社会；同时让农民工从内心深处提升对城市社会的认可和接纳程度。实质上，这种综合性的判断是心理融合程度的重要反映。这一探索对于自雇佣者群体心理融合研究同样具有重要的借鉴意义。

自雇佣者群体从农村社会转移到城市，尤其是那些已在城市社会工作居住多年的个体工商户，不仅仅是空间上发生了转移，更重要的是对目前生产生活的城市环境的认可接受。在接受调查的 618 个有效样本中，接近 82% 的自雇佣者和子女在一起生活，如果对于当前的环境不认可不适应，他们不可能将子女从农村接来一起生活。这在一定程度上反映了他们对当前生产生活环境的认可。

本课题选取了自雇佣者对于移入城市工作生活的习惯程度这一指标测量其心理融合程度。数据表明，在所调查的 813 个有效样本中，习惯了移入地城市生活的有效百分比为 42.5%，接近"习惯老家生活"的有效百分比的 2 倍（见表 5-7）。

表 5-7 您现在习惯了哪个地方的生活

	频次	百分比	有效百分比	累积百分比
本地的生活	346	41.5	42.5	42.6
老家的生活	177	21.2	21.8	64.3
说不清楚	290	34.8	35.7	100.0
合计	813	97.5	100.0	

这一结果表明，自雇佣者群体更加习惯于移入城市的生活，这一方面与这个群体转移到城市追求现代生活方式有关；另一方面与这个群体从事的职业特点有关，尤其是与职业的稳定性有关。职业的稳定决定了他们不再像流动的务工人员，尤其是不像建筑工地的农民工那样变动不居，而是长期在一个城市的某个区域过着几乎定居的生活。在北京"浙江村"中的浙江人，是名副其实的自雇佣者群体，他们长期在北京生活，其生活范围大多在所谓的"浙江村"范围内，而且长期经营、生

活在这里，已经习惯了这里的生活，从心底里已经认可了这个地方，至少认为他们是生活在北京的浙江人。

关于自雇佣者群体是否习惯移入地城市生活与移入时间长短的交互分析结果表明，在 0.05 显著性水平下，自雇佣的个体农民工其移入本地时间长短与是否习惯本地生活具有相关关系。结合交互分析总体来看，移入时间越长，习惯于本地生活的个体越多，相反则减少（见表 5 - 8）。这充分表明，自雇佣者群体在与移入城市其他文化群体的实际接触过程中，其心理与行为已悄然发生了变化，具体表现为对城市事物和居民、城市文化价值观念的逐步接纳或认同等，逐步实现了心理融合。

表 5 - 8 "经营年数"与"习惯了哪个地方的生活"

单位：%

经营年数	您现在习惯了哪个地方的生活		
	本地的生活	老家的生活	说不清楚
1 ~ 2 年	20.4	25.4	29.8
3 ~ 4 年	25.4	31.8	23.0
5 ~ 6 年	21.7	21.4	25.7
7 ~ 9 年	13.6	12.1	7.9
10 年以上	18.9	9.2	13.6
人数	323	173	265

注：Pearson 卡方检验：P 值为 0.006 < 0.05（a = 0.05）

由此可见，流动人口中的自雇佣者群体，他们的工作、生活社会交往都在城市空间展开，并且时刻感受到自己与城市空间不可分割、与城市居民至少有业务上的联系，产生了空间上的认同，这是心理融合的具体体现。

三 城市评价

对外来流动人口心理融合进行考察，其中"城市评价"，即流动人口对本地人的看法，是测量心理融合的重要维度，其包括流动人口对所在城市和本地居民的感受和评价。

外来人口的心理融合反映在对本地居民关系的认知上。根据库利提出的"镜中我"思想，人们的自我观念是在与其他人的交往中形成的，一个人对自己的认识是其他人关于自己看法的反映，人们总是在想象别人对自己的评价之中形成了自我的观念。① 对于自雇佣的个体农民工来说，与本地人的交往是反映他们社会融合的具体表现。双方之间交往行为的发生，首先来源于自雇佣者群体对自己与本地城市居民关系的认定，如果自雇佣者群体认为自己与本地人的关系是友好的，那么就将促进二者之间的积极交往；反之，则将抑制双方之间的良性互动。

本研究设计了关于流动人口对本地人评价的问题，当问及自雇佣者群体所认为的"大部分本地人对外地人的态度"时，有43.8%的被调查者认为大部分本地人对外地人友好，有31.8%的人认为说不清楚，有16.1%的被调查者认为大部分本地人对外地人不太友好，而仅有6.2%的人认为大部分本地人对外地人是排斥的（见表5-9）。从以上统计结果来看，当前自雇佣者群体中有近半数人认为大部分本地人对外地人友好，但仍有相当一部分人的主观感受仍不清晰，这就需要本地人和外地人共同努力，加强交流和理解，互相尊重和帮助，才能真正达到友好相处的目的，也才能使自雇佣者群体形成较强的社区归属感。

表 5-9　自雇佣者对于本地人与外地人相互关系的认知

	频率	百分比	有效百分比
友好	365	43.8	44.7
不太友好	134	16.1	16.4
排斥	52	6.2	6.4
说不清	265	31.8	32.5
合计	816	97.9	100.0

为了发现外来流动人口中的自雇佣者群体的城市评价态度分布状况，本研究特别探讨了城市评价与自雇佣者群体在这个城市工作生活的时间长短间的关系。

---

① 贾春增：《外国社会学史》，中国人民大学出版社，2009，第265页。

调查数据交互分析结果表明，在 0.05 显著性水平下，城市评价与自雇佣者群体在这个城市工作生活的时间长短具有相关关系。结合交互分析总体来看，移入时间越长，评价为友好的个体越多，占比越高，相反则减少（见表 5－10）。这充分表明，自雇佣者群体城市评价的变化与移入城市时间长短有相关关系，即时间越长，说明他们对城市事物和居民、城市文化价值观念的接纳或认同度越高，心理融合程度也越高。

表 5－10 "经营年数"与"大部分本地人对外地人的评价"

单位：%

在本地做这份生意已几年	您认为大部分本地人对外地人			
	友好	不太友好	排斥	说不清
1～2 年	42.0	16.1	6.2	35.8
3～4 年	39.9	19.7	3.0	37.4
5～6 年	45.7	16.8	8.7	28.9
7～9 年	51.8	12.9	9.4	25.9
10 年以上	57.0	11.4	6.1	25.4
人数	348	123	48	224

注：Pearson 卡方检验：P 值为 0.043 < 0.05（a ＝ 0.05）

四 身份认同

社会地位是衡量一个社会成员在社会结构中相对位置的重要尺度，它不仅涉及客观标准的测量，而且也涉及社会成员自我的主观认知，这种自我认知就是对自己在所处特定社会空间内社会经济地位高低的认识，它往往也表现为自我身份的认同。身份认同是有关个人在情感上和价值意义上，视自己为某个群体成员以及有关归属某个群体的认知。

（一）身份认同

有研究对南京市的 610 名农民工进行调查与分析，认为外来务工人员的身份认同有三种表现：第一种是实现市民认同，从心理上认可自己是"城市居民"，对城市和城市人都有比较正面的评价，主要是经济收入稳定或具有发展潜力的个体；第二种是保留农民身份认同，认为城市只是挣钱的地方，自己的归宿还是家乡，这部分人尽管对城市和城市人的看法偏向负面评价，但因为已经有回归的思想准备，心理上反而比较容易稳定；第三种是边缘化，既不认同自己还是农民，也不认同自己已经是城市居民，去与留都没有明确的打算和安排，文化冲突在这部分"边缘人"身上反映十分强烈。① 该研究结论就涉及了农民工的未来预期打算问题。根据同样的思路，我们也可以依据自雇佣的个体农民工未来去留的想法，来确定其自我身份的认同。

通过我们的调查，如表 5 – 11 所示，有 20.9% 的被调查者表示会长期在本地留下来；有 16.5% 的人选择"干到一定年龄回老家"；"看情况再说"的达到总样本的 50.7%。这一统计结果表明，自雇佣的个体农民工中有 20.9% 的人已经实现了"市民认同"，即从心理上认可自己是"城市居民"。同时还有超过半数的被调查者没有确定自己未来去留，处于模糊状态。这部分人在目前的社会制度环境下，对自己是"城里人"身份的认同并不十分明晰，相应地他们对自己的未来充满了不确定性。

由此，给我们的启示是，如果这个群体有 50.7% 的人在城市的经营活动能够坚持下去，并且在未来他们的户籍、就业、住房、养老、医疗、子女教育等一系列问题能够有所保障，他们中的部分人也会选择留在城市。反之，如果这些问题解决不了或解决不好，部分人最终仍然会选择返回农村。

表 5 – 11　自雇佣者未来打算情况的频率

	频数	百分比	有效百分比
长期在本地留下来	174	20.9	21.4
干到一定年龄回老家	138	16.5	17.0
由家人决定	43	5.2	5.3
看情况再说	423	50.7	52.1
其他	34	4.1	4.2
合计	812	97.4	100.0

---

① 朱考金：《城市农民工心理研究——对南京市 610 名农民工的调查与分析》，《青年研究》2003 年第 6 期，第 7～11 页。

1999 年，一项针对广东外来务工人员留驻情况的研究指出，政策限制是省外迁移流入人口不想定居广东省的第一因素。省际迁移人口在迁入地的"留"或"去"，都隐含着巨大的无奈。户口政策的变化将会极大地左右着该群体的去留。[①] 十多年过去了，政策制度领域对转移到城市的农村人的排斥依然存在。因此，国家在政策上和制度上对农民工群体利益的保障与否，将最终决定这个群体的未来去留问题，这同样也影响他们的社会心理融合水平。

作为自雇佣的个体农民工群体，他们的去留意愿，与务工人员一样，在很大程度上受国家政策制度的影响，尤其是受到以户籍制度为核心的一系列制度的影响。在某种程度上还取决于自身在城市生活中的社会经济地位，这些因素必然影响这个群体的心理融合，最终对其社会融合产生重要影响。

（二）经济社会地位认同

自我认同不仅是个体对自我身份的心理建构过程，也是个体处理自我与群体、自我与社会关系的重要心理过程，反映了个体与社会的关系。[②] 自雇佣者的自我认同就是对自己所属群体和自身社会地位所做出的划分归类，自雇佣的个体农民工对其社会地位认知的直接表现是其对于自身经济社会地位的感知和认定。

从统计结果看（见表 4 - 2），当自雇佣者将自己置于家乡农村环境下，与其他人的经济社会地位做出比较时，有 71.4% 的人认为自己处于中间以上的地位，有 28.6% 的人认为自己处于中间偏下及以下的位置。而当将他们置于城市环境中时，有 55.1% 的人认为自己属于中间以上的经济社会地位，44.9% 的人认为自己的地位属于中间偏下及以下的位置（见表 5 - 12）。

这一分析比较结果的意义在于，与家乡比较自雇佣者认为其经济社会地位处于中间及以上者高达 71.4%；与本地人比较，自雇佣者群体中

---

① 郑梓桢：《依然漂泊的群体——从广东省看外来打工阶层驻留前景》，《中国人口科学》1999 年第 4 期。

② 黄匡时：《社会融合的心理建构理论研究》，《社会心理科学》2008 年第 6 期。

表 5 - 12　自雇佣者对自己经济社会地位的认知情况

单位：%

	与家乡相比			与本地人相比		
	频数	有效百分比	累计百分比	频数	有效百分比	累计百分比
上层	37	4.5	4.5	35	4.3	4.3
中间偏上	127	15.5	20.0	87	10.8	15.1
中间	420	51.3	71.4	322	40.0	55.1
中间偏下	161	19.7	91.1	205	25.4	80.5
下层	73	8.9	100.0	157	19.5	100.0
合计	818	100.0		806	100.0	

认为自己的经济社会地位处于中间及以上者占 55.1%。前者比后者高 16.3 个百分点，说明自雇佣者群体在家乡的经济社会地位普遍偏高。这与他们自身职业的稳定以及相对较高的收入密切相关。

同时，这一比较结果的意义在于，与本地人相比，有 55.1% 自雇佣者认为其经济社会地位处于中间及以上位置。很显然，这 55.1% 自然也包括在与家乡相比处于中间及以上经济社会地位的 71.4% 人群之中。

设想如果在职业、经济收入等方面没有达到一定的水准和程度，不可能认为自己与城里人相比处于中间及以上的位置。也很难设想还有如此高比重的人群认为自己与城里人相比处于中间及以上的位置。这进一步表明，这个群体中有相当多的成员在心理上已经认可在城市社会中所处的位置。

如果进一步分析，认为自己在城市中也处于中间及以上的经济社会地位的自雇佣者，除了与其职业的相对稳定、收入的相对稳定等客观因素有关之外，还与转移到城市从事这一职业的时间长短有关系。通过对自雇佣者群体对自身经济社会地位的评价与移入时间长短的交互分析结果表明，在 0.05 显著性水平下，自雇佣的个体农民工移入本地时间长短与自身经济社会地位具有相关关系。总体来看，移入时间越长，对自身经济社会地位评价越高的个体越多，相反则减少（见表 5 - 13）。这充分表明，自雇佣者群体转移到城市时间长短，影响其对自身经济社会地位高低的评价。换言之，在一定程度上，时间也影响其心理融合，分析表明，过半数的自雇佣个体农民工在城市社会实现了心理融合。

当然，需要指出的是，尽管有55.1%的自雇佣者认为其经济社会地位与城市人相比，处于中间及以上的地位，但并不能乐观地说明，自雇佣者群体已经完全实现了心理融合，进而实现了社会融合。对这个群体来说，总体上对其在城市中的经济社会地位评价还是低的，表明他们的心理融合度仍有待进一步提高，其心理疏离感还需要进一步弱化。

表5-13 在本地做这份生意的年数与本地人比较在本地所处的经济社会地位

单位：%

在本地做这份生意的年数	与本地人比较在本地所处的社会经济地位				
	上层	中间偏上	中间	中间偏下	下层
1~2年	2.1	6.9	34.0	26.6	30.3
3~4年	4.6	19.4	33.2	26.5	16.3
5~6年	6.9	11.0	46.8	21.4	13.9
7~9年	3.6	10.7	46.4	27.4	11.9
10年以上	3.6	7.2	53.2	25.2	10.8
合 计	4.3	11.6	41.0	25.3	18.0

小 结

自雇佣者是农民工群体的重要组成部分，其存在不仅是经济多元化发展的需要，也是农村剩余劳动力转移到城市后职业分化的结果。作为自雇佣者，由于其职业的稳定性，收入的相对稳定和较高，以及长期在城市定居生活的特点，决定了他们在心理融合方面与务工人员有所不同。

在社会交往网络方面，由于其与农村的经济社会联系相对较少，原来以地缘、血缘建立起来的传统社会关系逐渐弱化，转移到城市后，随着在城市生活范围的扩大，时间的不断延续，逐步建立起了新型的社会关系，这种新型的社会关系既包括加入以谋求保护其利益的各类社会组织，也包括所构建的个体之间的社会关系网络，这些社会交往网络的建立，既是这个群体在城市谋求进一步发展的社会资本，更重要的是体现了其心理融合的水平和程度。社会交往网络的建立旨在寻求进一步的发展，客观上也提升了心理融合水平。反过来，心理融合水平的提高，又进一步强化了建立社会交往网络的精神支持。

在空间认同方面，自雇佣者群体本身职业的特点以及长期在城市相对稳定的生产生活方式，使这个群体认识到他们不仅在空间上发生了转移，而且适应认同了空间转移发生的变化及与空间相关联的社会关系等因素。这种心理融合是务工人员难以达到的，因为他们即使认识并认同空间的转移，但很难接纳由于空间的变化而带来的对空间以及与此相关联的文化和关系的变化等。在这个意义上说，自雇佣者群体空间认同水平相对较高。

城市评价包括对所在城市的感受和评价，对本地人的评价等方面。通过前文分析，自雇佣者群体认为大部分本地人对外地人相对友好，这是心理融合的表现，数据分析还表明，城市评价水平高低与自雇佣者群体移入城市时间长短相关。

在身份认同方面，自雇佣的个体农民工有1/4的人认可自己是"城市居民"，还有50%的人处于模糊状态。在经济社会地位认同方面，前文研究表明，55.1%的自雇佣者群体认为，自己的经济社会地位与城市人一样处于中间及以上的位置，这种经济社会地位的自我认同是心理融合的结果，也是心理融合的重要标志。

应该承认，自雇佣者群体在心理融合方面也面临这样那样的问题，其中一些问题属于制度性障碍造成的。正是这样，出现了两种截然相反的现象，有研究者认为随着市场经济的发展和城市化进程，外来人口正在一步一步地融入城市。也有研究者认为，外来人口与城市居民的社会距离正在逐渐增大。现在看来这两种结论所指出的情况是同时存在的，一方面，年轻而富有开拓意识和进取精神的自雇佣群体，在试图通过自身的努力将自己变成一个真正的城市人，另一方面城市中存在的种种政策制度隔离，使他们对未来依然充满了疑虑，心理融合在艰难中徘徊推进。

研究还认为，经济融合为社会关系融合、制度融合提供了重要基础，即在自雇佣者群体中间，经济融合与社会关系融合、制度融合存在依次传导递进的关系，但这种关系在心理融合层面似乎显得非常微弱，甚至可以说出现了断裂。这表明达到心理层面的融合难度要大于经济、社会关系、制度层面的融合，同时说明社会融合的不同层面也可能是并列平行的，并非严格的依次传导递进的关系。

第六章
社区融入：社会融合的最终归宿

社区是农民工群体实现社会融合的基本载体，而社区融入则是包括自雇佣的个体农民工在内的农民工群体实现社会融合的最终归宿。随着经济社会的发展，农民工已不再是一个同质性很强的群体。有研究认为，农民工已分化为包括自雇佣者群体在内的四大群体，而对于自雇佣个体农民工来讲，由于其自身所具有的一些不同于普通农民工的特点，他们已经具备了一定的城市社会融合的基础，但是在中国目前的社会体制条件下，自雇佣者群体的社会融合依然受到诸多因素的影响。本章试图通过对自雇佣者群体的社区生活实践的考察，了解分析其社区融入的现状，从而发现问题并提出政策性的对策建议。

第一节　社区融入是社会融合的最高阶段

一　社区融入的内涵

"社区"一词源于德国社会学家 F. 滕尼斯 1887 年出版的《社区与社会》一书。滕尼斯认为，社区是基于亲族血缘关系而结成的社会联合。目前一般认为社区是指生活在一定地理区域内、具有共同意识和共同利益的社会群体。① 社区的核心内容是社区中人们的各种社会活动及其互动关系，并由此形成的共同体。

社区是社区融入的载体基础，社区融入是指包括流动人口在内的社区成员，在参与活动并形成互动的基础上培育产生认同感和归属感的过程。社会融合恰恰是通过"润物细无声"的社区融入来逐步实现的。欧盟在促进社会融合过程中开展了一系列项目，其中包括制定社区行动项目（Community Action Programme）的关键内容。② 同时还将获得社区服务作为衡量促使每个社会成员融入社会的标准之一。从这个角度看，社区融入是社会融合的重要内容之一。

包括自雇佣者群体在内的农民工社区融入，正如 2012 年民政部发布的《促进农民工融入城市社区意见》所指出的那样，"他们中的大多数虽然户籍在农村，但长期在城市就业，在社区生活，既是社区建设的参与者，也是社区建设的受益者，有融入城市生活的期盼，希望能够像当地居民一样参与社区管理，享有社区服务。"③ 这一表述明确指出，农民工社区融入是指其参与社区活动，并与原有社区成员形成互动关系，进而培育产生认同感和归属感的过程。2006 年国务院颁布的《关于解决农民工问题的若干意见》明确指出"发挥社区的社会融合功能，促进农民工融入城市生活，与城市居民和谐相处"。可见培育农民工群体产生认同感和归属感，目的就是要达到与城市居民和谐相处，最终实现社区融入。

当然，这些年来，我国城市社区在促进农民工群体实现社区融入方面的功能并没有充分发挥出来。《促进农民工融入城市社区意见》亦指出"在城市社区，基本公共服务还没有完全覆盖到农民工群体，农民工的政治、经济、文化权益还没有得到有效保障，社会生活还没有得到

---

① 参见《中国大百科全书》（社会学卷），1991，第 357 页。

② 彭华民：《社会排斥与社会融合——一个欧盟社会政策的分析路径》，《南开学报》（哲学社会科学版）2005 年第 1 期。

③ 《民政部发布促进农民工融入城市社区意见》，见 http://www.sina.com.cn，2012 年 1 月 4 日。

必要理解和尊重"。要求充分发挥社区的功能作用，健全以社区为依托的农民工服务和管理平台，促进农民工融入城市生活，与城市居民和谐相处。并指出促进农民工社区融入是社区基本公共服务均等化的要求。社区融入对于农民工而言具有非常现实的意义，对于维护社会公平正义、构建社会主义和谐社会具有重大的实践意义。

二 社区融入：社会融合的最高阶段

对于社区融入相关问题的研究，国内外的许多学者都从不同的角度做了分析。Cameron Crawford 认为，社会融合至少包含两层意思：一是在社区中能在社会、政治、经济、文化生活层面上平等地受到重视和关注；二是在家庭、朋友和社区拥有互助信任、欣赏和尊敬的人际关系。① 从他的理解来看，社会融合似乎等同于社区融入，社会融合是一种居民在社区中建立的互助包容、和谐共存的相互关系。

从国内学者的研究来看，多将社区融入与社会融合结合起来，或者认为社区融入是实现社会融合的突破口，实现社会融合首先从社区融入开始。如时立荣指出社区是农民工城市融入的社会化组织载体，消除旧的制度化的隔离以社区为突破口最为恰当。认为流动人口融入了城市社区就是融入了城市，这种再社会化过程可以超越户籍这种外在屏障而融入城市之中，它通过改变农民工对生活地域的自我认同，在角色、身份、生活模式、归属感和认同感方面对二元结构制度性规定实现渐进性的超越。同时认为，以社区为载体的社会支持的有效性首先在于，社区的地域性特征和农民工的非正式支持网络最为相关，最易被接受和实现。②

关信平、刘建娥从探讨以社区融入带动社会融入的策略出发分析农民工社区融入问题，并指出政府开始重视"接受社区"在农民工的管理与服务中的关键作用，是开展这项研究的重要契机和基础。该研究从

---

① Cameron Crawford, *Towards a Common Approach to Thinking about and Measuring Social Inclusion*, Roeher Institute, 2003。

② 时立荣：《透过社区看农民工的城市融入问题》，《新视野》2005 年第 4 期。

社会交往、社区活动、社区选举、社区管理和社区服务五个方面，检视了现阶段我国农民工社区融入面临的问题及其原因，发现了社区融入的途径，并提出了相应的政策性建议。[①]

马西恒等人以上海市某一社区为例进行研究，发现新移民与城市社区的"二元关系"正在发生变化，提出了新移民与城市社会融合经历的"二元社区""敦睦他者"和"同质认同"三个阶段的构想，其研究最终提出了依托社区促进新移民社会融合的对策建议，如社区发展、社区服务专业、社区工作方法等为其对策建议的重要内容，[②] 有研究指出实现流动人口的城市融入，重要的是使流动人口逐步融入社区服务体系。[③] 此外，还有学者对农民工在城市生活中的主要社区形式做了划分，并分析了农民工城市社区融入困难的原因。[④] 总体来看，这些学者认为农民工的社会融合就是社区融入，或者认为要实现社会融入必须首先从社区融入出发，通过实现社区融入逐步达到社会融合。

以上研究共同的特点，不仅认为社区融入非常重要，而且认为社区是促进社会融合的着力点，是着手解决农民工问题的关键。这些认识与现实状况究竟还有多大的距离，有待于进一步研究。

当然，还有许多研究认为社区融入是社会融合的一个重要方面或环节，并通过社区融入来考察分析社会融合状况，如黄匡时、嘎日达等设计农民工城市融合评价指标体系时，将社区参与、社区融入视为城市融合政策指数框架、总体指数、个体指数一个重要领域或维度。[⑤] 这方面的经验研究指出的促进农民工社会融合政策建议或途径最终指向了社区

---

① 关信平、刘建娥：《我国农民工社区融入的问题与政策建议》，《人口与经济》2009 年第 3 期。

② 马西恒、童星：《敦睦他者：城市新移民的社会融合之路——对上海市 Y 社区的个案考察》，《学海》2008 年第 2 期。

③ 韩克庆：《农民工融入城市的问题与对策》，《中共珠海市委党校珠海市行政学院学报》2008 年第 5 期；冯晓英：《农民工的城市融入问题》，《城市问题》2008 年第 1 期。

④ 林蓉：《从北京的"浙江村"看农民工在城市的社区融入》，《消费导刊》2009 年第 3 期。

⑤ 黄匡时、嘎日达：《"农民工城市融合度"评价指标体系研究——对欧盟社会融合指标和移民整合指数的借鉴》，《西部论坛》2010 年第 5 期。

融入，如钱正荣[①]与王桂新[②]等学者的研究印证了这点。由此可见，社区融入是社会融合的最终归宿，也是社会融合的最高阶段。正如卡梅伦·克劳福德所定义的那样，经济融合、文化融合、心理融合等最终集中凝聚并体现在社区融入之中。

以上关于自雇佣者社区融入的研究，为本课题提供了非常重要的启发。首先，社区融入是流动人口实现社会融合的重要环节，也是实现城市社会融入的重要载体。其次，社区融入是包含社会交往、社区活动、社区选举、社区管理和社区服务等丰富内涵在内的体系，并且这些方面也是测量社区融合的重要指标体系。本课题将社区融入视为社会融合的最高阶段，通过若干具体指标了解自雇佣的个体农民工的社区融入状况，并进行深入分析。

第二节　自雇佣者社区融入现状分析

如前所述，社区融合是一个包含社会交往、社区活动、社区选举、社区管理和社区服务等内涵的重要体系，这些内涵不仅有助于进一步深刻分析和认识社区融入本身，同时有助于测度社区融入程度和水平。本课题着重从自雇佣的个体农民工与本地居民的社会互动状况、社区文化认同状况以及参与社区活动及组织状况等方面予以考察。

一　与本地居民的社会互动状况

社会互动是人们针对他人的社会行动所表现出的行为反应。从符号互动论的角度来看，个人自我意识的形成、个人对社会客体意义的认知以及社会的产生都是通过互动来实现的。美国心理学家马斯洛在其需求层次理论中将人的"社会需求"定位为人在社会生活中的一种

---

①　钱正荣：《珠三角政府工作人员看城市外来流动人口的社会融合：以社会距离为视角》，《云南行政学院学报》2010 年第 5 期。

②　王桂新、罗恩立：《上海外来农民工社会融合现状调查研究》，《华东理工大学学报》（社会科学版）2007 年第 3 期。

需要之一，这里的"社会需求"其实就是一种个人与他人产生社会交往的主客观需要。自雇佣的个体农民工群体作为城市社区中的外来人口，虽然与本地居民没有传统意义上的地缘关系，但是他们仍然有与城市居民产生互动的需要，他们需要在与他人的互动中感知自我。因此，自雇佣者群体与本地居民的社会互动频率与效果影响着这一群体的社区融入，并会进一步对其社会融合的整体水平产生根本性的改变。

从已有的研究来看，一些学者在对"社会融合"概念的建构中分析了社区外来居民与本地居民之间的社会互动。如王桂新等在对社会融合问题的研究中提出了"社会融合度"的概念，他们认为社会融合度是指外来人口在居住、就业等城市生活各个方面融入城市居民社会的程度，也就是外来人口与城市居民的同质化程度或水平，因此亦可称为同质化水平。[①] 从其对于社会融合的界定可以看出，同质化程度过于强调外来人口单方面对于城市社区和文化的适应接受，而忽视了社会融合其实是建立在主体间互动基础之上的相互理解和包容。对此，任远、乔楠在研究中则认为流动人口的社会融合是一个逐步同化和减少排斥的过程，是流动人口对城市的主观期望和城市的客观接纳相统一的过程，是本地人口和外来移民发生相互交往和构建相互关系的过程。[②] 因此，本研究在对居民社会互动的分析中，关注自雇佣者主动与本地人产生互动的频率，同时考察本地人对外来人口的接纳程度。结合对调查资料的分析，目前自雇佣者与本地居民的社会互动状况具有如下特点。

1. 与社区居民互动

针对自雇佣者与当地居民的来往情况的调查结果显示，选择"来往不多"和"经常来往"的分别占总调查样本的 57.9% 和 25.7%。另

① 王桂新、张得志：《上海外来人口生存状态与社会融合研究》，《市场与人口分析》2006年第 5 期。
② 任远、乔楠：《城市流动人口社会融合的过程、测量及影响因素》，《人口研究》2010年第 2 期。

外，关信平等关于自雇佣者群体平时社交对象的调查数据显示，自雇佣者群体主要以"老乡"和"同行"为交往对象，与"老同学、本地居民和做生意认识的其他人"也有所往来（见表6－1）。

值得注意的是，在对交往对象的统计中，自雇佣者选择"本地居民"的占总样本的10.5%。这一数据似乎很小，但如果与农民工的研究进行对比，其意义自然凸显出来。

关信平教授主持的关于"农村劳动力转移就业社会政策研究"的课题，于2006年在天津、上海、深圳、昆明、沈阳5个城市进行了抽样调查，调查数据显示农民工在城市的交往对象为"邻居"和"社区中其他居民"的合计仅占总样本的2%。这表明自雇佣者群体与本地居民的社会互动频率高于普通农民工。

表6－1　农民工在城市的交往

交往类别	人数(人)	百分比(%)
老乡	1292	51.5
老同学	135	5.4
同行(一起打工的人)	779	31.0
工作中结识的其他人	198	7.9
邻居	34	1.4
社区中其他居民	14	0.6
其他	44	2.2
合计	2496	100.0

资料来源：关信平、刘建娥：《我国农民工社区融入的问题与政策研究》，《人口与经济》2009年第3期。

尽管这一数据还有很大的提升空间，但却足以表明自雇佣的个体农民工已具有主动融入社区的条件和意愿。这与自雇佣者群体自身的特点有着密切的关系。一是自雇佣者所从事经营的业务多数与居民日常生活密切相关（见表6－2），如他们从事纺织、服装业；经营销售水产、家禽、蔬菜、水果、粮食副食等。

表6-2 自雇佣者从事行业统计

行业类别	频数	百分比	有效百分比
饮食业	85	10.2	10.5
经营销售水产、家禽、蔬菜、水果、粮食副食	132	15.8	16.3
书刊报纸零售、光盘磁带	24	2.9	3.0
纺织、服装业	202	24.2	24.9
维修、修理业	21	2.5	2.6
电子、电器音响	25	3.0	3.1
搬家公司	3	0.4	0.4
房屋装修安装	41	4.9	5.0
销售业务	124	14.9	15.2
其他服务业	155	18.6	19.0
合计	812	97.4	100.0

自雇佣者在从事经营或者为社区居民提供服务时，自然要与居民进行交往联系。除了这种业务交往之外，更多的是社区居民主动与这个群体建立联系。在访谈中，类似这样的事例比比皆是，如一些居民知晓个体经营者从事某种业务，或者咨询他们，或者请他们帮忙，这些个体经营者都会尽可能地帮助当地居民。长此以往自然成了"熟人"。二是自雇佣者较为固定的生活住所和经营场所，也为与居民的互动创造了条件。很难想象外来人口经常变动不居能够与当地居民建立"熟人"关系。

2. 城市评价

以上分析一定程度上是从自雇佣者群体自身出发，对其社会互动状况所做的考察。社会互动是人们相互交往和建构相互关系的过程，因此，要全面了解自雇佣者群体的社会互动情况，还需要从本地居民的角度出发分析双方社会互动的情况。由于本研究的调查对象并未涉及社区的原住居民，因此，只能从自雇佣者群体对于二者关系的认知间接地做出考察。

在具体调查中，当问及被调查者"您认为大部分本地人对外地人的态度"时，有44.7%的被调查者认为大部分本地人对外地人友好，有 32.5% 的人认为说不清楚，而仅有 6.4% 的人认为大部分本地人对外地人是排斥的。这一调查结果与邹农俭等人 2006 年对江苏省农民工的调查结果基本一致（见表 6-3），从统计结果来看，两项数据表明自雇佣者和农民工这两个群体共同认为，多数本地人对于外地人来说态度都是友好的，这也间接说明了本地人对于外地人的接纳程度是比较高的。但应该指出仍有相当一部分城市居民对于外来人口的态度是不明朗的，这反映出城市居民对于农民工群体的矛盾心理，包括自雇佣者在内的农民工感受到他们在城市受到了某种程度的排斥或歧视。

表6-3 自雇佣者与农民工关于"您认为本地人对外地人态度"评价比较

评价	自雇佣者		农民工[*]	
	频数（人）	频率（%）	频数（人）	频率（%）
友好	365	44.7	1469	51.1
不太友好	134	16.4	461	16.0
排斥	52	6.4	90	3.1
说不清	265	32.5	855	29.8
合计	816	100.0	2875	100.0

资料来源：邹农俭等《江苏农民工调查报告》，社会科学文献出版社，2009，第33页。

总体来看，由于城市本地人和外来人口之间缺乏足够的交流与互动，双方之间存在隔阂与偏见在所难免，这阻碍着外来人口进一步融入城市社区，而这一问题的解决也有赖于社区组织的逐渐壮大、组织功能的逐步发挥以及居民认识水平的逐步提升。

二 自雇佣者的社区文化认同状况

社区区别于社会的一个重要特点，就是居住在社区中的居民能够通过长期的交往互动形成共同的价值观念和区域身份的认知，而这种共同的价值观念和区域身份的认知从本质上讲就是居民的一种社区文化认同。根据美国犯罪学家 T. 塞林提出的文化冲突理论，一个地区的社会文化环境形塑着个体行动者的行为规范和个人的性格特征，而当不同文化环境中的人或群体相互接触时就会产生文化上的不适和冲突。①

在自雇佣者群体从农村迁移到城市工作和生活的过程中，传统的血缘关系和基于血缘关系的道德伦理，逐步被业缘关系及其建立在业缘关系之上的理性计算所取代。然而由于自雇佣者群体原有的对乡村文化的认同会伴随其进入城市社区，这样就与城市的一些价值观念和生活方式发生碰撞和冲突。在这种情况下，自雇佣者群体在进入城市社区后，对新的社区文化的态度将在很大程度上决定其社区融入的效果。如果自雇佣者群体在适应和接受城市社区文化过程中存在障碍，那么他们就极有可能在自己的狭窄交往网络中形成群体亚文化，这样在长期对社区文化的排斥心理影响下，会形成自雇佣者群体在城市社区中的"自我隔离"。可以说自雇佣者群体对于城市社区文化的认同程度，是社会结构和社会制度对个体产生影响的体现。他们在长期的生活实践中逐渐形成的那种价值观念和行为方式，反过来也会通过个人行动对社区的人际网络产生影响，进而影响着自雇佣者群体的社区融入状况。因此，对自雇佣者群体城市社区文化认同的现状进行分析，是认识其社区融入情况的一个重要维度。对于社区的文化认同问题，本研究主要从自雇佣者群体的生活习惯和未来预期两个方面予以考察。

1. 自雇佣者的生活习惯

调查数据显示，近50%自雇佣者从事目前个体经营在5年以上，当问及"您现在习惯了哪个地方的生活"的问题时，在有效样本中，有42.5%的人习惯了本地城市生活，有21.8%的人仍然习惯老家生活，另有约35.7%的人说不清楚自己习惯于哪里的生活（见表5-7）。

这说明，在目前城乡两种文化的影响下，城市流动人口中的自雇佣者中，相对多数的个体已经适应了本地的生活。然而，在乡村

---

① 郭星华等：《漂泊与寻根——流动人口的社会认同研究》，中国人民大学出版社，2011，第16页。

文化惯性的影响下，另有一部分尚处于适应城市生活的过渡时期，还有相对少数的自雇佣者仍眷恋老家的生活。因此，从自雇佣者群体对本地生活习惯的适应情况来看，他们对新的社区文化具有主动接受的意识。目前需要的是进一步建立广泛的城市关系网络，逐步突破旧有社会交往的圈层格局，从而对城市的生活有一个更为深入的实际体验。

2. 自雇佣者未来生活预期

自雇佣者对社区文化产生认同的另一个显著表现就是对未来生活的预期。自雇佣者群体最终生活归属地的选择一方面是其对个人未来生活前景的期望，另一方面也是其对城市文化的一种感受和城市未来发展状况的一种判断。调查结果显示，有 21.4% 的被调查者表示会"长期在本地留下来"，有 17.0% 的人选择"干到一定年龄回老家"，表示"看情况再说"的达到总样本的 52.1%，自雇佣者中有超过一半的人没有确定自己未来的去留（见表 5-11）。

这一统计结果清楚地表明，自雇佣者作为农民工群体中具有相对优势的人群，对自己未来生活仍然充满相当程度的不确定性。可以说，自雇佣者群体对于未来去向的这种期望和判断，本身就是一个理性思考和分析的过程，当然"留在城市"对他们来讲应该是一种积极的未来预期。对于农民工来讲，他们也是理性人，在留城条件具备的情况下，自然会选择长期待下去。[①] 正如蔡禾等人在对珠三角地区农民工群体城市化的研究所指出的那样：农民工的迁移问题涉及农民工从脱离乡村直到进入城市的整个过程的全部，它是一个决策过程的集合。[②] 因此，自雇佣者群体是否选择未来长期在本地生活涉及一系列有关社会制度和社会结构等的深层次问题，期望他们短期做出判断是难以实现的。所以，对于自雇佣者群体自身来讲，他们只有继续通过积累城市生活体验中的社会资本才能最终决定未来的生活走向。

---

① 邹农俭等：《江苏农民工调查报告》，社会科学文献出版社，2009，第 36 页。
② 蔡禾、刘林平、万向东等：《城市化进程中的农民工：来自珠江三角洲的研究》，社会科学文献出版社，2009，第 258 页。

三 参与社区活动及组织状况

对于城市流动人口中的自雇佣者群体来说，判断他们能否融入其生活居住社区的一个重要指标就是参与社区活动的情况。因此，本研究主要调查了自雇佣者群体的社区活动参与情况和相关组织的参与情况。

(一) 社区活动参与率低

自雇佣者群体能够对其所居住的社区产生归属感的外在表现之一，就是他们对于社区事务及活动的关注程度、参与程度。马良认为，对社区缺乏认同感，会在很大程度上摧毁人们对社区的归属感和依赖感，因为现代职业性关系的重要性超越了社区居民之间的关系，削弱了社区居民对社区的情谊；加之大众传媒的发展，会使社区居民忽视社区的地方性事务，反而关注国际和社会大事。① 对于城市流动人口中自雇佣者的社区活动参与情况，不仅体现了他们的社区融入状况，同时也体现了他们心理上对于所在社区的主观感知。问卷统计结果显示，在有效样本中，有30.3%的人"从来不参加社区活动"，有19.0%的人选择了"社区不邀请我们参加"，有39.9%的人"不知道社区有什么活动"（见表6-4）。

表6-4 参与社区活动情况

	频数	百分比	有效百分比
社区不邀请我们参加	152	18.2	19.0
从来不参加社区活动	242	29.0	30.3
不知道社区有什么活动	318	38.1	39.9
参加	86	10.3	10.8
合计	798	95.6	100.0

在调查自雇佣者群体对于有关部门组织的捐款献血等公益活动参与情况时，我们发现"参加过一次"的人占样本总数的26.7%，"参加过

---

① 马良：《构建和谐社区和外来居民主体角色的定位——对杭州市江干区三叉社区的实证分析》，《中共浙江省委党校学报》2007年第1期。

2 次以上"的人占样本总数的 35.0%（见表 6 - 5）。

两组数据看似矛盾，作为在农民工中具有优势地位的自雇佣者群体，他们几乎没有参加什么社区活动，但参加公益活动的比重保持在26.7% ~ 35.0%。这与进行问卷调查的年份有关。问卷调查是在2009 年开展的，但参加公益活动时间是在 2008 年。在访谈中得知，他们参加公益活动并非自愿或主动参与的，2008 年四川汶川发生了地震，全国上下捐款献血，他们也参与了这一活动，这一活动可以说是全社会动员参与的结果。与实质的"社区参与"并没有多大的关系。由此可见，自雇佣者社区活动参与是非常有限的。

表 6 - 5　参与公益活动情况

	频数	百分比	有效百分比
参加过 1 次	215	25.8	26.7
参加过 2 次以上	281	33.7	35.0
没有参加过	221	26.5	27.5
没见过这类活动	87	10.4	10.8
合计	804	96.4	100.0

社区作为城市居民的基本生存活动空间，其中的人和事都在一定程度上关系到他们的自身利益。然而，在目前的情况下，一方面，居住在城市社区的农民工自雇佣者群体无论在人口管理、社会保障还是在公共服务上都没有得到与城市本地居民同等的待遇；另一方面，城市社区的行政机构和居民组织在其工作服务对象的选择上对于农民工群体有所忽视，这两方面的原因共同造成了自雇佣者群体对于社区事务和活动参与率低的现状，由此导致这一群体产生了社区疏离感。

笔者在访谈中获悉，自雇佣者群体在生活或从事经营的社区，几乎没有任何的公共服务。有一个典型的案例就是，每年到适龄儿童注射疫苗的时候，有关部门的通知明确告知户籍是本地的儿童免费注射，户籍不在本地的则需缴纳疫苗费。即使对长期在移入地生活经营的自雇佣者也不例外。缺乏社区公共服务这一现象在所调查的 4 个城市中都有不同程度的体现。

总体而言，自雇佣者社区参与程度低是一个非常复杂的问题，但与社区提供公共服务的缺乏不无关系。

（二）组织参与程度有所提升，社区整合能力亟待加强

自雇佣者群体参与社区组织的情况也体现了其社区融入的水平，就目前我国基层城市社区来说，一个重要的组织就是基层社区党组织。由于城市社区是一个群体异质性较大的陌生人生活空间，因此较之于乡村社区，城市居民之间的联系更为稀疏，社会关系结构也更为松散，但是社区的整合仍然是十分必要的。随着行政权力逐步退出社区治理，培育社区资本、加强社区整合的责任，需要有一个权威组织来担当。① 这个权威组织就是基层的党、团组织，因为相对于其他组织化程度尚不成熟的社会组织来讲，它们的组织结构相对完善，组织规范也相对严格。本研究主要从自雇佣者群体对本地党团组织的了解情况和党团关系的迁转状况分析其社会组织的参与情况。

从我们的调查情况来看，自雇佣者群体中不是党员、团员的约占总样本的 64%，知道本地有党、团支部的只占总样本的 34.0%。从结果来看，由于自雇佣者群体本身党员所占比例不大，因此大部分群众也没有关注当地是否有党、团支部的问题。但是从具有党员身份的这部分自雇佣者的党、团关系迁转情况来看，迁转党、团关系的人占具有党、团员身份自雇佣者的 14.4%，这说明已经有相当部分的自雇佣者具有较高的组织参与度（见表 6-6）。

表 6-6 对营业场所和居住地党团组织的了解情况

类别	频数（人）	频率（%）
知道	268	34.0
不知道	521	66.0
合计	789	100.0

---

① 孙肖远：《社区党建创新：走向社区融入的现实路径》，《社会主义研究》2010 年第 2 期。

目前，自雇佣者群体本身党、团员所占的比例较低，表明其组织化程度相对较低，但随着自雇佣者群体社会经济状况的提升和改善，以及新一代自雇佣群体的崛起，这个群体的组织化程度会逐渐提高。另外，随着社会组织的逐渐成长壮大，组织本身也会在社区整合方面发挥积极的作用，自雇佣者也会更为主动地参与社会组织。

小　结

社区是实现社区融入的基本载体，社区融入是社区内成员在参与活动并形成互动的基础上培育产生认同感和归属感的过程，也是包括自雇佣者在内的农民工实现社会融合的最终归宿和最高阶段。自雇佣的个体农民工群体与本地居民的社会互动、社区文化认同工作、参与社区活动状况表明，自雇佣的个体农民工群体社区融入水平总体非常低。在这点上，与相关研究对比发现，自雇佣的个体农民工群体的社区融入虽比农民工好一些，但总体没有多大的区别。换言之，自雇佣的个体农民工群体在社区融入层面并没有达到与其自身特点相对应和相匹配的水平。

研究发现，自雇佣的个体农民工群体经济融合、社会关系融合、制度融合等层面并没有进一步产生传导递进作用，换言之，以上几个方面的融合，并不必然产生心理融合和社区融入，社区融入层面与前几个层面似乎存在断裂的情况。

社区融入作为衡量自雇佣的个体农民工群体社会融合的重要方面，不仅受社区环境的制约，更重要的是直接受宏观的国家制度、体制性因素的影响。尤其是后者制约了前者，进而影响了农民工群体的社区融入。因此，促进农民工的社区融合，是在改革宏观体制的条件下，以城市社区建设带动农民工社区融入，从而达到全面的社会融合，这是一个综合性的工程。在推动包括自雇佣者群体在内的农民工社区融入的具体实践过程中，只有充分发挥社区建设中各个主体的积极作用，不断从改善社区管理服务、加强社会组织建设、革新社区居民的思维观念等方面进行努力，尤其是进行体制性的改革，才能真正改善自雇佣的个体农民工群体社区融入的主客观条件，切实提升农民工融入城市社区的能力和水平，最终实现社会融合。

与此同时，我国经济社会发展表明，任何推动经济社会发展的政策都来自基层一线的试验试点，在社区层面逐步尝试促进农民工社区融入的经验，并逐步推广，进而影响宏观体制层面的改革创新，这是促进流动人口实现社会融合的必然选择。

第七章
社会融合影响因素分析及阶段考察

第一节　影响自雇佣者社会融合的因素分析

自雇佣的个体农民工作为农民工中的重要组成部分，他们长期在移入地城市从事生产经营，加之其个体特征和职业特征，在很大程度上已经部分地实现了城市社会融合，但究竟是哪些因素促进了这个群体的社会融合，哪些因素又制约了他们的城市社会融合，需要进一步深入分析。

一　影响自雇佣的个体农民工城市社会融合的因素

自雇佣的个体农民工作为农民工的一部分，其自身具有不同于普通农民工的特点。通过对自雇佣者经济融合、社会关系融合、制度融合、心理融合和社区融合等五个层面的分析，这些特点体现得更加鲜明，而且这些特点也成为其实现社会融合的重要因素。本课题研究自雇佣者社区融合，其最终目标则是指向农民工。相对农民工而言，自雇佣者明显具有如下不同于一般务工人员的职业特征。

第一，自雇佣者群体处于雇佣状态，其职业相对稳定，其收入来源也相对稳定、持续并明显高于普通务工人员。

第二，自雇佣者居住环境相对稳定，这是务工人员无法比拟的。

第三，居住和经营时间对其经济融合、社会关系融合、制度融合等产生积极显著影响。

第四，自雇佣者相对稳定的生活经营环境，使其更有条件实现制度融合。

自雇佣的个体农民工的以上职业特征，有利于促进他们最大限度地实现社会融合，而普通务工人员恰恰在这些方面处于相对劣势，使其实现社会融合的难度更大。

但这并不是说，具有以上特征就能够保障自雇佣的个体农民工群体完全实现社会融合。根据对五个层面的研究，笔者认为，自雇佣者社会融合在制度融合层面取得了一定的突破，但还有待于进一步引导；在心理融合、社区融合层面还有相当大的提高空间。研究表明影响这些层面的重要因素如下。

宏观层面上，缺乏城乡一体的公共服务，如城乡一体的教育制度、社会保障制度等，导致自雇佣者无法享有与城市居民平等的权利；微观层面上，缺乏城乡一体的社区服务，导致自雇佣者缺乏参与社区活动的积极性，缺乏参与社区管理的机制。

受到这两个层面因素的影响，自雇佣者的社会融合在经济融合、社会关系融合、部分制度融合方面有了进展，但在心理融合、社区融合方面并没有明显的突破迹象。

为了进一步深入分析自雇佣的个体农民工群体的城市社会融合影响因素，本研究将自雇佣的个体农民工的个体特征和职业特征，与经济融合、社会关系融合、制度融合、心理融合、社区融合等五个层面进行回归分析，从而发现影响自雇佣的个体农民工的城市社会融合的影响因素。

二 影响自雇佣的个体农民工社会融合的因素分析

(一) 变量说明

本研究关注的对象是流动人口中的自雇佣的个体农民工。他们的个体特征和所从事经营的职业特征都会影响他们的社会融合。因此，本研究中的自变量包括自雇佣的个体农民工的个体特征和职业特征两个主要方面（见表 7-1）。

表 7 - 1　主要变量的描述

变量	平均数	标准差	变量说明	样本量
年龄	34.06559	8.768644		808
性别	0.5261876	0.4996181	1 为男,0 为女	821
婚姻状况	1.238733	0.4265692	1 为已婚,0 为未婚及其他	821
教育状况	2.278986	0.7701775	1 为小学,2 为初中,3 为高中或中专,4 为大专及以上	828
居住时间	3.074789	1.395024	1 为不到 1 年,2 为 1～3 年,3 为 3～5 年,4 为 5～10 年,5 为 10 年以上	829
从业经历	1.968408	0.7682718	1 为务农或其他,2 为打工,3 为个体户或开公司	823
住房状况	0.1508516	0.3581221	1 为本地有住房,0 为租房或其他	822
经营时间	2.390746	1.020519	1 为 1～2 年,2 为 3～4 年,3 为 5～10 年,4 为 10 年以上	778
经营类型	1.143631	0.3509535	1 为与父母或家人一起,2 为与朋友一起	738
经营收益	2.012579	1.003692	1 为 1000 元及以下,2 为 1001～2000 元,3 为 2001～3000 元,4 为 4000 元以上	795
收益评价	2.079545	0.5928233	1 为好多了,2 为好一点,3 为差不多或还要差	792

个体特征主要包括：年龄；性别（1 为男，0 为女）；婚姻状态（1 为已婚，0 为未婚及其他）；居住时间（1 为不到 1 年，2 为 1～3 年，3 为 3～5 年，4 为 5～10 年，5 为 10 年以上）；教育状况（1 为小学，2 为初中，3 为高中或中专，4 为大专及以上）；从业经历（1 为务农或其他，2 为打工，3 为个体户或开公司）；住房状况（1 为本地有住房，0 为租房或其他）。

职业特征主要包括：经营时间（1 为 1～2 年，2 为 3～4 年，3 为 5～10 年，4 为 10 年以上）；经营类型（1 为与父母或家人一起，2 为与朋友一起）；经营收益（在此，我们用月消费支出来测量，1 为 1000 元及以下，2 为 1001～2000 元，3 为 2001～3000 元，4 为 4000 元以上）；收益评价（在此，我们用与打工相比来测量，1 为好多了，2 为好一点，3 为差不多或还要差）。

（二）数据分析

本研究把自雇佣的个体农民工社会融合区分为五个不同层面和发展阶段：经济融合、社会关系融合、制度融合、心理融合和社区融合。下面分别从这几个方面来分析自雇佣的个体农民工个体特征与职业特征对其城市社会融合的影响。

1. 经济融合

经济融合主要是指自雇佣的个体农民工在城市中的经济融合状态。本研究使用三个指标来测量：（1）是否有营业执照（是为1，否为0）；（2）是否参加本地个体劳动者协会或者某个行业协会加入相关的企业协会（是为1，否为0）；（3）是否知道营业场所或居住地是否有党、团支部（知道为1，不知道为0）。表7-2显示的是自雇佣的个体农民工的个体特征与职业特征对经济融合的影响。

模型1显示的是自雇佣的个体农民工是否办理营业执照的影响因素。年龄的因素影响显著，随着年龄的增加，自雇佣的个体农民工办理营业执照的几率大大提高。婚姻状况的影响显著，已婚者办理营业执照的几率是未婚者的1.529倍。在城市的居留时间影响显著，但其作用呈现负向作用。在城市生活的时间越长，自雇佣的个体农民工办理营业执照的几率越低；从事生意的时间越长，自雇佣的个体农民工办理营业执照的几率大大提高，且影响作用显著。5~10年和10年以上的从业者办理营业执照的几率分别是1~2年的从业者的1.679倍和3.461倍。

模型2显示的是自雇佣的个体农民工加入协会的影响因素。在城市的居留时间影响显著，生活时间越长，加入协会的几率就会越高。在城市生活5~10年比只在城市生活1~2年的自雇佣的个体农民工，加入协会的几率高96.1%。从事生意的时间影响亦显著，且是正向影响，从事生意的时间越长，自雇佣的个体农民工加入协会的几率越高。3~4年、5~10年和10年以上的从业者加入协会的几率分别比1~2年的从业者高出63.9%、96.8%和113.2%。经营收益呈现正向作用且显著，1001~2000元、2001~3000元和3000元以上的自雇佣的个体农民工加入协会的几率分别比1000元以下的从业者高出58.2%、189.6%和

72.6%。

模型 3 显示的是自雇佣的个体农民工知道营业场所或社区党团组织的影响因素。年龄的因素影响显著，随着年龄的增加，自雇佣的个体农民工知道营业场所或社区党团组织的几率大大提高。在城市的居留时间影响显著，但其作用呈现负向作用。在城市生活 5~10 年与在城市生活 1~2 年的自雇佣的个体农民工相比，知道党团组织的几率要低 59.1%。

表 7-2　自雇佣的个体农民工经济融合的影响因素分析

	模型 1	模型 2	模型 3
年龄	1.177 *	1.107	1.258 ***
年龄平方	0.998	0.998	0.997 ***
性别（女性为参照）	1.004	1.198	1.181
婚姻（未婚及其他为参照）	2.529 ***	1.287	1.106
教育水平（以小学及以下为参照）			
初中	1.050	1.417	1.309
高中或中专	1.079	1.235	1.463
大专及以上	1.588	1.753	1.679
居住时间（以不到 1 年为参照）			
1~3 年	0.603	1.081	0.758
3~5 年	0.443 **	1.584	0.636
5~10 年	0.326 ***	1.961 **	0.419 ***
10 年以上	0.276 ***	1.570	0.838
从业经历（以务农为参照）			
打工	1.096	0.968	0.900
个体户或开公司	1.060	1.046	1.008
住房（以租房或其他为参照）	1.204	1.015	1.295
经营时间（以 1~2 年为参照）			
3~4 年	1.527	1.639 *	1.308
5~10 年	2.679 ***	1.968 **	1.365
10 年以上	4.461 ***	2.132 *	1.230
经营类型（以与父母家人一起为参照）	1.097	0.862	1.130
经营收益（以 1000 元以下为参照）			
1001~2000 元	1.000	1.582 **	1.095
2001~3000 元	1.169	2.896 ***	1.106
3000 元以上	0.830	1.726 *	0.701
收益评价（以差不多或还要差为参照）			

	模型 1	模型 2	模型 3
好多了	0.749	1.282	0.836
好一点	0.842	1.379	1.242
N	627	625	615
$PseudoR^2$	0.0605	0.0687	0.0324

注：表中汇报的是系数的期望值，$^*p<0.1$，$^{**}p<0.05$，$^{***}p<0.01$。

由此可见，在自雇佣的个体农民工的经济融合过程中，首先，居住时间在 5～10 年的状况是至关重要的影响因素（参见表 7 – 2 中模型 1、模型 2 和模型 3），在经营所在地居住 5～10 年的自雇佣的个体农民工在是否办理营业执照、加入协会，以及知道营业场所或社区党团组织这三个方面实现经济融合的几率都要高，且在统计上均显著。

其次，经营时间在 5～10 年的自雇佣的个体农民工比低于 5 年时间的自雇佣的个体农民工在是否办理营业执照、加入协会这两方面的实现经济融合的几率较高（参见表 7 – 2 中模型 1 和模型 2），因此，"经营时间在 5～10 年"这个分界点在分析自雇佣的农民工的经济融合因素方面是值得今后研究关注的。

最后，受教育水平、从业经历、住房经营类型和收益评价这四个变量并不影响自雇佣的个体农民工实现经济融合（参见表 7 – 2 中模型 1、模型 2 和模型 3）。

2. 社会关系融合

社会关系融合主要是指自雇佣的个体农民工在城市中的社会交往状况。本研究使用三个指标来测量：（1）遇到业务上、资金上的困难时，您首先想到谁帮忙？（1 为同行朋友或其他人，0 为老乡或家人亲属）；（2）来本地做生意后，您最亲密的朋友是谁？（1 为本地人或生意朋友，0 为老乡或家人亲属）；（3）您和本地人来往情况？（1 经常往来，0 不经常往来）。表 7 – 3 所显示的是自雇佣的个体农民工的个体特征与职业特征对社会关系融合的影响。

模型 1 显示的是自雇佣的个体农民工在遇到困难的时候寻求帮助的

对象及其影响因素。年龄的因素影响显著，且随着年龄的变化寻求帮助的对象在变化。随着年龄的增加，自雇佣的个体农民工更多地是寻求同行朋友或其他人，而非老乡或家人亲属。但到一定年龄之后，自雇者则又倾向于寻求老乡或家人亲属。婚姻状况的影响显著，已婚者寻求同行朋友或其他人帮助的几率是未婚者的 1.396 倍。教育水平的影响显著，但呈现负向作用。与小学及小学以下文化水平的人相比，初中和大专以上文化水平的自雇佣的个体农民工向本地朋友或其他人寻求帮助的几率分别低 51.5% 和 69.1%。住房状况的作用显著，有住房的自雇佣的个体农民工向本地朋友或其他人寻求帮助的几率比租房者高出 79.6%。经营类型的影响显著。与朋友一起做生意的自雇佣的个体农民工向同行朋友或其他人寻求帮助的几率是与家人一起做生意的自雇佣的个体农民工的 1.713 倍。经营收益越好，自雇佣的个体农民工越倾向于向本地朋友或其他人而非老乡或家人亲属寻求帮助。1001~2000 元、2001~3000 元和 3000 元以上的自雇佣者比 1000 元以下的自雇佣的个体农民工高出 64.8%、86.3% 和 92.%。对经营收益的评价越高，向同行朋友或其他人寻求帮助的几率越低。认为自雇佣比打工收益"好多了"和"好一些"的自雇佣的个体农民工比认为"差不多或还要差"的，向同行朋友或其他人寻求帮助的几率分别低 63% 和 57.9%。

　　模型 2 显示的是自雇佣的个体农民工的亲密朋友是本地人或生意朋友，还是老乡或家人亲属及其影响因素。住房状况的作用显著，有住房的自雇佣的个体农民工选择本地人或生意朋友作为亲密朋友的几率要比租房者高 72.6%。从事生意的时间影响亦显著，且是正向影响，从事生意的时间越长，自雇佣的个体农民工选择本地人或生意朋友作为亲密朋友的几率越高。5~10 年的从业者几率比 1~2 年的从业者高 75%。经营类型的影响显著。与朋友一起做生意自雇佣的个体农民工选择本地人或生意朋友作为亲密朋友的几率比与家人一起做生意的自雇佣的个体农民工高 69.2%。经营收益越好，自雇佣的个体农民工越倾向于选择本地人或生意朋友作为亲密朋友。3000 元以上的自雇佣的个体农民工比 1000 元以下的自雇佣的个体农民工高 88.7%。对经营收益的评价越高，自雇佣的个体农民工越倾向于选择本地人或生意朋友作为亲密朋友。认为自雇佣比打工收益"好很多"和"好一些"的自雇佣的个体农民工比认为"差不多或还要差"的，选择本地人或生意朋友作为亲密朋友几率分别高81.9%和68.1%。

模型3显示的是自雇佣的个体农民工与本地人来往情况及其影响因素。性别的作用显著。男性与女性相比，与本地人经常往来的几率高45%。受教育状况中仅初中学历者作用显著。与小学及其以下学历者相比，初中学历者与本地人经常往来的几率要低42.6%。住房状况的作用显著，有住房的自雇佣的个体农民工跟本地人经常往来的几率是租房者的1.637倍。经营收益越好，自雇佣的个体农民工跟本地人经常往来的几率越高。1001～2000元、2001～3000元和3000元以上的自雇佣者分别是1000元以下自雇佣的个体农民工的1.264倍、1.798倍和1.203倍。对经营收益的评价越高，自雇佣的个体农民工与本地人经常往来的几率越低。认为自雇佣比打工收益"好很多"的自雇佣的个体农民工比认为"差不多或还要差"的跟本地人经常往来的几率低44.4%。

由此可见，在自雇佣的个体农民工的社会关系融合过程中，首先，住房状况、经营收益在3000元以上、收益评价为好多了，是至关重要的影响因素（参见表7-3中模型1、模型2和模型3），拥有住房、经营收益在3000元以上、收益评价为好多了的自雇佣的个体农民工，比租房居住、收益在3000元以下、收益评价不认为好多了的自雇佣个体农民工，在有困难寻求帮助、亲密朋友，以及与本地人来往这三方面的实现社会关系融合的几率都要高，且在统计上均显著。

表7-3　自雇佣的个体农民工社会关系融合的影响因素分析

	模型1	模型2	模型3
年龄	1.243 **	1.088	0.998
年龄平方	0.997 **	0.999	1.000
性别（女性为参照）	0.977	1.142	1.450 *
婚姻（未婚及其他为参照）	2.396 ***	0.886	1.069

续表

	模型 1	模型 2	模型 3
教育水平(以小学及以下为参照)			
初中	0.485 **	0.874	0.574 *
高中或中专	0.886	0.965	0.873
大专及以上	0.309 **	1.979	1.262
居住时间(以不到 1 年为参照)			
1～3 年	1.177	0.834	1.306
3～5 年	0.707	0.873	1.255
5～10 年	0.785	0.630	1.497
10 年以上	0.747	1.018	1.785
从业经历(以务农为参照)			
打工	0.941	0.879	1.066
个体户或开公司	1.318	0.821	0.855
住房(以租房或其他为参照)	1.796 **	1.726 **	2.637 ***
经营时间(以 1～2 年为参照)			
3～4 年	1.390	1.256	0.871
5～10 年	1.338	1.750 **	0.929
10 年以上	1.346	1.219	1.269
经营类型(以与父母家人一起为参照)	2.713 ***	1.692 **	0.782
经营收益(以 1000 元以下为参照)			
1001～2000 元	1.648 *	1.256	2.264 ***
2001～3000 元	1.863 *	1.407	2.798 ***
3000 元以上	1.920 **	1.887 **	2.203 **
收益评价(以差不多或还要差为参照)			
好多了	0.370 ***	1.819 **	0.556 **
好一点	0.421 ***	1.681 *	0.684
N	622	620	629
PseudoR²	0.0968	0.0472	0.0844

注:表中汇报的是系数的期望值,* $p < 0.1$,** $p < 0.05$,*** $p < 0.01$。

另外,居住时间、从业经历这两个变量并不影响自雇佣的个体农民工实现社会关系融合(参见表 7-3 中模型 1、模型 2 和模型 3)。

3. 制度融合

本研究使用三个指标来测量制度融合:(1)您是否拥有本地户口?(1 是,0 否);(2)您是否参加了社会保险或购买了商业保险(1 是,

0 否）；（3）您的孩子是在本地公立学校读书吗？（1 是，0 否）。表 7 - 4 所显示的是自雇佣的个体农民工的个体特征与职业特征对制度融合的影响。

模型 1 显示的是自雇佣的个体农民工是否拥有本地户口的影响因素。性别的影响是显著的。与女性相比，男性获得本地户口的几率要低 59.9%。婚姻状况的影响是显著的。已婚的自雇佣的个体农民工是未婚或其他类型的自雇佣的个体农民工获得本地户口几率的 1.843 倍。居住时间的作用显著，居住 10 年以上的自雇佣的个体农民工拥有本地户口的几率是居住不到一年的自雇佣的个体农民工的 1.261 倍。住房状况的作用显著，有住房的自雇佣的个体农民工拥有本地户口的几率是租房者的 2.06 倍。

模型 2 显示的是自雇佣的个体农民工是否拥有社会保障的影响因素。居住时间的作用显著，居住 1~3 年的自雇佣的个体农民工拥有社会保障的几率比居住不到一年的自雇佣的个体农民工高 77.5%。从业经历的作用显著，过去从事个体户或开公司的自雇佣的个体农民工要比过去务农的自雇佣的个体农民工拥有社会保障的几率高 51.6%。住房状况的作用显著，有住房的自雇佣的个体农民工拥有社会保障的几率是租房者的 2.026 倍。经营收益越好，自雇佣的个体农民工拥有社会保障的几率越高。1001~2000 元、2001~3000 元的自雇佣者分别比 1000 元以下的自雇佣的个体农民工高 56.9% 和 100%。

模型 3 显示自雇佣的个体农民工学龄阶段子女是否在公立学校读书的影响因素。居住时间的作用显著，居住 10 年以上的自雇佣的个体农民工子女在公立学校读书的几率是居住不到一年的自雇佣的个体农民工的 1.777 倍。从业经历的作用显著，过去打工的自雇佣的个体农民工子女要比过去务农的自雇佣的个体农民工子女在公立学校读书的几率高 58.8%。住房状况的作用显著，有住房的自雇佣的个体农民工子女在公立学校读书的几率比租房者的子女高 70.3%。经营类型的影响显著，与朋友一起做生意的自雇佣的个体农民工子女在公立学校读书的几率，比与家人一起做生意的自雇佣的个体农民工的子女低 60.1%。经营收益越好，自雇佣的个体农民工子女就读公立学校的几率越高。2001～3000元的自雇佣者比1000元以下自雇佣的个体农民工高75.3%。对经营收益的评价越高，自雇佣的个体农民工子女就读公立学校的几率越高。认为自雇佣要比打工收益"好一些"的自雇佣的个体农民工子女就读公立学校的几率，是比认为"差不多或还要差"的自雇者子女的1.329倍。

由此可见，在自雇佣的个体农民工的制度融合过程中，首先，住房状况是至关重要的影响因素（参见表7-4中模型1、模型2和模型3），拥有住房的自雇佣的个体农民工比租房居住的自雇佣的个体农民工在城市户口、参加社会保险以及子女进入公办学校读书这三方面的制度融合实现的几率都要高，且在统计上均显著。

其次，居住时间10年以上的自雇佣的个体农民工比居住时间低于10年的自雇佣的个体农民工在获得本市户口和子女就读公办学校这两方面的实现制度融合的几率高（参见表7-4中模型1和模型3），因此，"居住时间10年"这个分界点在分析自雇佣的农民工的制度融合因素是值得今后研究关注的。

最后，年龄、受教育水平和经营时间这三个变量并不影响自雇佣的个体农民工的制度融合实现（参见表7-4中模型1、模型2和模型3）。

表7-4 自雇佣的个体农民工制度融合的影响因素分析

	模型1	模型2	模型3
年龄	1.204	1.145	1.137
年龄平方	0.998	0.998	0.998
性别（女性为参照）	0.411***	1.109	1.245
婚姻（未婚及其他为参照）	2.843***	1.276	0.707
教育水平（以小学及以下为参照）			
初中	1.009	1.071	0.685
高中或中专	1.539	1.228	0.741
大专及以上	0.552	0.734	1.695
居住时间（以不到1年为参照）			
1～3年	0.611	1.775*	0.745
3～5年	1.297	1.165	0.704
5～10年	1.133	1.308	0.810

	模型 1	模型 2	模型 3
10 年以上	2.261 *	1.647	2.777 ***
从业经历（以务农为参照）			
打工	1.146	1.101	1.588 *
个体户或开公司	1.025	1.516 *	1.382
住房（以租房或其他为参照）	3.060 ***	3.026 ***	1.703 *
经营时间（以 1~2 年为参照）			
3~4 年	0.939	0.998	1.001
5~10 年	0.959	1.402	1.194
10 年以上	0.541	1.687	1.114
经营类型（以与父母家人一起为参照）	1.549	1.463	0.399 **
经营收益（以 1000 元以下为参照）			
1001~2000 元	0.745	1.569 *	1.121
2001~3000 元	1.199	2.000 **	1.753 *
3000 元以上	0.495	1.332	1.697
生意评价（以差不多或还要差为参照）			
好多了	0.850	0.730	1.462
好一点	0.857	1.040	2.329 **
N	624	607	556
$PseudoR^2$	0.1068	0.0816	0.1176

注：表中汇报的是系数的期望值，* $p < 0.1$，** $p < 0.05$，*** $p < 0.01$。

4. 心理融合

心理融合主要是指自雇佣的个体农民工对城市市民的感知和自身阶层认同的状况，本研究使用了三个指标来测量：（1）您觉得本地人对外地人是否友好？（1 是，0 否）；（2）您更习惯在城市还是老家生活？（1 城市，0 老家）；（3）与本地人相比，您觉得您处于哪个阶层？（1 中上，0 中下）。表 7-5 所显示的是自雇佣的个体农民工的个体特征与生意特征对心理融合的影响。

模型 1 显示的是自雇佣的个体农民工对本地人友好与否感知的影响因素。性别的影响是显著的。与女性相比，男性觉得本地人友好的几率要高 57.2%。住房状况的作用显著，有住房的自雇佣的个体农民工感觉本地人友好的几率比租房者高 60.2%。经营时间的作用显著，从业

10 年以上的自雇佣的个体农民工感知本地人友好的几率是从业 1～2 年自雇佣的个体农民工的 1.156 倍。经营类型的影响显著。与朋友一起做生意自雇佣的个体农民工感知本地人友好的几率比与家人一起做生意的自雇佣的个体农民工低 44%。经营收益越好，自雇佣的个体农民工感知本地人友好的几率越低。1001～2000 元和 3000 元以上的自雇佣者比 1000 元以下自雇佣的个体农民工感知本地人友好的几率低 33.1% 和 54.5%。对经营收益的评价越高，自雇佣的个体农民工感知本地人友好的几率越高。认为自雇佣要比打工收益"好一些"的自雇佣的个体农民工感知本地人友好的几率是认为"差不多或要差的"的自雇者的 1.29 倍。

模型 2 显示的是自雇佣的个体农民工对城市生活还是老家生活习惯的影响因素。居住时间的作用显著，在城市居住时间越长则越是习惯城市的生活。居住 3～5 年和 10 年以上的自雇佣的个体农民工更习惯城市生活的几率，分别比居住不到一年的自雇佣的个体农民工高 63.9% 和 104.5%。住房状况的作用显著，有住房的自雇佣的个体农民工更习惯城市生活的几率比租房者高 93.1%。

模型 3 显示的是自雇佣的个体农民工在城市中阶层认同的影响因素。受教育水平的影响显著，教育水平越高，城市中的阶层认同越低。与小学及其以下教育水平的自雇者相比，初中和高中或中专教育水平的自雇者认同"中上"的几率分别低 49.4% 和 65.2%。居住时间的作用显著，居住时间越长，城市中的阶层认同越低。与居住 1 年以下的自雇者相比，居住 1～3 年、3～5 年、5～10 年和 10 年以上的自雇者认同"中上"阶层的几率分别低 61.9%、76.8%、83.8% 和 88.8%。住房状况的作用显著，有住房的自雇佣的个体农民工认同"中上"的几率是租房者的 1.965 倍。经营时间的作用显著，从业时间越长，城市中的阶层认同就越高。从业 3～4 年和 5～10 年以上的自雇佣的个体农民工认同"中上"的几率，分别是从业 1～2 年自雇佣的个体农民工的 3.561 倍和 2.161 倍。经营收益越好，自雇佣的个体农民工在城市的阶层认同越高。2001～3000 元和 3000 元以上的自雇佣的个体农民工认同"中上"的几率分别是 1000 元以下自雇佣的个体农民工的近 2 倍和 3.794 倍。

表 7-5 自雇佣的个体农民工心理融合的影响因素分析

	模型 1	模型 2	模型 3
年龄	1.052	1.065	1.195
年龄平方	0.999	0.999	0.998
性别(女性为参照)	1.572 **	0.924	0.961
婚姻(未婚及其他为参照)	0.808	1.211	1.859
教育水平(以小学及以下为参照)			
初中	1.126	1.064	0.516 *
高中或中专	1.251	1.459	0.348 ***
大专及以上	2.067	1.311	0.451
居住时间(以不到 1 年为参照)			
1~3 年	0.831	1.166	0.381 **
3~5 年	0.703	1.639 *	0.232 ***
5~10 年	0.774	1.672	0.162 ***
10 年以上	0.776	2.045 **	0.112 ***
从业经历(以务农为参照)			
打工	1.251	1.006	1.114
个体户或开公司	0.998	1.039	1.560
住房(以租房或其他为参照)	1.602 *	1.931 ***	2.965 ***
经营时间(以 1~2 年为参照)			
3~4 年	0.880	1.144	4.561 ***
5~10 年	1.315	1.152	3.161 ***
10 年以上	2.156 **	1.252	2.623
经营类型(以与父母家人一起为参照)	0.560 **	0.670	0.814
经营收益(以 1000 元以下为参照)			
1001~2000 元	0.669 **	1.179	1.075
2001~3000 元	0.917	0.952	1.995 *
3000 元以上	0.455 ***	1.288	3.794 ***
收益评价(以差不多或还要差为参照)			
好多了	1.514	1.476	0.768
好一点	2.290 ***	1.322	1.913
N	628	628	619
PseudoR²	0.0618	0.0445	0.1737

注:表中汇报的是系数的期望值,* p < 0.1,** p < 0.05,*** p < 0.01。

由此可见，在自雇佣的个体农民工的心理融合过程中，首先，住房状况是至关重要的影响因素（参见表7-5中模型1、模型2和模型3），自己拥有住房的自雇佣的个体农民工，比租房居住的自雇佣的个体农民工在城市本地人友好与否、习惯城市生活还是老家生活，以及在城市社会中的阶层认同这三方面的实现心理融合的几率都要高，且在统计上均显著。

其次，居住时间10年以上、经营收益在3000元以上的自雇佣的个体农民工比居住时间低于10年、收益在3000元以下的自雇佣的个体农民工分别在习惯城市生活还是老家生活及在城市社会中的阶层认同；本地人友好与否及在城市社会中的阶层认同这两方面实现心理融合的几率高（参见表7-5中模型1、模型2和模型3）。

最后，年龄、婚姻和从业经历这三个变量并不影响自雇佣的个体农民工实现心理制度融合（参见表7-5中模型1、模型2和模型3）。

5. 社区融合

社区融合主要是指自雇佣的个体农民工在城市社区的生活状况，其中包括居留意愿。本研究使用三个指标来测量：（1）在社区中，您主要与本地人还是外地人交往？（1本地人，0外地人）；（2）您是否参加过社区的活动？（1是，0否）；（3）您是计划永久留在城市生活吗？（1是，0否）。表7-6显示的是自雇佣的个体农民工的个体特征与职业特征对社区融合的影响。

模型1显示的是自雇佣的个体农民工在社区中主要与本地人还是外地人交往的影响因素。性别的影响是显著，男性在社区主要与本地人交往的几率是女性的1.304倍。从业经历的作用显著，过去打工和过去是个体户或开公司的自雇者在社区主要与本地人交往的几率分别是过去务农的自雇佣的个体农民工的1.6倍和1.614倍。经营收益的影响显著，收益越高，自雇佣的个体农民工在社区主要与本地人交往的几率越低。2001~3000元的自雇者比1000元及其以下的自雇的个体农民工，在社区主要与本地人交往的几率低62.5%。

模型2显示的是自雇佣的个体农民工是否参加社区活动的影响因素。

性别的影响显著，男性参加社区活动的几率是女性的 1.562 倍。婚姻状况的影响显著，已婚的自雇佣的个体农民工参加社区活动的几率是未婚者或其他的 2.304 倍。受教育水平的影响显著，教育水平越高，参加社区活动的几率越高。高中或中专教育水平的自雇者参加社区活动的几率，是小学及以下教育水平自雇者的 1.746 倍。从业经历的作用显著，过去是个体户或开公司的自雇者参加社区活动的几率，是过去务农自雇佣的个体农民工的 1.012 倍。住房状况的作用显著，有住房的自雇佣的个体农民工参加社区活动的几率是租房者的 2.233 倍。对经营收益的评价越高，自雇佣的个体农民工参加社区活动的几率越低。认为自雇佣要比打工收益"好多了"和"好一些"的自雇佣的个体农民工参加社区活动的几率，比认为"差不多或还要差"的自雇者分别低 62.5% 和 60%。

模型 3 显示的是自雇佣的个体农民工是否在城市永久居留的影响因素。从业经历的作用显著，过去打工和过去是个体户或开公司的自雇佣的个体农民工选择"永久居留"的几率，分别比过去务农自雇佣的个体农民工高 64.8% 和 105.7%。住房状况的作用显著，有住房的自雇佣的个体农民工选择"永久居留"的几率是租房者的 2.137 倍。经营类型作用显著，与朋友一起做生意自雇佣的个体农民工选择"永久居留"的几率，比与家人一起做生意的自雇佣的个体农民工低 44.5%。

表 7-6　自雇佣的个体农民工社区融合的影响因素分析

	模型 1	模型 2	模型 3
年龄	0.855	1.236	0.930
年龄平方	1.001	0.997	1.001
性别(女性为参照)	2.304 ***	2.562 ***	1.362
婚姻(未婚及其他为参照)	0.647	3.304 ***	1.209
教育水平(以小学及以下为参照)			
初中	1.366	2.402	1.276
高中或中专	1.839	2.746 *	1.329
大专及以上	1.712	1.298	1.365
居住时间(以不到 1 年为参照)			
1~3 年	1.227	0.815	1.080

续表

	模型 1	模型 2	模型 3
3 ~ 5 年	1.756	0.876	0.761
5 ~ 10 年	1.804	1.234	0.847
10 年以上	2.209	0.943	1.321
从业经历(以务农为参照)			
打工	2.600 **	1.705	1.648 *
个体户或开公司	2.614 **	2.012 *	2.057 ***
住房(以租房或其他为参照)	1.509	3.233 ***	3.137 ***
经营时间(以 1 ~ 2 年为参照)			
3 ~ 4 年	1.144	0.776	0.719
5 ~ 10 年	1.843	0.656	0.767
10 年以上	1.367	1.809	0.726
经营类型(以与父母家人一起为参照)	0.948	1.189	0.555 *
经营收益(以 1000 元以下为参照)			
1001 ~ 2000 元	1.038	1.328	1.030
2001 ~ 3000 元	0.375 *	1.171	0.754
3000 元以上	0.686	0.996	0.707
生意评价(以差不多或还要差为参照)			
好多了	0.716	0.375 ***	1.170
好一点	0.534	0.400 **	0.888
N	596	619	630
$PseudoR^2$	0.0866	0.1158	0.066

注：表中汇报的是系数的期望值，* $p < 0.1$，** $p < 0.05$，*** $p < 0.01$。

由此可见，在自雇佣的个体农民工的社区融合过程中，首先，个体户或开公司的从业经历状况是至关重要的影响因素（参见表 7-6 中模型 1、模型 2 和模型 3），有个体户或开公司从业经历的自雇佣的个体农民工，比仅有打工经历的自雇佣的个体农民工在交往、是否参与社区活动，以及在城市永久居留意愿这三方面实现社区融合的几率都要高，且在统计上均显著。

其次，性别状况和住房状况分别在交往和是否参与社区活动、在是否参与社区活动和在城市永久居留意愿两个方面实现社区融合的几率高（参见表 7-6 中模型 1、模型 2 和模型 3），

最后，年龄、居住时间和经营时间这三个变量并不影响自雇佣的个

体农民工实现社区融合（参见表 7-6 中模型 1、模型 2 和模型 3）。

通过对上述五个方面的分析，笔者认为：

（1）从个体特征方面而言，年龄、性别、婚姻状况、居住时间、从业经历和住房状况对其城市社会融合有影响，其中住房状态和从业经历对城市社会融合影响显著。受教育水平与城市融合关系并不明显。

（2）从职业特征来看，经营时间、经营收益和收益评价对其城市社会融合有显著影响，经营收益和经营时间对城市社会融合影响非常显著。经营类型影响相对较弱。

（3）从经济融合层面看，是否参加本地个体劳动者协会或者某个行业协会对于城市经济融合具有显著影响，尤其与经营时间和经营收益之间的相关显著。

（4）从社会关系融合方面看，当遇到资金上、业务上困难的时候首先想到谁帮忙，对社会关系融合产生重要影响，并且与住房状态、经营收益水平显著相关。

（5）从社会制度融合方面看，社会保障和子女就读学校选择对其城市社会融合产生重要影响，并且与住房状态和经营收益显著相关。

（6）从心理融合方面看，相对本地人其社会经济地位状态对其城市社会融合产生重要影响，并且与住房状态、经营时间和经营收益显著相关。

（7）从社区融入方面看，参与社区活动对于其城市社会融合产生重要影响，并且与性别、婚姻状况以及从业经历和住房状况等个体特征显著相关。

（8）个体特征和职业特征对于经济融合和社会关系融合影响显著，而对于制度融合、心理融合和社区融合的影响显著程度明显弱化，在制度融合层面似乎出现了断裂的情况。经济融合、社会关系融合并没有必然导致一以贯之的制度融合、心理融合和社区融合。尤其是职业特征并没有对心理融合和社区融合产生持续的影响。换言之，制度融合是影响当前自雇佣的个体农民工群体实现城市社会融合的重要因素。

第二节　农民工社会融合阶段划分

一　考察农民工社会融合阶段的意义

通过自雇佣者群体社会融合的考察，笔者认为包括自雇佣者群体在内的农民工的社会融合水平是可以测量的，并且通过若干层面的综合测量，还可以划分农民工社会融合的程度或阶段。因此，构建农民工社会融合阶段划分指标体系具有重要的理论和现实意义。

（一）提供制定促进社会融合的政策依据

农民工社会融合问题是近年来农民工问题研究的重要议题、热点问题。尽管有研究对"农民工市民化"进程或水平进行了不少测算，但普遍的问题是计算复杂。考察我国农民工社会融合所处的阶段，主要目标是为制定促进农民工实现社会融合的政策提供相应依据。

（二）作为测量"农民工市民化"和"城市化率"的补充

农民工社会融合阶段划分，是对"农民工市民化"和"城市化率"的重要补充和完善，丰富了观察流动人口社会融合的思路和角度，相对"城市化率"或"市民化率"更为具体。

（三）增加了观察我国经济社会发展的重要窗口

考察农民工社会融合阶段，不仅可以判断农民工社会融合所处的阶段，发现农民工社会融合过程中遇到的问题，尤其是一些制度性的障碍。更重要的是可以发现我国经济社会发展过程中所遇到的问题，如城市化问题、社会体制改革问题等。可以说，农民工社会融合阶段是观察经济社会发展的一个重要窗口和指标。与此同时，构建划分农民工社会融合阶段的指标体系，可以正确评估当前执行的社会政策的效果，并及时调整相关政策，促进农民工的社会融合，减少社会成本和代价。

二　农民工分化与社会融合

2.6亿的流动人口本身就是一个庞大的人群，其社会融合涉及经济、社会、文化、制度等一系列深层次问题，其艰巨性、复杂性可想而知。因此，本研究的基本思路是：第一，如何认识 2.6 亿庞大的流动人口，特别是 1.53 亿外出农民工。第二，如何逐步实现农民工群体的社会融合。这一思路有助于正确认识和解决农民工社会融合问题。

（一）农民工已分化为四大群体

自 20 世纪 80 年代开始，农村剩余劳动力向城市转移，实质上在两个方面发生着重要演进：第一，转移到城市的农民工数量规模逐年扩大。第二，这个庞大的群体本身已经发生了剧烈分化。自 20 世纪 80 年代以来，数以百万、千万计的农村剩余劳动力从农村转移到城市，尤其是进入 90 年代以后，流动人口每年以近 1000 万的规模在增长，这在发达国家现代化史上是从未有过的。这个群体规模在迅速扩大的同时，其内部已经发生了剧烈分化，分化程度不亚于当代中国社会已分化为"十大阶层"①那样的剧烈程度。总体而言，农民工群体这些年来已经发生了重要变化，并且全社会对这一问题的认识也在不断深化。

农村剩余劳动力向城市转移之初就已经发生了最初的分化。随着 1983 年人民公社体制的重要变革，带动了户籍管理制度的松动和就业及社会保障制度的灵活变通。1984 年 1 月 1 日颁布的《中共中央关于 1984 年农村工作的通知》提出"允许务工、经商、办服务业的农民自理口粮到集镇落户"。1984 年 10 月 13 日《国务院关于农民进入集镇落户问题的通知》指出，随着我国农村商品生产和商品交换的迅速发展，乡镇工商业蓬勃兴起，越来越多的农民转向集镇务工、经商，他们迫切要求解决迁入集镇落户问题。实质上这些所谓"转向集镇务工、经商的农民"就是现在所谓的"农民工"。这些文件清楚地表明农民工群体一开始就被划分为两大不同的群体：进城"务工群体"和进城"经商、办服务业群体"。现实社会发展表明"进城务工人员"为农民工群体中的主体部分，而"进城经商人员"为其中的一小部分，这些人员也就是"自雇佣者"，区别于受雇的"务工人员"。

---

① 陆学艺：《当代中国社会阶层研究报告》，社会科学文献出版社，2002，第 10~23 页。

有研究认为，农民工从农村向城市、从农民到非农产业职工的流动中，更多地依赖以情缘、地缘为纽带的社会关系网络。并认为这是一种非常理性的行为选择，与他们期望获得更高的收入和更加舒适生活的功利性目标是完全一致的。这不仅体现在农民工总体上收入水平和经济地位得到显著提高，同时也体现在职业上的分化。该研究认为农民工经过职业分化，"实际上已经完全分属于三个不同的社会阶层：占有相当生产资本并雇佣他人的业主、占有少量资本的自我雇佣的个体工商业者和完全依赖打工的受薪者"。并认为"占有少量资本的自我雇佣的个体工商业者"的收入介于"业主"和"完全依赖打工的受薪者"之间。[①] 这是关于农民工职业分化的较早期研究。

有学者从多重分割的劳动力市场的角度研究农民工的就业分流问题，认为在中国的特殊国情下，非正式就业具有非常重要的现实意义，因为非正式就业不仅在于吸纳就业，使那些未能实现正式就业的农民工很容易找到一份生存性的工作，更在于其就业效果可能并不低于正式就业的农民工。据此认为"农民工的非正式就业还进一步分化为自雇就业和受雇就业两种情形"。而自雇就业在劳动力市场上具备了一定的"优势"，从而与打工的农民工相比产生了差异。农民工自雇就业的具体"行当"大体上包括散工、流动摊贩和沿街叫卖、无牌小店等。并且指出，自雇就业具有一定的经济活力和发展前途，是农民工向城市迁移和城市适应的一条可能途径。[②]

有研究将农民工从不同的角度进行分类，如城市化的农民工和非城市化的农民工等，其中指出进城务工的农民工，在现代产业分工体系的作用下，出现了二次分化。农民工二次分化形成了三个各具特点的阶层：业主层、个体层和雇工层。其中业主层又根据掌握资产和雇工的多寡划分为个体工商户和私营企业主；个体层可视其有无个体营业证件和

---

① 李培林：《流动民工的社会网络和社会地位》，《社会学研究》1996 年第 4 期，第 42～51 页。

② 蔡禾、刘林平、万向东等：《城市化进程中的农民工：来自珠江三角洲的研究》，社会科学文献出版社，2009，第 423～427 页。

固定场所分为两个层次：有营业执照的个体劳动者和散工。①

一项较为详细的研究在讨论农村流动人口城市融入问题时，综合经济标准、政治标准、社会标准、生活标准、价值标准、文化标准和职业标准等，将农民工划分为五大群体：准市民身份的农民工、自我雇佣的个体农民工、依靠打工维持生活的农民工、失业农民工和失地农民工。② 在此基础上指出了农村流动人口的阶层化与异质性的问题。其中"自我雇佣的个体农民工"是农民工群体中的进城经商人员。

总体而言，经过 30 多年的城市化、工业化、现代化的洗礼，"农民工"作为一个群体已经发生了剧烈分化，并成为一个异质性的群体，其内部分化差别与城乡差别类似。如果以职业分类为基础，以占有组织资源、经济资源和文化资源的状况为标准，大致可将农民工划分为四大群体："私营企业主""自雇佣的个体农民工""务工人员""无业或失业农民工"等四大群体，这足以表明其分化程度及其异质性。如果按照 2010 年我国外出农民工总数约 1.5 亿计算，农民工群体已经分化为如下四类。

1. 私营企业主（农民工老板）（约 440 万人）

农民工中的私营企业主群体实质上是指农民工中已经成长为老板的那部分业主，即农民工老板。这个群体的基本特质为占有相当的生产资本，并处于雇佣状态。在成长为老板之前多为从农村转移到城市从事个体工商业的农民工（即经商的农民工）。如果根据国家人口与计划生育委员会流动人口服务管理司 2011 年的数据推算，农民工群体中私营企业主大约有 440 万人，约占 2010 年全国私营企业主人数的 24%。

2. 自雇佣的个体农民工（约 2900 万人）

自雇佣的个体农民工群体是指农民工中占有少量资本，并处于自雇佣状态的个体工商业者。尽管这个群体与私营企业主群体都处于雇佣状态，但其主要区别之一为占有生产资本多寡不同，个体农民工所占有的

---

① 刘怀廉：《农民工：一个特殊的社会群体》，人民出版社，2005，第 138~140 页。

② 谢建社：《农民工分层：中国城市化思考》，《广州大学学报》（社会科学版）2006 年第 10 期，第 44~49 页。

生产资本相对较少。自雇佣的个体农民工群体是农民工"自营者"中的主体。这个群体在成为自雇佣的个体农民工之前，或者从事农业生产，或者已在农村从事工商经营，转移到城市之后仍然继续从事工商经营。如果根据国家人口与计划生育委员会流动人口服务管理司2011年的数据推算，自雇佣的个体农民工大约有2900万人，约占2010年全国个体工商户从业者的41.4%。

3. 务工人员群体（约9000万）

务工人员群体是农民工中的绝对主体。这个群体是完全依赖打工的受薪者，其最根本的特征为处于被雇佣状态，这一重要特征决定其职业的流动性很大，也决定了这个群体在农民工中处于相对较低的位置。根据国家人口与计划生育委员会流动人口服务管理司2011年的数据推算，务工人员总数大约在9000万的规模。

以上三类群体总计约1.53亿人。另外，根据调查以及有关统计数据，在规模庞大的农民工群体中还附带另外一个处于非劳动年龄阶段的农民工成员群体，即流动儿童群体、流动老人群体。

4. 无业、失业和半失业群体（约3000万）

农民工中的无业群体主要是指处于非劳动年龄阶段的农民工家庭成员，这个群体既有处于非劳动年龄阶段的儿童、青少年，也有处于非劳动年龄阶段的老人，前者约有2876万人，后者约有122万人，两者总计约3000万人（见表7-7）。

表7-7 非劳动年龄阶段的农民工家属或半失业农民工群体

年龄划分	0~14岁农民工子女	60周岁及以上的流动老人	总计
人口数	约2876万人	约122万	约3000万

数据来源：根据《中国流动人口发展报告2011》推算。

另外，这里需要指出的是，在农民工群体中，还有少量处于失业半失业状态的群体，他们属于农民工群体中地位最低的群体。因为他们虽然转移到城市，但由于各种原因处于短暂失业或半失业状态。不同的是，在城市里，城市居民在失业期间可获得包括失业救助、最低生活保障等保障待遇，以及来自社区的各种帮助或救济，而失业无业农民工却"无依无靠"。对于绝大多数农民工而言，转移到城市之初或其中某个时期短暂失业是必经阶段，多数经过短暂失业之后会重新找到工作，这也属正常现象。值得警惕的是，无业或失业群体中的一小部分人迫于生计问题而走上了犯罪道路，成为社会治安不稳定的潜在因素之一。

需要强调指出的是，这里的统计数据是以外出农民工为总量推算的。同时还需要指出的是，国家统计局与国家人口和计划生育委员会流动人口服务管理司发布的关于雇主、自营者的统计比例有较大出入。如根据国家统计局 2010 年、2012 年发布的 2009 年、2011 年《农民工监测调查报告》显示，在外出农民工中自营者分别占 6.4%、5.2%。而根据国家人口和计划生育委员会流动人口服务管理司发布的 2011 年、2012 年《中国流动人口发展报告》提供的数据，农民工中自营者比例分别为 24.3%、25.8%。[1] 这比国家统计局统计的规模扩大了许多。本研究依据国家人口和计划生育委员会流动人口服务管理司提供的数据做了以上三个群体的粗略推算，大体符合我国经济社会发展的实际情况。

不管按照哪个部门的数据，有一点值得肯定，即农民工群体已经发生了深刻分化，其中自雇佣的个体农民工已成为农民工群体中的重要组成部分。

(二) 农民工分化的重要启示

农民工的分化给我们的重要启示是：

第一，农民工的分化已完全表明农民工已不再是一个同质性群体，而是一个内部分化剧烈的异质性群体。

最近一项关于成都市农民工的研究也印证了这一观点。该研究指出，长期以来，因为缺乏对这个社会群体应有的科学调查和研究，政界

---

① 参见国家人口和计划生育委员会流动人口服务管理司《中国流动人口发展报告 2011》《中国流动人口发展报告 2012》，中国人口出版社，2011、2012。

和学界一般只是把农民工作为一个大的群体来看待，笼统地称之为农民工问题。事实上，农民工由农村进入城市，开始都是从事非农体力劳动，在市场经济规律的影响下，农民工的职业转变相当频繁，农民工的社会分化是很快的。

该调查表明，相对于原来的职业，被调查的成都市外来农民工的职业已经呈现出趋于高级化的特征。在职业结构中，最多的是成为商业服务业员工，占到了53.8%；其次是个体工商户，占到了14.9%；专业技术人员和办事人员合计也达到了13%；还有2.7%的农民工成了私营企业主和经理人员（见表7-8）。

表7-8　成都市农民工职业分化

单位：%

私营企业主	0.9	个体工商户	14.9
经理人员	1.8	商业服务员工	53.8
专业技术人员	5.9	产业工人	12.9
办事人员	7.1	无业失业半失业人员	2.7

该研究最后指出，农民工不是铁板一块，不是一成不变的群体，而是在不断分化着，成都市外来农民工群体不同程度地实现了向上的社会流动。[1]

从上述研究中可以进一步概括，如果将无业失业半失业人员不计在内，除了私营企业主、个体工商户两个群体处于雇佣状态之外，其他五个群体，如经理人员、专业技术人员、办事人员、商业服务业员工、产业工人等群体，都处于被雇佣状态。这与我们的研究关于农民工分化出来的、处于雇佣状态的"务工人员群体"具有同样的意义。但这一研究划分无疑更加精细一些。

第二，农民工中的优势群体更有条件实现社会融合，应该制订分群

---

[1] 中国社会科学院社会学研究所、成都市社会建设工作领导小组办公室、成都市社会科学院、北京工业大学人文社会科学学院、"当代中国社会结构变迁研究"课题组：《成都市社会建设研究》（内部材料），2011年12月，第49~50页。

体分阶段逐步改革农民工体制的政策。

如果将庞大的农民工群体仍然视为一个同质性群体来研究其社会融合问题，一方面与社会发展现实不符，另一方面由此所提出的对策性建议可能有偏差甚至无法实施，这就要求研究农民工的社会融合开辟新的思路。

农民工现象既是我国改革开放的重要产物，也是我国社会转型期间的一个阶段性现象。因为"现行的农民工体制和做法，是计划经济体制向社会主义市场经济体制转变过程中不得已而为之的权宜之计"[①]。但这些年来的发展态势表明本来是权宜之计的过渡却演变为一种制度性的安排，并且出现了固化的趋势。同时，这些年来，农民工群体的发展变化既为改革农民工体制带来了挑战，也带来了机遇。挑战在于这个群体规模的不断扩大，以及农民工体制的不断固化，改革的难度、复杂性加大；而机遇在于这个群体已经发生了分化，其优势群体的社会融合为解决农民工体制问题提供了重要思路。

经过30余年的发展，农民工已经分化为四大群体，这四个群体既有优势群体，如农民工老板，也有自雇佣的个体农民工，也有普通群体如务工人员群体，同时还有处于劣势地位的无业或失业农民工群体。如果整体性地解决农民工的社会融合问题，其复杂性可想而知，同时又缺乏抓手。如果从农民工中的优势群体出发，有可能找到改革农民工体制问题的突破口。因此，分群体分阶段逐步改革农民工体制问题，是解决农民工社会融合问题的战略性对策。

（三）农民工分化基础上的社会融合分析

研究外来流动人口社会融合问题，是一个题目宏大且难以把握的问题，要把握这样一个宏大的社会问题，必须找到一个恰当并且符合现实的切入点。2010年我国仅"离土又离乡"的农民工已经达到1.53亿左右。笔者在调查研究中深刻感受到，如果将这个庞大的群体作为研究对象，一方面很难把握，另一方面也不符合农民工已经分化了的实际。尤

---

① 陆学艺：《"三农"新论》，社会科学文献出版社，2005，第271页。

其是我们认识到 1.53 亿的农民工已经发生了分化，由分化所导致的内部差异之大不亚于当年农民与城市居民之间的巨大差异。换句话说，农民工群体内部也并不像改革开放初期那样是一个同质性的群体，而是一个异质性很高的群体。因此，面对并讨论已经分化且异质性很高的农民工群体的社会融合问题，需要有新的思路。

改革开放 30 余年来，我国社会阶层已经发生了很大分化，根据有关研究，当前我国社会分化为 10 大阶层。[1] 农民工作为一个特殊的群体，是改革开放初从广大的农民阶层中分化出来的群体，这个群体已经成为工人阶级的主要组成部分。30 余年来这个群体本身也发生了剧烈的分化。根据社会阶层划分的标准，尤其是以职业为基准的社会阶层划分，农民工内部出现了自雇佣者和被雇佣者阶层，前者拥有的社会资本多于后者，前者的社会地位也显然高于后者。

基于这样的判断，我们认为改革开放 30 余年来，农民工群体内部可以划分为初期分化阶段、中期分化阶段和高级分化阶段。

初期分化阶段，即广大农民从农村地区转移到城市的过程中，这个群体的同质性较高，在经济、权利、教育等方面总体上并没有多大的差别。

中期分化阶段，即广大农民流入城市，经过一段时间的努力，其拥有的社会资本等逐步出现了差异，拥有较多社会资本的一些外来流动人口成为自雇佣者，拥有较少社会资本的仍处于被雇佣状态。

高级分化阶段，即外来流动人口中的一部分，特别是自雇佣者群体，通过自身的进一步努力，拥有更多的社会资本，成为外来流动人口中的精英分子，也成为中产阶层的来源之一。

根据农民工内部分化情况以及分化阶段的划分，可以将外来流动人口的社会融合程度依次划分为低度社会融合、中度社会融合和高度社会融合（见图 7-1）。

众所周知，影响外来流动人口的因素很多，其中外来流动人口自身

---

① 陆学艺：《当代中国社会流动》，社会科学文献出版社，2004。

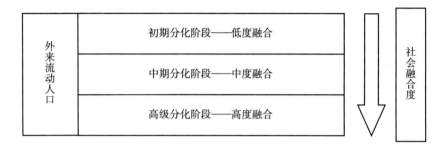

图 7 - 1　外来流动人口社会融合度

所拥有的社会资本是重要因素之一，这在众多关于农民工问题，尤其是社会融合或城市化的研究中并不少见，但关于社会资本决定外来流动人口是处于雇佣状态还是被雇佣状态，并进一步影响其社会融合的研究并不多见。基于这样的认识，本课题根据外来流动人口的雇佣状态将其作为社会融合的测量指标，认为可以将社会融合度划分为低度社会融合、中度社会融合和高度社会融合（见图 7 - 2）

图 7 - 2　外来流动人口社会融合度与职业分化关系

三　农民工社会融合阶段划分

关于农民工社会融合程度、进度或水平的测量有很多研究成果，如刘传江等的农民工市民化进程测度指标的建构，划分出农民工群体的高市民化率、中市民化率、低市民化率和极低市民化率度量范围；[1] 王桂新等借助农民工城市化阶段，建构出外来人口城市化模型的社会融合度

---

① 刘传江、徐建玲等：《中国农民工市民化进程研究》，人民出版社，2008，第 258～267 页。

测量，即通过形式城市化、过渡城市化和实质城市化来反映社会融合度。[①] 黄匡时等通过流动人口社会融合政策指数、流动人口社会融合总体指数、流动人口社会融合个体指数，来测量农民工的城市融合度；[②] 王春光在一项关于新生代农民工的比较典型的研究中提出了"半城市化"的社会融合水平。[③] 这些关于流动人口社会融合程度测量的研究成果，为本研究提供了诸多启示：第一，农民工的社会融合与城市化相联系。第二，农民工社会融合水平与城市化水平相对应（见表7-9）。

　　基于以上启示，本研究根据城市化水平及农民工的分化状况，并结合社会融合的五个层面，提出社会融合的阶段划分，即将社会融合划分为三个阶段：低度社会融合阶段、中度社会融合阶段和高度社会融合阶段。

表7-9　农民工社会融合阶段划分

外来人口城市化模型	农民工市民化率	农民工群体市民化进程	本研究提出社会融合阶段	社会融合层面	每个层面的目标
集中化-形式城市化	职业市民化率	极低市民化率	低度社会融合	经济融合 社会关系融合	经济立足 社会接纳 制度保障 身份认同 社区融入
常住化-过渡城市化	农民工市民化率	低度市民化率	中度社会融合	社会关系融合 制度融合	
	形式市民化率	中度市民化率			
市民化-实质城市化	实质市民化率	高度市民化率	高度社会融合	制度融合 心理融合	
				社区融合	

　　注：1. 前3列关于农民工市民化研究的对照并非严格的一一对应，是大体的对应；2. 资料来源分别为：王桂新、张得志的《上海外来人口生存状态与社会融合研究》，《市场与人口分析》2006年第5期；刘传江、徐建玲等的《中国农民工市民化进程研究》，人民出版社，2008，第258~267页；林凌、郭晓鸣主编的《城市化进程中的农民工问题研究》，四川科学技术出版社，2008，第61~62页。

[①]　王桂新、张得志：《上海外来人口生存状态与社会融合研究》，《市场与人口分析》2006年第5期。

[②]　黄匡时、嘎日达：《"农民工城市融合度"评价指标体系研究——对欧盟社会融合指标和移民整合指数的借鉴》，《西部论坛》2010年第5期。

[③]　王春光：《新生代农村流动人口的社会认同与城乡融合关系》，《社会学研究》2001年第3期；《农村流动人口的"半城市化"问题研究》，《社会学研究》2006年第5期。

在低度社会融合阶段，农民工实现了经济融合和社会关系融合，但在其他三个方面基本没有触及。这个阶段农民工基本上完成了空间上的转移，实现了职业的非农化，但其职业并不稳定，收入水平也低。

在中度社会融合阶段，农民工除了经济融合之外，还实现了社会关系融合和制度融合，但还未延伸至心理融合和社区融合层面。这个阶段农民工实现了社会关系融合，并且在制度融合方面有所突破，但没有完全实现制度融合。

在高度社会融合阶段，着重强调了制度融合、心理融合和社区融合。这个阶段是农民工社会融合的最高阶段，农民工不仅实现了经济融合、社会关系融合，更重要的是实现了制度融合、心理融合和社区融合。这种融合可以成为完全社会融合。农民工已不再是农民工了，而是名副其实的城市居民，实现了实质的市民化、城市化。

总之，农民工社会融合是经济立足、社会接纳、制度保障、身份认同、社区融入的过程，并且这个过程是逐步递进的关系。意味着每个阶段会达到不同的目标，社区融入是社会融合的最高阶段。

小　结

自雇佣的个体农民工作为农民工的一部分，其自身个体特征和职业特征不同于务工的农民工，这些特征对其城市社会融合产生了重要影响。个体特征中，年龄、婚姻状况、居住时间和住房状况对于经济融合、社会关系融合、制度融合、心理融合和社区融入产生了重要影响，尤其是住房状况对于这五个层面都有显著影响。职业特征中，经营时间、经营收益对其社会融合同样产生了重要影响，尤其是经营收益和经营时间对于经济融合、社会关系融合和制度融合产生了重要影响，但对于心理融合和社区融合的影响明显弱化。

与此同时，数据分析发现，不论是个体特征，还是职业特征，对于城市社会融合五个层面的影响，制度融合是一明显的分水岭，即经济融合、社会关系融合并没有必然导致一以贯之的制度融合、心理融合和社区融合。研究的重要发现是，制度融合是影响当前自雇佣的个体农民工群体实现城市社会融合最重要的因素。

自 20 世纪 80 年代以来，数以百万、千万计的农村剩余劳动力从农村转移到城市，农民工规模在迅速扩大的同时，其内部已经发生了剧烈分化，分化为私营企业主群体（农民工老板）、自雇佣的个体劳动者、务工人员，以及无业失业和半失业群体。农民工分化既为农民工群体实现社会融合带来了巨大挑战，同时也带来了重要契机。

根据自雇佣的个体农民工的社会融合影响因素，以及当前我国农民工群体的分化和城市化水平，本研究提出了农民工城市社会融合的阶段划分，农民工城市社会融合可划分为三个阶段：低度社会融合阶段、中度社会融合阶段和高度社会融合阶段，自雇佣的个体农民工处于中度社会融合阶段。这一研究成果对于制定符合中国社会实际、促进农民工社会融合的政策具有重要参考价值。

第八章
主要发现、政策建议及讨论

农民工是我国工业化、城镇化进程中涌现的一支新型劳动大军，也是我国改革开放走向全面建设小康社会进程中的重要产物。有关材料显示，自 20 世纪 80 年代开始，以"农民工"为主体的流动人口规模逐年增加。1982 年全国流动人口接近 3000 万人，[①] 到 2010 年增加到 2.6 亿。[②] 在这期间曾经一度形成了来势汹涌的"民工潮"。早期有研究曾深刻地指出"究竟是忧是喜，亦乎喜忧参半，实际上主要应当看这部分人能否最终融入城市生活，并在城市中确立合适的社会地位"[③]。农民工现象既是我国社会转型期间的一个阶段性现象，也是我国改革开放的重大成果和中国社会发展进步的重要标志。然而，农民工社会融合问题亦成为我国现阶段发展面临的重大社会问题，这一问题如果处理不当，有可能变为重大经济问题和政治问题，研究农民工社会融合问题具有非常重要的理论和现实意义。

前文已就农民工的分化及社会融合阶段进行了细致的分析，本章在此基础上，专门对自雇佣者社会融合进行总结并验证假设，并就此进行进一步的总结分析。

---

① 中国社会科学院人口研究所：《中国人口年鉴 1987 年》，经济管理出版社，1988，第 165 页。
② 国家统计局：《2010 年第六次全国人口普查主要数据公报》，2011 年 4 月 28 日。
③ 李培林：《流动民工的社会网络和社会地位》，《社会学研究》1996 年第 4 期，第 42~51 页。

第一节　主要发现

一　验证假设

前文从经济融合、社会关系融合、制度融合、心理融合以及社区融合五个层面出发，分别研究自雇佣者群体的社会融合状况及程度。由于自雇佣者群体有着相对于雇佣状态的务工人员的不同特质，即职业上的相对稳定性、经济收入上的可持续性和稳定性、工作环境和居住环境的相对固定性等，尤其是职业的相对稳定性，为自雇佣者群体的社会融合创造了相对有利的条件，在不同层面促进了这个群体的城市社会融合。

经济融合——

经济融合是农民工实现社会融合的第一步，并且是决定性的一步。经济基础决定上层建筑，实现农民工社会融合的其他指标，如社会关系融合、制度融合、心理融合、社区融合都是建立在经济融合基础上的。研究表明，由于自雇佣者群体的职业相对稳定，一方面其收入水平相对于农民工较高；另一方面其收入来源相对于农民工而言具有可持续性的特点。这为自雇佣者群体在转移到一个陌生的城市后，能够"站稳脚跟"进一步寻求发展奠定了坚实的基础。研究和现实都表明，转移到城市务工的农民工，尤其是从事建筑行业的农民工，其职业的流动性及收入的不稳定性等，大大制约了这个群体在移入城市的社会融合，这进一步印证了自雇佣者群体在经济融合方面的优势地位。

社会关系融合——

社会关系融合是指农民工在融入城市过程中所运用的社会网络、社会资本等，质言之，实现社会融合所获得的社会支持。社会关系融合是测量社会融合的重要维度之一。流动人口中的自雇佣者群体，他们在流入城市前所建立的社会关系，成为他们转移到城市及转移到城市初期发展的重要资本，但随着环境的巨大变化，原来的社会关系有效性不再显著，这就要求自雇佣者群体重新建构新型的社会关系，这种新型的社会关系将成为其发展和进一步融入社会的重要社会支持和资本。

相对农民工而言，多数农民工转移到城市后继续选择应用传统的社会关系网络，这不仅是降低交易成本理性选择的结果，更重要的是由于其职业的流动性决定的，由于职业的流动无法建立新的社会关系网络，在支持非常有限的情况下，只能沿用传统的社会关系网络获得相应的支持。对于流动人口中的自雇佣者而言，由于其职业的相对稳定性，以及生产经营的特点和需要，逐步建立起了突破传统社会关系网络的新型社会关系，这种新关系促进了自雇佣者的社区融合。社会关系有助于促进社会融合，社会融合反过来又进一步强化了社会关系。

制度融合——

制度融合是指不存在或消除了某些排斥流动人口的制度安排或设计，制度融合是社会融合的非经济因素和基本方面。关于农民工的制度融合是一个非常复杂的问题，本研究主要从体现制度融合的社会保障和公共服务两个方面着手。研究表明，在制度融合方面流动人口中的自雇佣者群体与务工人员并没有很大差异。社会保障和公共服务等制度安排和设计是排斥包括自雇佣者群体在内的所有农民工的。

不同的是，流动人口中的自雇佣者群体凭借自己相对农民工而言较好的经济实力、相对稳定的生产生活环境，消弭制度安排和设计对他们的排斥。如流动人口中的自雇佣者群体通过各种社会关系，并有能力缴纳各种名目的"赞助费""借读费"等让其子女在公立学校读书，从而打破了"公立学校没有义务为农民工子女提供教育"的硬性制度安排。在这个意义上说，流动人口中的自雇佣者群体在制度融合上具有相对优势。

心理融合——

心理融合是指外来的个体在移入城市工作生活过程中，所表现出来的对城市事物和居民、城市文化价值观念的排斥、接纳或认同等综合心理活动状况。农民工群体从农村转移到城市，其生产生活方式均发生了巨大变化，这就意味着他们要在现代城市社会重新寻找自身定位的过程，寻求自身的"认同"过程。当然，这里所说的"认同"，并非要求农民工在转移到城市后一定要放弃已经"融入血液"中的原有文化，而去接受身处其中的现代城市文化，融入在"外人"看来所谓的"主流文化"之中。

自雇佣者群体，其心理融合同样是一个非常复杂的问题，其复杂性不仅体现在农民工中务工人员的不同之处，同时还要避免先入为主的城市中心主义的偏见。通过对自雇佣者群体自身经济社会地位的上升程度和今后打算、子女入学，以及社会关系等三个维度测量其心理融合程度，至少这三个方面从个体性因素、结构性因素和互动性因素说明这一问题。研究表明，与务工人员相比，自雇佣者群体在个体性因素、结构性因素和互动性因素方面都体现了较高的社会融合程度。这一结果与自雇佣者群体本身职业固定性特征、收入的稳定性以及居留时间长短等有着密切的关系。

社区融合——

社区归属感是衡量社区居民融入社区的重要指标。流动人口中的自雇佣者群体在社区生活中的融入情况是其社区融合水平的直接表现。本课题主要从自雇佣者群体与本地居民的社会互动状况、对本地文化的认同状况和社区活动的参与情况三个方面测量该群体的社区融合状况。研究结果表明，自雇佣者群体除了在社区活动参与方面与农民工没有区别之外，在与本地居民的社会互动、对本地文化的认同两个方面都显示出相对较高的水平。而参与社区活动恰恰是社区归属感和社区融合的重要内容和表现，这方面所显示的较弱的水平，乃至缺失，表明包括自雇佣者群体在内的农民工实现社区融合还有大量的工作要做。

验证假设1

通过对以上五个方面的总结，研究表明，自雇佣者群体相对农民工中的务工人员而言，其社会融合水平总体较高。即自雇佣者个体农民工的社会融合状况要优于务工人员。这一研究结果支持印证了假设1，即作为流动人口中的自雇佣者，其社会融合状况优于务工的农民工。

与此同时，研究发现尽管自雇佣者群体由于其自身的特征，社会融合优于务工人员，但自雇佣的个体农民工在经济融合等五个层面存在不一致的情况，有些方面融合水平较高，如经济融合方面，体现出自雇佣者群体与务工人员群体的完全不同特点；有些方面较低，则表明自雇佣者群体与务工人员并没有多大的差别，如社区融合方面。还有些方面尽管表明其社会融合还有难度，但自雇佣的个体农民工根据自身特点，尽可能地通过各种手段降低难度，提升社会融合水平，如制度融合方面。

验证假设 2

关于自雇佣者的个体农民工的制度融合，正如前文所总结的，这个群体凭借自己相对稳定的工作环境，尤其是相对务工人员较高的经济收入水平，化解了一系列制度安排方面的硬约束和排斥。其中自雇佣者群体子女入学问题，按照规定他们很难进入公立学校。但实际上，自雇佣者群体通过各种社会关系，并依靠自己相对较高的收入，能够支付得起各种名目的"赞助费""借读费"等，让其子女在公立学校读书，从而打破了"公立学校没有义务为农民工子女提供教育"的硬性制度安排。这只是其中一个比较典型的方面，而且是比较重要的方面。

在访谈中，多数自雇佣者的看法是，解决了子女上学的事，就基本上在城里立住了脚，否则无法安心经营。在家乡人的心目中，这也是成功的重要标志之一。这一研究发现支持了前文的假设 2，即流动人口中的自雇佣者通过经济手段消解了体制性障碍对其社会融合的不利影响，并逐步实现社会融合。当然，自雇佣者群体在制度融合上所具有的优势，在一定条件下还会得到进一步的释放，如缴纳养老保险、医疗保险等各种社会保障。

验证假设 3

研究表明，自雇佣者个体农民工其社会融合在五个层面的变化水平是不同的，有的融合水平高，有的则低。更重要的发现是，尽管我们认为，经济立足是社会融合的基础，并且由于经济融合依次传导递进会影响社会关系融合、社会制度融合，以至心理融合和社区融合。但研究显示，经济融合、社会关系融合、制度融合三者明显存在依次传导递进的关系，但这种传导关系在心理融合、社区融合层面似乎出现了大大弱化，甚至断裂的情况。经济融合、社会关系融合、制度融合的融合并没有必然直接导致心理融合、社区融合的实现。这一研究发现并不支持假设3。

二 主要研究发现

通过对以上五个方面的总结，以及研究假设的验证，本研究有如下发现。

①农民工中的自雇佣的个体农民工群体，其社会融合状况优于务工人员群体。这与自雇佣的个体农民工的职业特点有密切关系：职业的雇佣状态、相对稳定的生产经营、相对稳定持续较高的收入来源、相对固定的生活居住场所等。

②尽管自雇佣的个体农民工社会融合状况优于务工人员群体社会融合状况，但自雇佣的个体农民工在经济融合等五个层面存在不一致的情况，有些方面融合水平较高，有些方面则较低。

③自雇佣的个体农民工在经济融合等五个层面，并不存在必然的依次传导关系。研究表明，经济融合、社会关系融合、制度融合三者明显存在依次传导递进的关系，但这种传导递进关系并没有进一步延伸，即经济融合、社会关系融合、制度融合并没有进一步必然直接导致心理融合、社区融合的实现。自雇佣的个体农民工其社会融合在前面三个层面出现了依次递进的因果关系，但这种传导关系在心理融合、社区融合层面似乎大大弱化，甚至出现了断裂的情况。

④自雇佣的个体农民工通过经济手段抵消了"制度隔离"产生的消极后果，尽可能地化解对其社会融合的不利影响。以户籍制度为核心的城乡二元社会体制，在资源和机会的配置方面，对流动人口极为不利，如对农民工子女入学、社会保障等的影响。自雇佣的个体农民工利用自己相对较高的收入，抵消了制度隔离所产生的部分负面效应。

⑤尽管自雇佣的个体农民工可以通过经济手段消弭制度隔离产生的

负面效应，但影响自雇佣的个体农民工社会融合的最大障碍仍然在制度融合方面，即以户籍制度为核心的城乡二元社会体制，是制约农民工群体社会融合的最大障碍。这一障碍是导致实现心理融合、社区融合的根本原因。

⑥自雇佣的个体农民工已进入中度社会融合阶段。根据前文的研究，自雇佣者群体在经济和社会关系已经实现了融合，尽管务工人员转移到城市也实现了经济融合，但还是有本质区别的，最大的区别在于雇佣状态。前者处于雇佣状态，后者则处于被雇佣者状态，当然在此基础上的社会关系也发生了重要变化。自雇佣者群体的社会关系中血缘、地缘关系和业缘关系共存，但业缘关系明显强化。与此同时，自雇佣者群体凭借自身的特点，尤其是相对较高的收入水平、相对稳定的居住条件，突破了社会制度的硬约束，部分实现了社会融合。这对务工人员来说是无法企及的。研究还发现，尽管自雇佣的个体农民工比务工人员更具优势，但并没有随着经济融合、社会关系融合、社会制度融合，进一步实现完全的制度融合，以及心理融合和社区融合。

综合以上分析，当前我国农民工中的自雇佣者群体处于社会融合三阶段中的中度社会融合阶段（见表8-1）。同时，还可以判断当前我国农民工中的大部分，如务工人员多处于低度社会融合阶段。

表8-1　自雇佣的个体农民工所处社会融合阶段分析

本研究提出 社会融合阶段划分	社会融合层面	具体指标	总体判断
低度社会融合	经济融合 社会关系融合	职业相对稳定；处于雇佣状态； 经济收入相对务工人员稳定、较高； 血缘、地缘关系和业缘关系共存，但业缘关系强化	中度 社会融合阶段
中度社会融合	社会关系融合 制度融合	利用自身的特点突破部分制度的约束，部分实现了制度融合	
高度社会融合	制度融合 心理融合 社区融合	社会保障制度引导机制尚未明确建立； 身份认同处于模糊状态；缺乏参与社区活动；无法参与社区管理	

第二节　政策建议

本课题是从对农民工群体中自雇佣者的个体农民工研究角度出发，但并不仅仅局限于自雇佣者群体，也非囿于农民工群体，而是更大的社会范围内的整体观察和研究。研究及实践已经表明，如果研究仅仅停留在自雇佣的个体农民工群体，或者农民工群体，其结果自然会陷入强化农民工边缘意识的困境。表面上是在研究社会融合，甚至研究供给促进社会融合的社会政策，实质上是自觉不自觉地加剧分裂、加深裂痕。正是基于以上认识，一方面要求将农民工的社会融合放在国家战略发展的高度去看待；另一方面要通过提供均等化的公共服务，促进农民工实现城市社会融合，最终让"农民工"真正成为为社会主义经济社会发展服务的"产业工人"，成为产业工人中的"普通成员"，而非"重要组成部分"。[①]

一　解决农民工体制的思路

农民工社会融合的实质是解决城乡二元结构下形成的农民工体制问题，因为农民工问题已经从当初的权宜之计转变为制度性的安排，并由此形成了一系列专门针对农民工群体配置资源和机会的制度安排。复杂性、关联性、结构性是体制性问题的最大特点，由此解决农民工体制问题需要战略性、全局性的思路。

（一）明确未来实现城市社会融合的对象，制定未来 30 年改革农民工体制的总体规划

1. 进一步明确实现社会融合的对象：三大群体

根据 2010 年的统计，我国有流动人口 2.2 亿，其中外出的农民工约为 1.5 亿，这是一个庞大的人群。根据有关部门的预测，2015 年、2020 年、2030 年、2050 年，我国流动人口中的农民工将分别达到 1.9

---

① 《国务院关于解决农民工问题的若干意见》，2006。

亿、2.1 亿、2.3 亿、2.6 亿，并指出到 21 世纪中叶我国农村劳动力转移的步伐将逐步趋于平稳。[①] 根据这一预测，可以进一步明确未来实现社会融合的对象主要集中在如下三大群体。

1979 年之前出生，已经转移到城市的老一代农民工，大约 6700 万人。

1980 年后出生的新生代农民工，处于劳动年龄的新生代农民工约有 5256 万人，另外还有 0~14 周岁约 2820 万的农民工子女，这两项合计新生代农民工约为 8000 万。

从 2010 年到 2050 年每年还要应对从农村转移出来的 300 万~500 万不等的农民工群体，累计总量维持在 1 亿左右。[②]

换言之，未来 30~40 年，促进农民工社会融合，实际上就是解决这三大群体的问题，即 6700 万的老一代农民工、8000 万的新生代农民工，以及今后继续从农村转移到城市总量在 1 亿左右的农民工。从目前实际情况看，今后促进实现社会融合工作的重点在于已经转移到城市的 1.5 亿左右的农民工。如果解决好这 1.5 亿左右农民工的社会融合问题，探索出一条行之有效的促进农民工社会融合的道路来，将对未来继续从农村转移出来的 1 亿左右的农民工实现城市社会融合具有非常重要的借鉴价值。

2. 制订未来 30 年改革农民工体制的总体规划

过去 30 余年，大量农村剩余劳动力转移到城市，实际上我国是没有规划的。农村剩余劳动力自发转移到城市，面对一浪高过一浪的"民工潮"，一方面城市社会无力接纳如此规模庞大的农民工群体；另一方面许多企业又需要勤劳、肯干、廉价的劳动力，最后出于权宜之计形成了一个企业两种工人的制度，农民工因此而产生，农民工体制也因此而形成。

---

① 国家人口和计划生育委员会流动人口服务管理司：《中国流动人口发展报告 2012》，中国人口出版社，2012，第 5 页。
② 国家人口和计划生育委员会流动人口服务管理司：《中国流动人口发展报告 2010》，中国人口出版社，2010，第 4 页。

实践已经表明，目前转移到城市的大量农民工实现社会融合需要总体规划。如果没有一个总体性的规划，仍然维持多个部门各自为政，零打碎敲，继续呈现"千手观音"的局面，农民工体制问题将不能从根本上得到有效解决。

有研究指出，建设社会现代化是中国未来 30 年的主要任务，认为选择社会建设不仅是经济持续发展的需要，同时通过改革社会体制，创新社会政策，完善社会管理本身也是为了化解目前已经产生的诸多的经济和社会矛盾、社会冲突，并从源头防止和减少社会问题的产生，化解消极因素，增加和谐因素，保障国家长治久安的需要。[①] 基于这一认识，从国家利益大局出发，从社会建设的大局出发，加紧制订未来 30 年解决农民工体制的总体规划，通过就业、社会保障、教育、医疗等各方面的社会体制改革，充分利用近 30 年的时间，逐步实现农民工的社会融合，最终彻底废止农民工体制。这也是我国经济建设、政治建设、社会建设的必然要求。因此，制订未来 30 年解决农民工体制的总体规划需要提上今天的议事日程。

（二）分群体、分阶段逐步解决农民工体制问题

城乡二元社会体制是中国最大、最具特色的社会体制之一，农民工体制则是城乡二元体制的派生物。农民工体制问题需要通过制定分群体、分阶段的社会政策加以逐步解决。

该课题为什么从农民工中的"自雇佣的个体农民工"着手研究社会融合问题，其初衷一是认识到农民工群体已不再是一个同质性群体，其内部发生了重要分化；二是进一步探索已经发生分化了的农民工内部，哪些群体更有可能实现城市社会融合。通过对自雇佣的个体农民工群体的城市社会融合研究，证明自雇佣的个体农民工是流动人口中更具实现社会融合能力和条件的群体之一。

自雇佣的个体农民工自身的特质决定了其既不同于最具优势地位的

---

① 陆学艺：《建设社会现代化是未来中国三十年的主要任务》，www. bjshjs. gov. cn/1/2011/ 10/18/69@7073. htm 2012 − 6 − 29。

"农民工老板"，又不同于完全依赖打工生存的"务工人员"。这个群体依靠自身的特点和优势，逐步消解户口制度对其社会融合的诸多硬约束，其生产方式、生活方式已经基本城市化、现代化，实现了阶段性的社会融合。

这一研究结果表明，改革农民工体制需要分阶段分群体逐步进行。那种希冀一纸文书、一夜之间彻底解决农民工问题的想法，既不符合我国的现实，也无法一时做到。2006年颁布的《国务院关于解决农民工问题的若干意见》提出了包括"因地制宜，分类指导""立足当前，着眼长远"的基本原则，表明了同样的思路。分群体分阶段逐步解决农民工体制问题，是让具备一定条件的农民工首先实现社会融合，最终实现全面、整体地改革农民工体制的目标。

事实上，前文关于成都市农民工分化的研究，在一定程度上证明了这一思路的可行性。成都市农民工发生分化后，除了处于雇佣状态的私营企业主和个体工商户之外，经理人员、专业技术人员、办事人员等群体，虽然处于被雇佣状态，但其职业稳定性，以及所拥有的经营管理技术、专业技术和相关技术能力等，使他们的经济社会地位相对产业工人较高一些，他们是农民工中的精英，尤其是那些长期在城市工作生活的农民工，更有可能实现社会融合。因此，分阶段分群体改革农民工体制问题是解决农民工问题的重要思路。

（三）逐步试点，探索自下而上改革农民工体制的道路

农民工社会融合问题，其深层次症结是城乡二元结构，具体表现为以户籍制度为核心的诸多相关制度所形成的体制性障碍。多年来，大量关于农民工社会融合的研究最终都将矛盾的焦点指向户籍制度，认为户籍制度是影响农民工社会融合的"罪魁祸首"。本研究也进一步证实，尽管自雇佣的个体农民工群体的社会经济地位高于一般的务工人员，但其社会融合仍受制于户籍制度。

越来越多的研究和事实不断揭示出，户口制度只是一个表面的符号，而附着在户口制度上的各种福利、保障、待遇才是问题的核心。因此改革户籍制度归根结底是要改革现行的财政制度、财政体制。而改革

财政制度、财政体制则是全局性的问题，需要从中央政府层面出发，发挥中央政府的主导核心作用，各级地方政府在这个方面是力有不逮的。但突出的问题是改革现行的财政制度、财政体制难度之大难以估量。与此同时，将解决农民工体制的重大问题，完全寄托在改革现行的财政制度、财政体制上，并不是一个明智与可靠的选择。探索自下而上改革农民工体制的道路不仅必要，而且可行。通过基层试点，逐步走出一条促进农民工社会融合的道路，从而推动财政制度的改革，最终解决农民工体制问题。这是一条值得考虑的思路。

二　改革农民工体制的政策建议

（一）着手社区，以"项目制"带动农民工融入城市社区

研究表明，农民工城市社会融合的最终落脚点在社区融入，社区融入也是农民工实现社会融合的最高阶段。然而，针对农民工，现阶段我国城市社区面临诸多尴尬问题，其一是面对日益增多的农民工，以及由此引发的社区管理问题，一方面现实要求加强管理，另一方面却无法管理；一方面试图通过服务促进管理，另一方面却无法提供有效的服务。城市社区陷入了"只管理无服务"的困境。在参与社区管理方面，一方面，社区并没有将流动人口列入参与决策的对象；另一方面，流动人口也由于生计问题无意参与社区管理，这又直接制约了农民工的社区融入，影响了农民工的城市社会融合。

众所周知，由于城乡二元体制的原因，我国城市社区在社区服务管理方面也呈现出二元结构的状态，社区服务尤其是社区提供的公共服务其范围仅仅局限于本社区的城市居民，并未将居住在本社区的流动人口纳入其范畴，即居住在城市社区内的农民工没有资格获取社区提供的公共服务，由此导致农民工群体难以融入社区。

当前针对农民工社区融合问题的认识，不少研究提出了比较切中实际的看法和建议，为在社区层面促进农民工社会融合提供了诸多启发。如蔡禾等人的研究认为，社区应该在农民工问题上扮演重要角色：一是充分利用社区经济资源，为农民工就业创造条件。二是开发社区组织资

源，维护农民工合法权益。三是开发社区培训资源，提高农民工素质等。① 这些建议有利于促进农民工的社区融合，也有利于推动农民工体制的改革。

当前我国促进农民工融入社区，必须摆脱"以城市居民为主"的思维逻辑，将农民工纳入享有社区公共服务的范畴。现阶段，着手从社区试点，以"项目制"形式，创新体制机制，为农民工提供公共服务，将"项目"纳入社区公共服务、社区发展建设、社区绩效考核的范畴，并形成长效机制，逐步推动农民工融入社区，推动农民工实现城市社会融合。在全国选取若干社区进行试点，取得经验之后逐步推广，形成"燎原之势"，推动农民工体制的改革。

（二）整合资源，以社区为平台推进农民工融入社区

目前，推动农民工城市社会融合，即使是以"项目制"形式推动试点工作，基层社区和实际工作部门普遍感受到的问题是，缺乏为农民工提供公共服务的资源。事实上，目前我们促进农民工实现社区融入，不是缺乏资源，而是未能将已有的为农民工服务的各类资源整合起来，甚至有些为农民工提供服务的项目，由于管理不善、动机不纯等各种原因，出现重复建设、大量浪费的现象。如果将目前各个部门、各类组织如"千手观音"似"天女散花"般广布的各类项目资源，以"大禹治水"的方式疏导整合起来，通过社区这个平台，集中用于社区公共服务，必将有助于推动农民工的社区融入。

（三）分类推进，为具备能力的流动人口创造融入条件

如前所述，农民工群体已经发生了剧烈分化，不再是同质性的整体。推动农民工社会融合着力点在于这个群体所居住的社区，而居住在社区的农民工一般情况下多为自雇佣的农民工，并且多为举家转移到城市的农民工。即使从事处于被雇佣状态的职业，也多为有一技之长的农民工。这些人员长期在城市生产生活，其生产生活方式与本地

---

① 蔡禾、刘林平、万向东等：《城市化进程中的农民工：来自珠江三角洲的研究》，社会科学文献出版社，2009，第557~558页

居民没有两样。只是由于其身份为农民，户籍不在本地，无法享有与本地居民一样的社会保障或待遇，无法融入社区。但是包括自雇佣的个体农民工、技术工人等在内的农民工，实际上已经初步具备了实现社区融合的能力。他们是农民中的精英人物，职业相对稳定、收入来源相对可靠、居住经营场所相对固定。如果能够从社区层面着手，提供相应的公共服务，并寓管理于服务之中，居住在社区的农民工会逐步融入社区，最终实现城市社会融合。因此，未来推动农民工实现社会融合这个复杂的系统工程，有必要分群体分阶段有序推进，逐步改革农民工体制问题。

（四）制度创新，避免新的制度性障碍影响社会融入

当前影响农民工社会融合的最大障碍是以户籍制度为核心的城乡二元体制，这一体制的形成自然有其合理性的一面，但现在却已成为制约农民工实现城市社会融合的制度性障碍，为此我们已经付出了巨大的代价和成本，已经交足了昂贵的"学费"。当前，我们一方面要进行制度创新，设计更加合理有效科学的制度，促进农民工的社会融合，另一方面要在制度创新设计中，避免出现新一轮的类似户籍制度这样标签化的政策、制度出台，导致可能在不久的将来产生难以预料却要付出巨大成本的后果。

（五）社会参与，建立农民工社会组织促进社会融合

促进农民工实现城市社会融合，不仅是一个非常复杂的系统工程，而且是一个任务非常繁重艰巨的工程。未来30年不仅要解决已经转移到城市的1.5亿左右农民工的社会融合问题，还要解决继续从农村转移出来的1亿左右的农民工的社会融合问题。如此繁重艰巨的任务仅仅依靠政府的力量是远远不够的，实践已经证明了这一点。

计划生育是我国的一项基本国策，也是一件天大的难事。当初我国推行这项政策不仅受到来自国内的各种阻力，而且还受到了来自国际社会的种种非议。但几十年下来这项工作成功了，其中一个重要的经验就是组建了"自我教育、自我管理、自我服务"的全国性的非营利性组织"中国计划生育协会"。这些年来，正是依靠计划生育协会的巨大力量，经过不懈的努力，计划生育问题解决了，而且这项基本国策深入人心。截至目前，这个组织有各级协会单位 102 万个，发展会员 9400 万人。社会组织力量之强大、社会组织参与之重要，由此可见一斑。

改革以来，我国各类为农民工服务的社会组织，在维护农民工权益、法律援助、咨询培训等方面做了大量工作，发挥了积极作用，为农民工实现城市社会融合打下了一定的基础。但是，当前我国解决数以亿计农民工社会融合问题，其艰巨性、复杂性、长期性前所未有，世所罕见。正是这样，需要动员各种社会力量参与其中，尤其是要大力培育发展类似"农民工社会融合促进会"为农民工社会融合提供服务的各类社会组织，在政府部门的积极引导、有效规范、大力支持下，让各类农民工社会组织"自我教育、自我管理、自我服务"，整合资源、凝聚力量，切实推动农民工群体实现城市社会融合。

（六）解决好"三农"问题，逐步稳定流动人口，减缓城市社会融合压力

改革以来，广大的农村剩余劳力转移到城市，这是工业化、城市化过程的必然趋势。发达国家同样走过了这样一条道路。但不同的是，我国是农业大国，也是农业劳动力大国，工业化、城市化是广大农村剩余劳动力转移的重要动力，但同时不可否认的是，由于我国农业收入长期普遍偏低，城乡比较利益差别巨大，其结果是驱使广大的农村剩余劳动力转移到城市，依靠非农收入贴补农业生产以及日常生活开支。这种大规模的转移利弊鲜明，其中不利的一面就是加大了农民工实现城市社会融合的任务和难度。因此，未来 30 年，一方面要推动农民工的社会融合，另一方面要继续解决好"三农"问题，尤其是国家出台战略性的农业政策，大幅提高广大农民收入，缩小城乡比较利益差距，最大化地吸引农民从事农业生产，切实做到有序转移，从而缓解城市压力，减轻复杂艰巨而繁重的农民工城市社会融合任务。这是长久之计。

（七）加强研究，借鉴国外促进社会融合的成功经验

促进农民工实现社会融合，这是我国在走向工业化、城市化、现代化过程中的重要任务，同时也是一项新课题。目前我国解决农民工社会融合问题并无现成的经验可以借鉴，因此需要积极探索，努力实践。与此同时，需要大力学习借鉴发达国家解决移民社会融合问题的成功经验。

发达国家在工业化、城市化、现代化进程中，尤其是在全球化趋势下，同样面临流动人口社会融合的问题。发达的现代化国家，尤其欧盟一些国家探索出了一套行之有效的办法，较好地促进了流动人口的社会融合。我们在解决农民工体制问题的过程中，一方面需要加强研究，逐步试点，另一方面积极吸收借鉴国外促进流动人口社会融合的成功经验，少走弯路，减少代价，更好地服务我们。

第三节　讨论：发展"中国式社会融合理论"

正如前文所述，本研究的"社会融合"实质上是指"城市社会融合"，是指转移到城市的自雇佣的个体农民工，与城市居民相互调整适应对方，并实现融入城市社会的过程。就社会融合本身而言，是指转移到城市的流动人口，与城市居民相互调整适应对方，并实现融入城市社会的过程。这一定义本身就体现了浓厚的"中国特色"，我们姑且称之为"中国式社会融合理论"。

一　"中国式社会融合理论"是时代发展的产物

"中国式社会融合理论"是时代发展的产物，社会融合理论本身是对"中国特色"社会发展的新认识。其主要特点体现在以下三个方面。

（一）是城市化和城乡一体化进程必然要求的认识

当代中国社会融合理论是对我国城市化和城乡一体化实践的新认识。1978 年以来，我国大量农村剩余劳动力转移到城市，截至 2011 年年底，全国农民工数量已经突破 2.5 亿，其中外出农民工已达 1.5 亿以上。农村剩余劳动力的大规模流动和进城务工经商，不仅为城镇和工商业的发展带来了新生力量，而且加强了城乡之间经济社会的交融，推动了城镇化和城乡一体化进程。但是，在城乡二元结构和经济体制基础上形成的城乡二元经济社会管理体制，制约了广大农民工的城市社会融合，进而制约了城市化和城乡一体化进程。社会融合是适应城市化和城乡一体化的必然要求，具有当代中国特色的社会融合理论正是回应这一时代发展要求的深刻认识。

（二）是社会结构深刻变动过程中社会建设和管理必然要求的新认识

当代中国社会融合理论是对社会结构深刻变动过程中社会建设和管理的新认识。改革开放以来，我国大量农村剩余劳动力转移到城市，引发了社会结构的深刻变动。这一变动给我国经济社会发展带来了前所未有的活力，同时也给社会建设和管理带来了前所未有的调整，尤其是大城市、发达地区的城市管理面临巨大挑战。现实发展表明，当前我国市场经济条件下的市场体制与形成于计划经济条件下的社会体制不相协调，对数以亿计的农民工社会融合产生了极为不利的影响，影响和制约了社会建设和管理。因此，当代中国特色社会融合理论是对加强社会建设和创新社会管理重大历史新课题的新认识。

（三）是解决好"三农"问题必然要求的新认识

1978 年以来，尤其是 21 世纪以来，我国农业、农村发展取得了举世瞩目的成就，城乡之间的经济社会发展也开始发生积极变化，但城乡居民收入总体上还存在较大的差距。2011 年我国城镇居民人均可支配收入与农民人均纯收入比为 3.13∶1，这个差距比 2009 年的 3.33 倍、2010 年的 3.23 倍有所缩小，但仍然显示出缩小城乡差距的难度之大。究其原因，除了农民家庭经营的生产成本不断提升、农民创业和扩大生产面临资金、技术、人才短缺的困难之外，农民向非农产业转移就业仍然面临一系列的困难。这就是当前农民工转移到城市之后难以实现城市社会融合导致的后果。在这个意义上，当代中国城市社会融合理论是解决好"三农"问题必然要求的新认识。

二 "中国式社会融合理论"的建构

"中国式社会融合"不仅是对我国城市化和城乡一体化、社会建设和社会管理、"三农"问题必然要求的新认识，同时也体现了中国的

"本土"特色，除了以上三个重要特色之外，还体现在以下几个方面。

第一，人口众多以及流动人口规模庞大的特色。我国有 13 亿多人口，接近世界总人口的 1/5。到 2010 年我国乡村人口仍约占总人口的 50%，农业劳动力仍然占总劳动力的 36.7%，远远高于现代化发达国家，这是我国的基本国情，也是不同于发达国家的"中国特色"。这样庞大的乡村人口以及农业劳动力，加上各种外在的因素，必然导致农村剩余劳动力流向城市，根据相关统计，当前我国农民工总数已经达到 2.21 亿以上，其中外出农民工已突破 1.5 亿。这样庞大的流动人口在世界发展史上从未有过，这本身就是建构"中国式社会融合理论"的特色。

第二，以"农民工"为主体的国内移民特色。"社会融入理论"本身是针对移民的研究，尤其是研究国际移民的理论，但在中国这一情况似乎发生了重大变化。国际上的移民研究，基本都是跨国移民研究，而且多涉及种族、族群的研究，但在中国的社会融合理论研究基本定位在国内流动人口，并且是以流动的农民为主体，并不涉及种族、族群问题。这本身体现了社会融合理论的中国特色。

第三，体现了中国社会转型的特色。众所周知，国际移民本身应该是一个永恒的话题，但中国社会融合理论所关注的对象"移民"群体为"农民工"群体，是中国社会转型过程中的特殊产物。因为农民工群体形成本身是我国在走向城市化进程中一种不得已而为之的权宜之计，是在走向城市化进程中由城乡二元经济社会体制导致的结果。

中国式社会融合理论不仅是时代发展的产物，同时也是中国社会特色的具体体现。正是由于这样的时代、这样的特色，决定了中国式社会融合理论与国外移民理论既有联系，也有区别。二者的区别更加突出了中国式社会融合理论的特质。

其一，国外移民理论关注的对象定位于跨国界的移民群体，而中国社会融合理论关注的对象是国内流动的农村剩余劳动力。

其二，国外移民理论关注对象类型多元化。国外移民理论研究关注移民输出国的经济、社会、政治、文化等条件，以及移民过程中造就的不同移民动机、类型的移民，如专业技术人员和普通劳工移民、合法与非法移民群体、经济移民与难民群体等。而中国式社会融合理论、移民理论关注的对象就是从农村转移到城市的从事非农生产的农民工群体，这个群体在很大程度上属于经济移民、劳动力移民。

其三，国外移民理论中不同的理论关注的视角不同。国际移民理论包括新古典主义经济学、新经济学、世界体系理论、劳动力市场区隔理论、相对不平等理论和移民的累积因果理论等，都提供了跨国界的，即从移民输出国到输入国，移民自我选择的不同方式和全面图景。同化理论包括古典同化理论、跨国主义理论、区隔性同化理论、新同化理论等着重关注新移民群体，甚至包括数代移民同化融入输入国社会的问题。这与中国社会融合理论所关注的国内范围的移民，由于制度区隔造成社会融合问题，而非跨国移民，由于种族或族群区隔造成社会融合问题的移民理论研究有着本质的区别，当然这并不截然意味着拒斥其中的共性联系，如移民动机、区隔的本质等方面的共性。

"中国式社会融合理论"应该说是各种"移民理论"流派所组成的"移民理论"的重要组成部分，有一点是肯定的，即中国式社会融合理论是开放式的理论探索，既有国外移民理论成熟的规定性内容，也有中国社会发展过程中处于变化、转型过程中探索性的成分；既强调了国外移民理论研究普遍性的要素，也突出了中国本土化的色块。应该说，中国式社会融合理论是一个立体性、综合性的体系，这一理论还需要进一步发展探索提升。

参考文献

一 中文文献

巴勃罗·比拉：《在跨国环境中建构社会认同：墨—美边境案例》，《国际社会科学杂志》2000年第1期。

白南生、宋洪远等：《回乡，还是进城？——中国农村外出劳动力回流研究》，中国财政经济出版社，2002。

蔡昉：《发挥社区融合功能让流动人口不再恐慌》，《领导决策信息》2003年第20期。

蔡禾、曹志刚：《农民工的城市认同及其影响因素——来自珠三角的实证分析》，《中山大学学报》2009年第1期。

蔡禾、王进：《"农民工"永久迁移意愿研究》，《社会学研究》2007年第6期。

蔡禾、刘林平、万向东等：《城市化进程中的农民工：来自珠江三角洲的研究》，社会科学文献出版社，2009。

崔传义：《中国农民流动观察》，山西经济出版社，2004。

陈光金：《中国农村贫困的程度、特征与影响因素分析》，《中国农村经济》2008年第9期。

邓万春、景天魁：《现代化与后现代化：双重的新农村建设》，《探索》2012 年第 1 期。

丁志宏：《我国新生代农民工的特征分析》，《兰州学刊》2009 年第 7 期。

杜鹏、丁志宏、李兵、周福林：《来京人口的就业、权益保障与社会融合》，《人口研究》2005 年第 4 期。

方文：《转型心理学：以群体资格为中心》，《中国社会科学》2008 年第 4 期。

风笑天：《"落地生根"？——三峡农村移民的社会适应》，《社会学研究》2004 年第 5 期。

嘎日达、黄匡时：《西方社会融合概念探析及其启发》，《理论视野》2008 年第 1 期。

甘满堂：《城市农民工与转型期中国社会的三元结构》，《福州大学学报》（哲学社会科学版）2001 年第 4 期。

巩在暖、刘永功：《农村流动儿童社会融合影响因素研究》，《国家行政学院学报》2010 年第 3 期。

辜胜阻、易善策、郑凌云：《基于农民工特征的工业化与城镇化协调发展研究》，《人口研究》2006 年第 5 期。

关信平、刘建娥：《我国农民工社区融入的问题与政策建议》，《人口与经济》2009 年第 3 期。

国家人口和计划生育委员会流动人口服务管理司：《中国流动人口发展报告 2010》，中国人口出版社，2010。

国家人口和计划生育委员会流动人口服务管理司：《中国流动人口发展报告 2011》，中国人口出版社，2011。

国家人口和计划生育委员会流动人口服务管理司：《中国流动人口发展报告 2012》，中国人口出版社，2012。

国家统计局：《中国统计年鉴：2006》，中国统计出版社，2006。

国家统计局农村司：《2009 年农民工调查监测调查报告》，国家统计局网站，2009 年 3 月 19 日。

国家统计局：《2010 年农民工监测调查报告》，《2011 中国发展报告》，中国统计出版社，2011。

国家统计局：《2011 年农民工监测调查报告》，国家统计局网站，2012 年 4 月 27 日。

国家统计局课题组：《城市农民工生活质量状况调查报告》，《调研世界》2007 年第 1 期。

国家统计局课题组：《和谐社会统计监测指标体系研究》，《统计研究》2006 年第 5 期。

国务院发展研究中心课题组：《农民工市民化：制度创新与顶层政策设计》，中国发展出版社，2011。

国务院课题组：《中国农民工调研报告》，中国言实出版社，2006。

国务院研究室课题组编《中国农民工调研报告》，中国言实出版社，2006。

韩俊：《中国农民工战略问题研究》，上海远东出版社，2009。

何雪松、楼玮群、赵环：《服务使用与社会融合：香港新移民的一项探索性研究》，《人口与发展》2009 年第 5 期。

奂平清：《社会资本的影响因素分析》，《江海学刊》2009 年第 2 期。

黄匡时：《流动人口"社会融合度"指标体系建构》，《福建行政学院学报》2010 年第 5 期。

黄匡时、嘎日达：《"农民工城市融合度"评价指标体系研究——对欧盟社会融合指标和移民整合指数的借鉴》，《西部论坛》2010 年第 5 期。

黄匡时、王书慧：《从社会排斥到社会融合：北京市流动人口政策演变》，《南京人口管理干部学院学报》2009 年第 3 期。

加文布拉德肖：《冲突之后的社会融合：南非十二年》，《国际社会科学杂志》（中文版）2008 年第 3 期。

简新华：《新生代农民工融入城市的障碍与对策》，《求是学刊》2011 年第 1 期。

简新华、黄锟等：《中国工业化和城市化过程中的农民工问题研究》，人民出版社，2008。

江立华：《城乡一体化背景下的农民工转型：一个新议题》，《社会科学研究》2009 年第 6 期。

克里斯蒂娜·勒勒维耶：《法国的城市政策——社会融合作为解决隔离问题的公共手段》，耿磊、罗震东译，《国际城市规划》2009 年第 4 期。

李春玲：《流动人口地位获得的非制度途径——流动劳动力与非流动劳动力之比较》，《社会学研究》2006 年第 5 期。

李明欢：《20 世纪西方国际移民理论》，《厦门大学学报》（哲学社会科学版）2000 年第 4 期。

李培林：《流动民工的社会网络和社会地位》，《社会学研究》1996 年第 4 期。

李培林：《农民工：中国进城农民工的经济社会分析》，社会科学文献出版社，2003。

李培林、李炜：《农民工在中国转型中的经济地位与社会态度》，《社会学研究》2007 年第 3 期。

李培林、李炜：《近年来农民工的经济状况和社会态度》，《中国社会科学》2010 年第 1 期。

李培林、田丰：《中国新生代农民工：社会态度和行为选择》，《社会》2011 年第 3 期。

李培林、田丰：《中国农民工社会融入的代际比较》，《社会》2012 年第 5 期。

李培林、张翼、赵延东、梁栋：《社会冲突与阶级意识：当代中国社会矛盾问题研究》，社会科学文献出版社，2005。

李强：《关于城市农民工的情绪倾向及社会冲突问题》，《社会学研究》1995 年第 4 期。

李强：《影响中国城乡流动人口的推力与拉力因素分析》，《中国社会科学》2003 年第 1 期。

李强：《农民工与中国社会分层》，社会科学文献出版社，2004。

李强：《"丁字形"社会结构与"结构紧张"》，《社会学研究》2005 年第 2 期。

李强等：《城市化进程中的重大社会问题及其对策研究》，经济科学出版社，2009。

林毅夫、蔡昉、李周：《中国的奇迹：发展战略与经济改革（增订版）》，上海三联书店，1999。

刘成斌：《生存理性及其更替——两代农民工进城心态的转变》，《福建论坛》2008 年第 7 期。

刘传江：《农民工劳动供给行为变迁及其市场效应》，《学习与实践》2006 年第 2 期。

刘传江、程建林、董延芳：《中国第二代农民工研究》，山东人民出版社，2009。

刘建娥：《乡—城移民社会融入的实践策略研究 社会融入的视角》，《社会》2010 年第 1 期。

刘建娥：《中国乡—城移民的城市社会融入》，社会科学文献出版社，2011。

刘欣：《相对剥夺地位与阶层认知》，《社会学研究》2001 年第 1 期。

刘玉照：《"移民化"及其反动——在上海的农民工与台商"反移民化"倾向的比较分析》，《探索与争鸣》2004 年第 7 期。

刘玉照、罗秋香、梁波：《城市外来人口的服务与管理——以宁波市为例》，《学习与实践》2007 年第 4 期。

卢国显：《农民工：社会距离与制度分析》，社会科学文献出版社，2010。

陆康强：《特大城市外来农民工的生存状态与融入倾向——基于上海抽样调查的观察和分析》，《财经研究》2010 年第 5 期。

陆学艺：《当代中国社会阶层研究报告》，社会科学文献出版社，2002。

陆学艺：《三农论》，社会科学文献出版社，2002。

陆学艺：《农民工问题要从根本上治理》，《特区理论与实践》2003年第7期。

陆学艺：《当代中国社会流动》，社会科学文献出版社，2004。

陆学艺：《"三农"新论》，社会科学文献出版社，2005。

陆学艺、龚维斌：《从体制和机制入手解决农民工问题》，《农村农业 农民》2006年第9期。

陆学艺：《当代中国社会结构》，社会科学文献出版社，2010。

陆学艺：《求解城市化的两难问题：我们需要什么样的城市化》，《中国报道》2012年第2期。

陆学艺：《社会建设论》，社会科学文献出版社，2012。

马西恒、童星：《敦睦他者：城市新移民的社会融合之路——对上海市Y社区的个案考察》，《学海》2008年第2期。

麦格（Marger Mart in N.）：《族群社会学》，祖丽亚提·司马义译，华夏出版社，2007。

潘泽泉：《社会学的研究范式：解释社会的可能性及其效度——兼论农民工研究范式的转换》，《学习与实践》2009年第5期。

祁进玉：《不同情景中的群体认同意识——基于三个土族社区的人类学对比研究》，中央民族大学博士学位论文，2006。

钱文荣、黄祖辉：《转型时期的中国农民工：长江三角洲十六城市农民工市民化问题调查》，中国社会科学出版社，2007。

钱正荣：《流动人口的社会融合问题研究》，《湖北社会科学》2010年第2期。

覃明兴：《移民的身份建构研究》，《浙江社会科学》2005年第1期。

清华大学社会学系社会发展研究课题组：《重建权力还是重建社会？》《中国青年报》2010年9月15日。

全国总工会新生代农民工问题课题组：《新生代农民工的诉求与对策建议》，《中国工运》2010年第7期。

人口研究编辑部：《新生代农民工：特征、问题与对策》，《人口研究》2010 年第 2 期。

任远:《谁在城市中逐步沉淀了下来?——对城市流动人口个人特征及居留模式的分析》,《吉林大学社会科学学报》2008 年第 4 期。

任远、乔楠:《城市流动人口社会融合的过程、测量及影响因素》,《人口研究》2010 年第 2 期。

任远、邬民乐:《城市流动人口的社会融合:文献述评》,《人口研究》2006 年第 3 期。

盛来运:《流动还是迁移:中国农村劳动力流动过程的经济学分析》,上海远东出版社,2008。

时立荣:《透过社区看农民工的城市融入问题》,《新视野》2005 年第 4 期。

西奥多·W. 舒尔茨:《改造传统农业》,梁小民译,商务印书馆,1987。

宋林飞:《中国小康社会指标体系及其评估》,《南京社会科学》2010 年第 1 期。

宋全成:《论二战后德国的合法移民及社会融合政策》,《厦门大学学报》(哲学社会科学版) 2008 年第 3 期。

宋国恺:《分群体分阶段逐步改革农民工体制问题——基于农民工分化与社会融合的思考》,《北京工业大学学报》(社会科学版) 2012 年第 2 期。

唐斌:《"双重边缘人":城市农民工自我认同的形成及社会影响》,《中南民族大学学报》(人文社会科学版) 2002 年第 8 期。

唐灿、冯小双:《"河南村"流动农民的分化》,《社会学研究》2000 年第 4 期。

唐利平:《"边际人"心态及其影响因素——三峡农村跨省外迁移民的实证研究》,《中国人口科学》2005 年第 2 期。

田丰:《城市工人与农民工的收入差距研究》,《社会学研究》2010 年第 2 期。

田凯:《关于农民工的城市适应性的调查分析与思考》,《社会科学研究》1995 年第 5 期。

田凯、卫思祺：《外来农民工个体户城市适应性研究——来自新街的考察》，《中州学刊》1998 年第 3 期。

"外来农民工"课题组：《珠江三角洲外来农民工状况》，《中国社会科学》1995 年第 4 期。

王春光：《巴黎的温州人》，江西人民出版社，2000。

王春光：《新生代农村流动人口的社会认同与城乡融合的关系》，《社会学研究》2001 年第 3 期。

王春光：《农民工的社会流动和社会地位的变化》，《江苏行政学院学报》2003 年第 4 期。

王春光：《农民工在流动中面临的社会体制问题》，《中国党政干部论坛》2004 年第 4 期。

王春光：《农村流动人口的"半城市化"问题研究》，《社会学研究》2006 年第 5 期。

王春光：《我国城市就业制度对进城农村流动人口生存和发展的影响》，《浙江大学学报》（人文社会科学版）2006 年第 5 期。

王春光、Jean Philippe BEJA：《温州人在巴黎：一种独特的社会融入模式》，《中国社会科学》1999 年第 6 期。

王春兰、丁金宏：《流动人口城市居留意愿的影响因素分析》，《南方人口》2007 年第 1 期。

王东、秦伟：《农民工代际差异研究——成都市在城农民工分层比较》，《人口研究》2002 年第 5 期。

王桂新、罗恩立：《上海市外来农民工社会融合现状调查研究》，《华东理工大学学报》（社会科学版）2007 年第 3 期。

王桂新、王利民：《城市外来人口社会融合研究综述》，《上海行政学院学报》2009 年第 6 期。

王桂新、张得志：《上海外来人口生存状态与社会融合研究》，《市场与人口分析》2006 年第 5 期。

王汉生、刘世定、孙立平、项飚：《"浙江村"：中国农民进入城市的一种独特方式》，《社会学研究》1997年第1期。

王芮、梁晓：《温哥华华人新移民的社会融合》，《世界民族》2003年第4期。

王毅杰：《流动农民留城定居意愿影响因素分析》，《江苏社会科学》2005年第5期。

王章华、颜俊：《城市化背景下流动人口社会融合问题分析》，《江西农业大学学报》（社会科学版）2009年第4期。

尉建文、张网成：《农民工留城意愿及影响因素——以北京市为例》，《北京工业大学学报》（社会科学版）2008年第1期。

魏万青：《从社会排斥到融入——对农民工社会融合研究范式的转变》，《华中农业大学学报》（社会科学版）2008年第6期。

文军：《从生存理性选择到社会理性选择：当代中国农民外出就业的社会学分析》，《社会学研究》2001年第6期。

文军：《农民市民化：从农民到市民的角色转型》，《华东师范大学学报》（哲学社会科学版）2004年第3期。

邬民乐：《城市户籍制度改革与流动人口社会融合》，《理论界》2009年第3期。

吴新慧：《关于流动人口子女的社会融入状况——社会排斥视角》，《社会》2004年第9期。

谢建社：《农民工分层：中国城市化思考》，《广州大学学报》（社会科学版）2006年第10期。

谢建社：《农民工融入城市过程中的冲突与分析——以珠三角S监狱为个案》，《广州大学学报》（社会科学版）2007年第4期。

谢建社：《融城与逆城：新生代农民工两难选择——基于GGF监狱调查》，《广州大学学报》（社会科学版）2010年第2期。

熊光清：《中国流动人口中的政治排斥问题研究》，中国人民大学出版社，2009。

杨桂宏：《农民工就业与社会保障问题研究》，吉林大学出版社，2010。

杨菊华：《从隔离、选择融入到融合：流动人口社会融入问题的理论思考》，《人口研究》2009 年第 1 期。

杨绪松、靳小怡、肖群鹰、白萌：《农民工社会支持与社会融合的现状及政策研究——以深圳市为例》，《中国软科学》2006 年第 12 期。

叶鹏飞：《农民工的城市定居意愿研究——基于七省（区）调查数据的实证分析》，《社会》2011 年第 2 期。

悦中山、李树茁、靳小怡、费尔德曼：《从"先赋"到"后致"：农民工的社会网络与社会融合》，《社会》2011 年第 6 期。

张国胜：《农民工市民化的城市融入机制研究》，《江西财经大学学报》2007 年第 2 期。

张国胜：《中国农民工市民化：社会成本视角的研究》，人民出版社，2008。

张文宏、雷开春：《城市新移民社会融合的结构、现状与影响因素分析》，《社会学研究》2008 年第 5 期。

张展新：《从城乡分割到区域分割——城市外来人口研究新视角》，《人口研究》2007 年第 6 期。

赵光伟：《农民工问题与社会稳定相关性研究》，《人民论坛》2010 年第 17 期。

赵延东、王奋宇：《城乡流动人口的经济地位获得及决定因素》，《中国人口科学》2002 年第 4 期。

赵晔琴：《农民工：日常生活中的身份建构与空间型构》，《社会》2007 年第 6 期。

赵志裕、温静、谭俭邦：《社会认同的基本心理历程——香港回归中国的研究范例》，《社会学研究》2005 年第 5 期。

郑梓桢：《依然漂泊的群体——从广东省看外来打工阶层驻留前景》，《中国人口科学》1999 年第 4 期。

周敏：《唐人街——深具社会经济潜质的华人社区》，鲍霭斌译，商务印书馆，1995。

周敏、林闻钢：《族裔资本与美国华人移民社区的转型》，《社会学研究》2004 年第 3 期。

　　周敏、林闻钢:《族裔资本与美国华人移民社区的转型》,《社会学研究》2004 年第 3 期。

　　朱力:《准市民的身份定位》,《南京大学学报》(哲学人文社会科学版)2000 年第 6 期。

　　朱力:《群体性偏见与歧视——农民工与市民的摩擦性互动》,《江海学刊》2001 年第 6 期。

　　朱力:《论农民工阶层的城市适应》,《江海学刊》2002 年第 6 期。

　　朱庆芳:《从指标体系看构建和谐社会亟待解决的几个问题》,《中国党政干部论坛》2006 年第 2 期。

　　朱宇:《国外对非永久性迁移的研究及其对我国流动人口问题的启示》,《人口研究》2004 年第 3 期。

　　朱宇:《新生代农民工:特征、问题与对策》,《人口研究》2010 年第 2 期。

　　邹农俭:《农民非农民化的阶段、形态及其内部关系》,《江海学刊》1999 年第 3 期。

　　邹农俭:《中外农村劳动力转移模式的比较研究》,《人口学刊》2001 年第 5 期。

　　邹农俭:《论农民的非农民化》,《社会科学战线》2002 年第 1 期。

　　邹农俭:《论农民的阶层分化》,《社会学研究》2004 年第 4 期。

　　邹农俭:《农民工的城市融入》,《北京工业大学学报》(社会科学版)2008 年第 3 期。

　　邹农俭等:《江苏农民工调查报告》,社会科学文献出版社,2009。

　　邹农俭:《新生代农民工的城市融入》,《北京工业大学学报》(社会科学版)2012 年第 5 期。

二　英文文献

Amsden, Alice H., 1989, Asia's Next Giant: South Korea and Late Industrialization. New York: Oxford University Press.

Appadurai, A. 1991, "Global Ethnoscapes: Notes and Queries for a Transnational Anthropology." In R. G. Fox (ed.) *Recapturing Anthropology: Working in the Present.* Santa Fe: School of American Research Press.

Bernard, P. 1999, "Social Cohesion: A Critique". In CPRN Discussion paper, Ottawa: Canadian Policy Research Networks, Inc.

Bhugra, et al. 1999, "Cultural Identity and its Measurement: A Questionnaire for Asians." *International Review of Psychiatry*, May-Aug.

Biscoff, H. 2002, *Immigration issues.* Westport, CN: Greenwood.

Bogardus, Emory S. 1925, "Measuring Social Distances." *Journal of Applied Sociology* 9.

Bouge, D. J. 1959, "Internal Migration." in P. M. Hauser & O. D. Duncan (eds.), *The Study of Population*. Chicago: University of Chicago Press.

Brewer, M. B. 1999, "Multiple Identities and Identity Transition: Implications for Hong Kong." *International Journal of Intercultural Relations* 23.

Brown, R. 2000, "Social Identity Theory: Past Achievements, Current Problems and Future Challenges." *European Journal of Social Psychology* 30.

Brubaker, R. 2004, *Ethnicity without Groups.* Cambridge, Mass.: Harvard University Press.

Brubaker, R. & F. Cooper 2000, "Beyond 'Identity'." *Theory and Society* 29.

Cai, Fang & Dewen Wang 2003, "Migration as Marketization: What Can We Learn from China's 2000 Census Data?" The China Review 3 (2).

Castles, S. & M. J. Miller 1993, The Age of Migration: *International Population Movements in the Modern World.* New York: The Guilford Press.

Chan, J., To, Ho-Pong, and Elaine Chan, 2006, "Reconsidering Social Cohesion: Developing a Definition and Analytical Framework for Empirical Research", *Social Indicators Research*, Vol. 75, No. 2 (Jan.,

2006), pp. 273 – 302

Chrisman, N. J. 1981, "Ethnic Persistence in an Urban Setting." Ethnicity 8.

Chriswick, Barry R. 1984, "The Labor Market Status of American Jews: Patterns and Determinants." in *American Jewish Year Book*, 1985. New York: American Jewish Committee.

Cordon, M. M. 1964, *Assimilation in American Life*. New York: Oxford University Press.

Cuellar, I., B. Arnold& R. Maldonado 1995, "Acculturation Rating Scale For Mexican Americans II: Arevision of the Original ARSMA Scale." *Hispanic Journal of Behavioral Sciences* 17.

De Vos, G. 1995, "Ethnic Pluralism: Conflict and Accommodation." In L. Romanucci & G. de Vos (eds.), *Concepts of Ethnic Identity: Creation, Conflict and Accommodation*. Walnut Creek, CA: Alta Mira Press.

Deyo, Frederic C. 1995, "Capital, Labor, and State in Thai Industrial Restructuring: The Impact of Global Economic Transformations." In Jozsef Borocz& David Smith (eds.), A New World Order? *Global Transformation in the Late Twentieth Century*. Westport, CT: Praeger,

Deyo, Frederic C. 2000 "Reform, Globalization, and Crisis: Reconstructing Thai Labour." *Journal of Industrial Relations* (Australia) 42, 2 (June).

Durkheim E., 1933, *The Division of Labor in Society*. New York: Fress.

Fischer, C. 1975, "Toward a Subculture Theory of Urbanism." *American Journal of Sociology* 80 (*May*).

Fischer, C. 1995, "The Subcultural Theory of Urbanism: A Twentieth-Year Assessment" *American Journal of Sociology* 101.

Fishbein, Martion 1965, "A Consideration of Beliefs, Attitudes and Behavior." in I. D. Steiner & M. Fishbein (eds.), *Current Studies in Social*

Psychology. New York: Holt Rinehart.

Friedkin, Noah E., 2004 "Social Cohesion", *Annual Review of Sociology*, Vol. 30, pp. 409 – 425.

Gans, H., 1979, "Symbolic Ethnicity: The Future of Ethnic Groups and Cultures in America", *Ethnic and Racial Studies*, 2 (1): 1 – 20.

Gans, H., 1996, "Second-Generation Decline: Scenarios for the Economic and Ethnic Futures of the post-1965 American Immigrants", in Carmon, N. (ed.) *Immigration and Integration in Post-Industrial Societies: Theorical analysis and policy-related research*, 65 – 85. Basingstoke: Macmillan.

Glazer, N., Moynihan, D., 1970, *Beyond the Melting Pot.* Cambridge, Mass. : MIT Press.

Green, Andy, and Jan Germen Janmaat, 2011, *Regimes of Social Cohesion: Societies and the Crisis of Glovalization*, New York: Palgrave Macmillan.

Hornsey, M. J. 2008, "Social Identity Theory and Self categorization Theory: A Historical Review." *Social and Personality Psychology Compass* 2.

Horowitz, B. 1998, "Connections and Journeys: Shifting Identities Among American Jews." Contemporary Jewry 19.

Hurh, W. M. & K. C. Kim 1984, "Adhesive Sociocultural Adaptation of Korean Immigrants in the U. S. : An Alternative Strategy of Minority Adaptation." International Migration Review 18 (2).

Jackman, M. R. & R. W. Jackman 1973, "An Interpretation of the Relation Between Objective and Subjective Social Status." *American Sociological Review* 38.

Jenkins, R. 1997, Rethinking Ethnicity: *Arguments and Explorations.* London: Sage Publications.

Jenkins, R. 2008, Social Identity (3rd edition) . London: Rout ledge.

Jenson, J. 1998, "Mapping social cohesion: The state of Canadian research." Ottawa: Canadian Policy Research Networks Inc.

Joseph Chan, Ho-Pong To & Elaine Chan, 2006, Reconsidering Social Cohesion: Developing a Definition and Analytical Framework for Empirical Research, Social Indicators Research, Vol. 75, No. 2 (Jan., 2006), pp. 273 – 302.

Kim, K. C. & W. M. Hurh 1984, "Adhesive Sociocultural Adaptation of Korean Immigrant s in the U. S. : An Altermative Strategy of Minority Adaptation. " *International Migration Review* 18 (2).

Koo, Hagen 2001, The *Culture and Politics of Class Formation* . New York: Cornell University Press.

Krueger, A. O. 1992, Economic Policy Reform in Developing Countries . Oxford: Basil Blackwell.

Krugman, Paul 1994, "The Myth of Asian Miracle. " Foreign Affairs 73.

Lawler, E. J, and Yoon, J. 1996. "Commitment in exchange relations: test of a theory of relational cohesion" . *American Sociological Review*, Vol. 61, No,: 89 – 108.

Levine, H. B. 1997, *Constructing Collective Identity: A Comparative Analysis of New Zealand Jews, Maori , and Urban Papua New Guineans.* Frankfurt am Main: Peter Lang.

Lewis, C. C. 2000, " Personal and Cultural Identity. " *Human Development* 43.

Lin, Just in, Gewei Wang & Yaohui Zhao 2004. "Regional Inequality and Labor Transfers in China" *Economic Development and Cultural Change* 52 (3) .

London, P. & B. Chazan 1990, Psychology and Jewish Identity Education. New York: American Jewish Committee.

Loretta, B. 1999, "National and Cultural Identities: Introduction. " *Australian Journal of Social Issues* 99.

Markus, H. R. & R. J. Heiman 1996, " Culture and ' Basic '

Psychological Principles. " In E. T. Higgins & A. W. Kruglanski (eds.) , *Social Psychol ogy*: *Handbook of Basic Principles* . New York: Guilford.

Markus, H. R. & S. Kitayama 1991, "Culture and the Self: Implications for Cognit ion, Emotion, and Motivation. " *Psychological Review* 98.

Massey, D. 1993, " Power-geometry and a Progressive Sense of Place. " In J. Bird, B. Curtis, T. Putnam, G. Robertson & L. Tickner (eds.) , *Mapping the Futures* . London: Routledge.

Massey, D. et al. 1993, " Theories of International Migration: A Review and Appraisal. " Population and Development Review , Vol. 19, No. 19, No. 3.

Maxwell, J. 1996 "Social dimensions of economic growth". Ottawa: Canadian Policy Research Networks, pp. 13.

McPherson, M. and Smith-Lovin, L. , 2002 " Cohesion and membership duration: linking groups, relations and individuals in an ecology of affiliation". Advanced Group Research. 19: 1 – 36.

Millard, J. & A. L. Christensen 2004, " BISER Domain Report No. 4 Regional Identity in the Information Society. "by the European Community Under the " Information Society Technology" Programme (1998 – 2002).

Mitchell, A. & R. Shillington 2002, " Poverty, Inequality and Social Inclusion. " http: //www. Laidlawfdn. Org/page – 1069. cfm, December 2002.

Nieuwenhuysen, 2007, *Social cohesion in Australia.* New York: Cambridge University Press.

Paasi, A. 2001, "Bounded Spaces in the Mobile World: Deconstructing 'Regional Identity' " *Royal Dutch Geographical Society KAN* 2.

Paasi, A. 2003, " Region and Place: Regional Identity in Question. " *Progress in Human Geography* 27 (4) .

Paasi, A. 2002, "Regional Worlds and Words. " *Progress in Human Geography* 26.

Park, Robert E. 1974, Community Organization and the Romantic Tempe. Robert E. Park & Ernest (eds.).

Petrissans, C. M. 1991, "When Ethnic Groups Do Not Assimilate: The Case of Basque-American Resistance. " *Ethnic Groups* 9.

Pigott, B. S. & M. A. Kalbach 2005, " Language Effects on Ethnic Identity in Canada. " *Canadian Ethnic Studies* , June.

Portes A. , and Zou, M. , 1993, "The New Second Generation: Segmented Assimilation and its Variants Among Post – 1965 Immigrant Youth" . The Annals of the American Academy of Political and Social Sciences, 530: : 74 – 96.

Portes, Alejandro, Robert Nash Parker & Josea Cobas 1980, "Assimilation or Consciousness : Perceptions of U. S. Society Among Recent Lat in American Immigrant t o the United States. " Social Forces (59) 1.

Ritzen, J. , 2002, "Social Cohesion, Public Policy, and Economic Growth: Implications for OECD Countries" . http: //www. oecd. org/dataoecd/25/2/1825690. pdf

Rogler, L. H. , D. E. Cortes& R. G. Malgady 1991, " Acculturation and Mental Health Status Among Hispanics: Convergence and New directions for Research. " *American Psychologist* 46.

Saad, L. 1995, "Immigrants See U. S. as Land of Opportunity. " *Gallup Pull Monthly* (July) .

Stark, O. &J. E. Taylor 1991, "Migration Incentives, Migration Types: The Role of Relative Deprivation" . *The Economic Journal* , Vol. 101.

Suro, R. 1998, *Stranger Among Us: How Latino Immigration Is Transf orming America.* New York: Alfred A. Knopf.

Tajfel, H. & J. C. Turner 1986, " The Social Identity Theory of Intergroup Behavior. " *In Psychology of Intergroup Relations* , (eds.) by Worchel S. & Austin W. Nelson Hall : Chicago.

Todaro, M. P. 1969, " A Model of Labor Migration and Urban

Unemployment in Less Developed Countries. " American Economic Review 59 (1) .

Wade, Robert 1990, Governing the Market: *Economic Theory and the Role of Government in East Asian Industrialization.* Princeton: Princeton University Press.

Ward, C. , S. Bochner & A. Furnham 2001, *The Psychology of Sulture Shock* (2nd ed.) . Boston: Routledge Kegan Paul.

Warner, W. L. , and Srole, L. , 1945, *The Social Systems of American Ethnic Groups.* New Haven: Yale University Press.

Wertheimer, J. (ed.) 1997, *Jewish Identity and Religious Commitment* : *The North American Study of Conservative Synagogues and Their Members* 1995 – 96 . New York: The Jewish Theological Seminary.

Wilder, E. I. 1996, " Socioeconomic Attainment and Expressions of Jewish Identification, 1970 and 1990. " *Journal for the Scientific Study of Religion* 35.

World Bank 1993, The East Asian Miracle: *Economic Growth and Public Policy.* New York: Oxford University Press.

Zhao, Yaohui 1999, " Migration and Earnings Difference: The Case of China. " Economic Development and Cultural Change 47 (4) .

附　录

问卷编号＿＿＿＿＿＿＿＿

"流动人口中自雇佣者社区融合研究"
项目调查问卷

您好！

我们是北京工业大学"流动人口中自雇佣者社区融合研究"调查项目的调查员，本次调查的目的是了解个体工商户的社区融合状况，为了您的利益，同时为有关部门提供决策依据，以便更好地为您服务，本次调查问卷不记名，不会泄露您的个人信息，希望如实回答。

真诚感谢您的合作！

北京工业大学人文社会科学学院
2009 年 8 月北京

填表说明：在〔　　　〕处填写您所选项目序号，在＿＿＿＿＿处填写相应的内容。

A　基本情况

A1 您的年龄是＿＿＿＿＿岁

A2 您的性别〔   〕：1. 男   2. 女

A 3 您的婚姻状况是〔   〕

　1. 未婚   2. 已婚住在一起   3. 已婚不住在一起   4. 离婚

　5. 丧偶   6. 其他

A 4 您在本地的时间总计〔   〕

　1. 不足半年   2. 半年至 1 年   3. 1～2 年   4. 2～3 年

　5. 3～5 年   6. 5～10 年   7. 10 年以上

A 5 您的受教育程度〔   〕

　1. 文盲   2. 小学   3. 初中   4. 高中   5. 中专

　6. 大专   7. 大学本科及以上

A 6 您的户籍是〔   〕

　1. 城市户口   2. 农村户口。　您的户籍所在地是_____省（市）

　_____县

如果回答城市户口直接跳到 B8 题。

B   工作情况

B 7 家中土地经营状况〔   〕

　1. 没有土地   2. 撂荒   3. 父母经营   4. 自己经营   5. 转包他人

B 8 在本地做这份工作之前您从事的行业是〔   〕

　1. 务农   2. 给别人打工   3. 一直是个体户   4. 开公司

　5. 学生   6. 无业

B 9 您是下列哪个年代离开老家〔   〕

　1. 1978～1980 年   2. 1981～1990 年   3. 1991～2000 年

　4. 2001～2009 年

B 10 在本地做这份生意已几年〔   〕

　1. 1～2 年   2. 3～4 年   3. 5～6 个   4. 7～9 年

　5. 10 年以上

B 11 您的生意是〔   〕

　1. 自己和家人一起开的   2. 从父母那接过来的   3. 和朋友一起开办

　的

B 12 您认为做个体户或公司，与给别人打工相比 [   ]

1. 好多了   2. 好   3. 稍好一点   4. 差   5. 一样

B 13 您目前从事的行业是 [   ]

1. 饮食业   2. 经营销售水产、家禽、蔬菜、水果、粮食副食

3. 书刊报纸零售、光盘磁带   4. 纺织、服装业   5. 维修、修理业

6. 电子、电器音响   7. 搬家公司   8. 房屋装修安装   9. 销售业务

10. 其他服务业

B 14 您认为办理个体工商或公司营业执照手续过程 [   ]

1. 很容易   2. 容易   3. 一般   4. 难   5. 很难

B 15 您在营业过程中最担心的问题是 [   ]

1. 税收管理   2. 工商管理   3. 城市管理   4. 市场管理

5. 卫生管理   6. 治安管理   7. 物业管理   8. 其他

B 16 您是否参加本地个体劳动者协会或者某个行业协会 [   ]

1. 参加   2. 没有参加

B 17 当您遇到问题，个体劳动者协会或行业协会出面解决过吗？ [   ]

1. 解决   2. 没有出面   3. 参加这些协会没有用

B 18 您如果遇到业务上、资金上的困难时候，你首先想到谁帮忙 [   ]

1. 老乡   2. 亲戚朋友   3. 本地业务同行   4. 私人借贷

5. 其他

B 19 来本地做生意后，您最亲密的朋友是 [   ]

1. 一同来做生意的老乡   2. 来本地后认识的生意朋友   3. 来本地后认识的本地人   4. 一同来打工做生意的老家的亲戚

C   权益保障情况

C 20 您有下列证件（可多选）[   ]

1. 本地户口本   2. 暂住证   3. 营业执照   4. 计划生育证件（卡）

C 21 您参加了以下保险 [   ]

1. 社会保险   2. 没有参加社会保险   3. 想参加却没有能力   4. 商业保险

C 221 您知道营业场所或居住地是否有党、团支部 [   ]

1. 知道　2. 不知道

C 222 您是否迁转了党、团关系 ［　　］1. 迁转　2. 没有迁转　3. 本人不是党、团员

C 23 您日常生病了去哪里看病 ［　　　　　］

1. 区级以上医院　2. 社区卫生服务中心　3. 私人诊所　4. 自己买药、不看医生　5. 不看病、不吃药

C 24 您参加过本地有关部门组织的捐款、献血等公益活动 ［　　　　　］

1. 参加过 1 次　2. 参加过 2 次以上　3. 没有参加过　4. 没见过这类活动

D　家庭及子女教育状况

D 25 您的子女数目 ［　　　　　］

1. 无子女（跳到 D27 题）　　2. 有 1 个　　　3. 有 2 个

4. 有 3 个　5. 有 3 个以上

D 26 您的子女居住地情况 ［　　　　　］

1. 和您居住在一起子女有（　　）个　2. 和家里老人在一起（　　）个　3. 其他地方

D 27 小学到初中年龄阶段上学子女在 ［　　　　　］

1. 本地公立学校　2. 民工子弟学校　3. 民办学校　4. 老家学校

5. 失学　6. 其他

D 28 目前子女在本市上学遇到的主要困难（可多选）［　　　　　］

1. 学费太贵　　2. 公办学校进不去　3. 上公办学校手续太复杂

4. 将来升学问题　5. 附近没有适合的学校　6. 其他

D 29 本学年，您子女教育方面的实际花费大约_____元

D 30 您对子女受教育程度的期望 ［　　　　　］

1. 初中　2. 高中　3. 中专　4. 大专　5. 大学本科　6. 研究生及以上　7. 无所谓

D 31 您家里是否有 60 岁以上的老年人 ［　　　　　］

1. 有　2. 没有（跳到 34 题）

D 32 老人现在主要住在那里 ［　　　　　］

1. 老家乡村　　2. 老家城镇　　3. 和您一起　　4. 其他地方

D 33 老人主要有谁照顾〔　　　　　〕

1. 兄弟姐妹　　2. 亲戚朋友　　3. 邻居　　4. 自己　　5. 其他　　6. 老人自理

D 34 您回老家主要是在〔　　　　　〕

1. 春节　　　2. 其他节日　　3. 平时　　　4. 不回老家

D 35 您不经常回家的主要原因（可多选）〔　　　　　〕

1. 没有时间　　2. 经济原因　　3. 离家太远　　4. 刚出来　　5. 其他

D 36 最近一年内您给老家汇款〔　　　　　〕

1. 汇款　　2. 不汇款

E　居住生活状况

E 37 您现在住的地方是〔　　　　　〕

1. 出租房　　2. 住亲戚朋友的房子　　3. 自己买的房子　　4. 合租

5. 其他

E 38 您认为大部分本地人对外地人〔　　　　　〕

1. 友好　　2. 不太友好　　3. 排斥　　4. 说不清

E 39 在您住的地方，您和本地人来往情况〔　　　　　〕

1. 不来往　　2. 来往不多　　3. 经常来往

E 40 您参加所住社区活动情况〔　　　　　〕

1. 社区不邀请我们参加　　2. 从来不参加　　3. 不知道社区有什么活动　　4. 参加

E 41 在您住的地方，您交往的人是〔　　　　　〕

1. 老乡　　2. 老同学　　3. 同行（一起做生意的人）　　4. 本地居民

5. 做生意中认识的其他人　　　6 其他

E 42 您今后有什么长远的打算〔　　　　　〕

1. 长期在本地留下来　　2. 干到一定年龄回老家　　3. 由家人决定

4. 看情况再说　　5. 其他

E 43 您现在习惯了哪个地方的生活〔　　　　　〕

1. 本地的生活　　　2. 老家的生活　　3. 说不清楚

E 44 您家一个月所有花费支出（不包括经营生意支出）大约是
[   ]

　1. 600 元以下　2. 600～1000 元　3. 1001～1500 元　4. 1501～2000 元

　　5. 2001～2500 元　　6. 2501～3000 元　7. 3000 元以上

E 45 在城市生活最大的困难是 [   ]

　1. 住房困难　2. 社会关系少　3. 生意不好做　4. 本地人的排挤

　5. 经营资金少　6. 就医困难　7. 其他

E 46 最需要政府提供的帮助是什么 [   ]

　1. 需要本地户口　2. 住房和医疗保障　3. 子女入学入托

　4. 法律援助　5. 其他方面的帮助　6. 不需要帮助

E 47 和家乡比较，您在家乡的经济社会地位处于 [   ]

　1. 上层　2. 中间偏上　3. 中间　4. 中间偏下　5. 下层

E 48 和本地人比较，您在本地的经济社会地位处于 [   ]

　1. 上层　2. 中间偏上　3. 中间　4. 中间偏下　5. 下层

E49 您对本地政府部门的工作有什么建议和意见？[   ]

　　　调查时间：　　　　　　　　　调查地点：

　　　调 查 员：　　　　　　　　　指 导 员：

后　记

　　呈现在读者面前的这本书是我 2008 年申请并获得批准的国家哲学社会科学规划青年项目的研究成果。作为农民工研究的重要议题之一的农民工城市社会融合问题，是一个非常复杂的问题，因为这个问题本身不仅涉及农民工群体的微观问题，更涉及宏观层面的体制问题；不仅涉及当下所面临的各种复杂问题，同时涉及历史遗留问题。因此，完成此项研究是团队力量集体智慧的结晶。在此需要感谢龚维斌教授、陈光金研究员、王春光研究员、王颉研究员在设计课题方面对我的指导帮助，感谢广州市行政学院常务副院长王永平研究员、太仓市委政策研究室韩志敏副主任等在问卷调查中对课题组的大力支持；感谢好友岳天明、邓万春、尉建文等在研究过程中提出的建设性的建议和具体帮助；感谢课题组成员杨荣、魏亚萍、马晓燕、焦若水等同志的全力支持。完成此项工作我的研究生王起同学，以及熊煜、潘春梅同学等做了大量细致工作，在此一并表示感谢。

　　在这本书即将修改完稿时，我邀请我的导师陆学艺先生为书作序，先生看了我的最初报告，欣然应允，并告诉我改革农民工体制是个大问题，也是事关我国城市化的重大问题，研究这个题目很有用。先生很快写成初稿，说再修改扩充一下给我。遗憾的是，序言初稿完成整整一个月后，先生却永远离开了我们。因此，本书的序言是先生完成的序言初稿。追随先生整整 10 年，朝夕相处，先生大师风范、慈父情怀，对我影响深远，甚至改变了我的一生，先生的突然离去给我本人以沉痛打击，让我深陷悲痛之中。对先生最好的回报和纪念，就是继续推动先生未竟之事业。在此将这本书献给先生，以表达我对先生的无限怀念和敬仰之情。

作　者

2013 年 8 月 31 日

图书在版编目（CIP）数据

农民工体制改革：以自雇佣的个体农民工城市社会融合为
视角/宋国恺著． —北京：社会科学文献出版社，2014.4
　ISBN 978 - 7 - 5097 - 5426 - 9

　Ⅰ.①农…　Ⅱ.①宋…　Ⅲ.①民工 - 体制改革 - 研究 -
中国　Ⅳ.①D669.2

中国版本图书馆 CIP 数据核字（2013）第 293109 号

农民工体制改革
——以自雇佣的个体农民工城市社会融合为视角

著　　者／宋国恺

出 版 人／谢寿光
出 版 者／社会科学文献出版社
地　　址／北京市西城区北三环中路甲 29 号院 3 号楼华龙大厦
邮政编码／100029

责任部门／皮书出版分社　（010）59367127　　　　　责任编辑／王　颉
电子信箱／pishubu@ ssap. cn　　　　　　　　　　　责任校对／张俊杰
项目统筹／邓泳红　　　　　　　　　　　　　　　　　责任印制／岳　阳
经　　销／社会科学文献出版社市场营销中心　（010）59367081　59367089
读者服务／读者服务中心（010）59367028

印　　装／三河市尚艺印装有限公司
开　　本／787mm×1092mm　1/16　　　　　　　　印　　张／15.5
版　　次／2014 年 4 月第 1 版　　　　　　　　　　　字　　数／229 千字
印　　次／2014 年 4 月第 1 次印刷
书　　号／ISBN 978 - 7 - 5097 - 5426 - 9
定　　价／69.00 元